中 欧 3 0 周 年 案 例 系 列 书 系

中欧30周年案例系列书系

《中国工商管理国际最佳案例获奖精选 · 第 2 辑（英文版）》

《中欧 30 年 30 篇经典案例》

《高质量教学案例开发的 30 个锦囊》

《高质量教学案例开发的 30 个锦囊》

主编简介

陈世敏，中欧国际工商学院会计学教授、朱晓明会计学教席教授、副教务长及案例中心主任。曾担任中欧国际工商学院副教务长及 MBA 主任、香港理工大学会计及金融学院的副主任。具有丰富的教学与研究经验，在上述大学教授了本科、硕士以及博士层面的多门课程，并从事高层经理的职业培训。在多年的职业生涯中，获得诸多教学、研究奖项和课题资助，并在国际著名学术期刊发表大量论文，是爱思唯尔中国高被引学者；所撰写的教学案例数次获奖，见诸中国工商管理国际案例库、哈佛案例库、毅伟案例库、欧洲案例交流中心案例库。持有美国管理会计师证书，教学与科研之外积极参与中国内地及香港上市公司的公司治理。

赵丽缦，博士，中欧国际工商学院资深案例研究员，案例开发团队负责人，《亚洲案例研究期刊》副主编。撰写的教学案例被中国工商管理国际案例库、哈佛案例库、毅伟案例库、欧洲案例交流中心案例库和 Emerald 收录约 80

篇次，涵盖创新创业、战略管理、领导力、案例法等领域，并有案例进入哈佛案例库畅销榜单。所开发的案例在中国工商管理国际案例库、EFMD、欧洲案例交流中心、CEEMAN、《金融时报》等举办的全球性案例写作竞赛中获得最佳奖八次、其他奖项六次。合作编著《社会创新》和《传承密码》主题案例集，多次受邀在案例开发和教学活动中分享案例开发和教学经验。

张驰，博士，中欧国际工商学院案例研究员。多篇案例被中国工商管理国际案例库、哈佛案例库、毅伟案例库、欧洲案例交流中心案例库等主流案例库收录，领域涉及战略、组织与人力资源管理、市场营销、财务管理等，曾获"中国工商管理国际最佳案例奖"提名奖，合作编著《成长动能：构建组织与人才管理体系》主题案例集。有丰富的案例教学经验，曾任职北京体育大学体育商学院，开设数字营销、运动队管理等特色课程。

［美］陈世敏　赵丽缦　张驰 等 编著

高质量教学案例开发的 30 个锦囊

30 Tips for Developing High-Quality Teaching Cases

中国出版集团 东方出版中心

图书在版编目（CIP）数据

高质量教学案例开发的 30 个锦囊 /（美）陈世敏等编
著 . -- 上海：东方出版中心，2024. 9. -- ISBN 978 - 7 -
5473 - 2535 - 3

Ⅰ. F272

中国国家版本馆 CIP 数据核字第 2024WA6850 号

高质量教学案例开发的30个锦囊

编　　著　[美]陈世敏　赵丽缦　张　驰　等
责任编辑　徐建梅
封面设计　青研工作室

出 版 人　陈义望
出版发行　东方出版中心
地　　址　上海市仙霞路345号
邮政编码　200336
电　　话　021- 62417400
印 刷 者　山东韵杰文化科技有限公司

开　　本　710mm×1000mm　1/16
印　　张　17
插　　页　1
字　　数　220千字
版　　次　2024年9月第1版
印　　次　2024年9月第1次印刷
定　　价　98.00元

总序 GENERAL INTRODUCTION

20 世纪 90 年代，市场经济大潮初生，中国迫切需要大量熟悉市场规律的企业家和职业经理人，时任副总理的李岚清同志提出"办成一所不出国也能留学的商学院"。1994 年，在一批管理教育家的奔走努力下，中欧国际工商学院应运而生。30 年后的今天，在一代代中欧人的努力下，中欧已经跻身全球一流商学院的行列。

中欧的成就，离不开"认真、创新、追求卓越"的校训引领，也离不开"中国深度、全球广度"的定位指导，更重要的是，中欧始终将课堂与教学放在办学的第一位，而案例教学正是中欧办学的一大特色。从建校伊始，案例教学就深深融入了中欧的教学体系中，在多数课程上被广泛应用。

在很长一段时间里，中欧与世界上大多数商学院一样，使用的案例大多来自西方主要商学院的案例库。但是，由于快速变化的制度环境和文化差异，许多西方公司的管理理念和经验可能并不适用于中国公司，在中国工作的中国企业家和他们的西方同行经常要面对西方可能不存在的决策场景。加上中国经济的迅速发展吸引了全世界的目光，对于中国情境的案例需求也与日俱增。因此，世界各大商学院都开始关注中国情境的商业案例。毋庸讳言，作为中国商学院的重要代表，中欧国际工商学院更有必要努力讲好"中国故事"，这不仅是中欧国际工商学院自身教学的需要，也是全球商学院对中国案例的需要。

得益于中欧人的钻研与奋斗精神，中欧案例在很短的时间里就取得了非常显著的进步与成绩。目前，中欧每年自主开发100多篇中国主题案例投入教学，这些案例也已在中欧课堂中占据主流地位。在这些高质量案例的基础上，我们还积极开展"实境教学"，让学生最大限度地接触和观察真实的商业决策，帮助他们积累相关经验，从而对管理实践产生更大的影响。此外，我们还通过案例研究与商界合作，激励并帮助企业审视和反思其实践，从而产生积极而广泛的社会影响，并提升中欧国际工商学院及其教师的思想领导力和声望。

这些高质量的中欧案例在贡献中欧课堂之外，也持续上线哈佛案例库、毅伟案例库和欧洲案例交流中心等世界知名教学案例平台，向世界分享具有中国特色的企业实践和管理探索，中欧正努力成为全球化时代中国管理知识的创造者和传播者，这也正是中欧"中国深度、全球广度"定位的体现。

与此同时，在中国管理教育大发展的背景下，中欧也努力将案例开发与教学经验推广至其他商学院，以期推动中国管理教育的改革与发展。受上海市政府、市教委等部门的委托和支持，在兄弟院校的积极参与和配合下，中欧国际工商学院成功创建并运营了"中国工商管理国际案例库"（ChinaCases.Org），秉承"聚焦中国问题，坚持国际标准，服务教学课堂"的理念，案例库目前已收录了近3 000个中国主题案例，这些案例均经过严格的评审与筛选，也大都接受过课堂教学的检验，在国内外管理教育领域已形成了一定的影响力。

值此中欧国际工商学院成立30周年之际，中欧案例中心的同仁们将这些年的案例开发与建设成果编选为系列书籍，其中包括了中欧的经典案例、开发经验，以及ChinaCases.Org案例库的建设成果。管中窥豹，抛砖引玉，其实这些成绩不仅是中欧 30 年的成绩，更有赖于中国管理教育 30 年的改革和发展！

我们希望，我们不仅用 30 年建立了一所优秀的商学院，也用案例记录了一个时代——中欧的 30 年，中国的 30 年！

汪泓 教授
中欧国际工商学院 院长

杜道明（Dominique Turpin）教授
中欧国际工商学院 院长（欧方）

前 言

自 20 世纪 20 年代被哈佛商学院采用以来，透过真实的情境或实践培养学员批判性思维和知识应用能力的案例教学法在高校、独立商学院、企业与组织内部培训等多个场合得到广泛应用。作为案例教学的基础，教学案例构建了课堂讨论所依凭的真实而生动的决策情境，是学生参与课堂学习、教师开展课堂教学的基础，教学笔记等配套材料更是教师组织课堂的指引和参考。出于提升教学质量、产出成果等目的，越来越多的商学院教师、专职案例研究员及关心商学教育的其他人员投入教学案例开发工作中。

然而，开发高质量的教学案例并非易事。什么是高质量的教学案例？对于案例开发者，尤其对于新手而言，如何从零开始开发一篇高质量的教学案例？开发的教学案例如何应用、如何创造更大的价值？本书是一本用来解答上述问题的工具书。作者团队拆解了教学案例开发的全过程，详细介绍了各个环节的主要工作、面临的重大挑战及应对方法，并提炼了 30 个指导案例开发的"锦囊"。本书适用于各种身份和水平的教学案例开发者。希望本书能够带领读者深入教学案例开发的世界，从入门到精通，从新手到专家。

中欧国际工商学院案例中心（以下简称中欧案例中心）自 2001 年创立以来，一方面长期坚持投入专业力量服务中欧高质量案例教学；另一方面，建标准、搭平台、促应用、育人才、强共享，积极建设案例教学和开发的生态圈。在中欧案例中心举办的"中欧案例大师成长营"和"中欧案例开发共创营"的活动中，我们收集了千余条有关案例开发的问题。主编团队认真梳理了这些问题，并结合自身近300篇案例开发和150余篇次案例发表的经验，形成了本书的大纲目录，然后邀请潜心案例开发工作的中欧案例研究员团队分别完成了各个章节的内容。

本书是中欧案例中心案例研究员团队集体智慧的结晶。中欧国际工商学院案例研究员由管理学、经济学等社会科学的博士和资深的财经媒体记者或主编构成，主要负责支持中欧教授开发更多有关于中国工商管理问题的高质量教学案例，引领教学与研究创新，并通过专业技术能力支持案例中心的案例库平台建设工作。按照章节顺序，本书作者团队包括陈世敏教授、张驰博士、赵丽缦博士（第1章），王雏博士、潘斌博士（第2章），张驰博士（第3章），朱琼老师（第4章），蔺亚男博士（第5章），黄夏燕博士（第6章），赵玲博士、陈炳亮博士（第7章），刘耿博士（第8章），赵丽缦博士、吴璠博士（第9章、第10章），赵丽缦博士（第11章），全体成员（第12章）。

在此，感谢对本书出版作出贡献的企业管理者、学员、评审专家及平台、教授及编辑等。高质量教学案例开发离不开案例企业、学员、评审专家和案例开发者等关键利益相关者的支持。首先，本书的成稿离不开案例企业过去、现在和未来的开放支持，是他们为案例开发者提供宝贵的案例线索，向案例开发者无私地奉献个人或企业的经历、管理智慧和经营困惑等。其次，开发高质量案例的初心和目的是满足学员的学习需求。本书提到的很多理念和方法皆渗透着案例开发者与学员互动的观察及其对学员的理解。再次，为了让案例创造更大的价值，我们在投稿及被评审的过程中从中国工商管理国际案例库、毅伟案例库和哈佛案例库等发表平台的评审标准及评审意见中也学到了很多。从次，多年案例开发的积累更离不开与深耕于案例教学一线的中欧教授们的交流和碰撞。他们深知商学院学员的需求，广泛涉猎先进的管理理论，本着"认真、创新、追求卓越"的精神和案例研究员们一同不断提高案例质量。最后，中欧案例中心何源清老师、王丹老师和袁晓琳老师，以及东方出版中心的编辑团队也为本书的顺利出版付出了专业的支持，非常感谢他们投入的大量心血和努力。

我们也由衷地感谢中欧国际工商学院的支持，在学院八项战略举措指引下，我们能够有效开展日常案例开发工作，有幸为"培养兼具中国深度和全球广度、积极承担社会责任的领导者"的伟大使命贡献一份力量。2024年，是中欧国际工商学院成立30周年，谨以此作来为中欧30周年献礼。

最后，致本书未来的读者：案例开发事业正处于快速发展期，我们对它的认识是一个螺旋上升式的过程。若您对本书的内容有任何建议或评论，欢迎您发送电子邮件至 chinacases_talent@ceibs.edu。衷心希望各位读者在阅读过程中有所收获，也期待各位读者通过关注中欧案例中心的相关活动与本书作者进行深入的交流。

目 录

1 Chapter

绪论   001

2 Chapter

教学案例概述   011

3 Chapter

案例线索获取　030

4 Chapter

案例素材获取　056

决策问题设计

案例正文写作

Chapter 9 案例定稿与授课   **188**

Chapter 10 案例全球发表和竞赛   **207**

绪论 [1]

当前，案例教学法已成为商学院及各类培训课堂的主流教学方法之一。通过案例学习，学员能了解到前瞻性和创新性的商业理论与实践，获得最新的相关知识；提升综合分析、决策、沟通、合作和时间管理等核心能力；快速适应未来职场需要。作为商科教育的重要教学资源和案例教学的基础，教学案例为学员构建真实、生动的决策场景或管理情境，基于此，授课者才能组织学员在课堂上进行讨论和分析。可以说，教学案例质量的高低对学员的学习体验、教师的教学质量影响巨大。

商学院对教学案例开发工作的重视程度与日俱增。有些商学院将教学案例视作重要的学术成果衡量标杆，甚至等同于在同行评审期刊上发表文章。通过开发案例，商学院教职人员有机会与商界互动交流，创造与实践紧密相关的商业知识，帮助企业反思并改进实践，产生更广泛和积极的社会影响；商学院能够向学员展示教授与商界特别是领军企业之间的紧密联系，这是申请者择校时的一个重要考量因素。

1　本章作者：主编团队。

这些优势吸引越来越多的商科教育相关人员投入教学案例开发中。但产出案例，尤其是高质量的案例，并不能单凭高涨的热情，还需要对教学案例、对案例开发工作有正确认知，有指导案例开发工作的科学的方法论以及应对案例开发过程中遇到的难题和挑战的策略，而这正是本书的主要内容。

1.1　坚持问题导向的案例开发

如同案例开发和教学坚持"问题导向"一样，本书的撰写同样是问题驱动的。本节首先介绍了关于案例开发的一点误解，进而梳理了过去 10 余年中欧案例中心在各类活动中了解到的有关案例开发的几类常见问题。明晰困惑、解答疑惑，进而助力高质量案例开发便构成了本书出版的原动力。

1.1.1　对案例开发工作的一点误解

"你印象中的教学案例是什么样的？"对于这个问题，许多人的答案大概如此："天气晴好，但 A 公司王总的心情却一片阴霾。公司遇到了巨大困难，他打算采取一些措施。但这真的能解决问题么？王总点了一支烟，陷入沉思……""已经深夜了，B 公司的会议室里灯火通明，赵、钱、孙、李四位经理吵得不可开交，互相指责出现的问题是别的部门导致的，总经理应该如何协调他们之间的问题呢？"

这样的答案并不能算错。为了引起阅读兴趣和提高代入感，故事性通常被认为是高质量教学案例的一个重要特征。在过去一些既有范式的影响下，许多教学案例确实是以这样构建故事情境的形式开篇的。但这不意味着故事与案例是等同的。通常，一个好的案例可能包含一个或多个好的故事，但好的故事未必能作为案例支撑课堂教学。除了故事以外，教学案例还有其他更为重要的构成要素。

我们通常希望教学案例开发者能够有作家的文笔，但若将案例开发过程简单视作文学创作，那便是对案例开发难度的误解。事实上，除了写作能力外，案例开发者也必须拥有"透过现象看本质"的技能，并对专业知识有深厚的积累。唯有如此，开发者才能将"讲故事"与"教知识"有机结合起来，实现课堂教学目标，并完成发表所必需的配套文件——教学笔记的设计与撰写工作。

与故事不同，案例需要基于事实。这意味着开发者需要花费许多时间和精力与相关人员沟通，收集和分析大量的资料，这对开发者的沟通和协调能力、信息处理能力等都有很高的要求。

所以，案例或许不像你想得那么简单，案例开发也不似你想得那么容易。我们将通过第二章的内容，帮助读者建立对教学案例及案例开发工作的正确认知。

1.1.2　案例开发常见的六类问题

中欧案例中心自 2014 年起举办案例开发及教学方法的研讨与培训，至今已组织"中欧案例大师成长营"和"中欧案例开发共创营"等多个品牌培训活动总计数十次。[1] 在这些活动以及案例中心研究员团队内部每年数次的学习中，我们收集了千余条关于案例开发的痛点和难点，我们对此进行了梳理，并列举

1　2014 年 3 月 1 日，中欧案例中心首次举办案例开发研讨会，开启中欧案例方法系列培训活动大幕。前期八次培训主要邀请国际知名案例专家给上海地区院校教师进行案例方法培训，共有 657 位教师参加（其中来自上海院校的教师占比 70%）。2016 年 11 月开始，案例中心推出"中欧案例大师成长营"品牌培训活动，面向海内外商学院教师开放，由中欧教授示范案例教学并分享案例开发经验。截至 2024 年 8 月已开办 26 个班级，来自全球 20 多个国家和地区 340 多所院校的 1 800 多名教师参加。2022 年开始，案例中心又推出聚焦于案例开发的"中欧案例开发共创营"，输出中欧案例开发标准，创新性引入中欧校友等企业资源，沉浸式的案例开发体验加深了案例开发者和案例企业的认同感，有效推动了基于中欧案例开发标准的产学研用生态建设。这些系列培训极大地扩大了中国主题案例教学和开发的影响力。

了部分共性问题和挑战。

1.1.2.1　案例线索和案例选题

（1）案例开发从何开始，是先有知识点据此收集资料还是依据获得的资料寻找知识点？

（2）如何在案例主体和讨论主题之间进行匹配？有时有案例但是没法与理论相结合，有时希望提及某些理论但难以找到合适的案例？

（3）如何选择合适的理论方向或者最好的解读视角？

（4）如何从案例企业的素材中提取有价值的切入点？

（5）是否可以选择负面的问题？

（6）多大幅度的知识点比较适合案例教学？

（7）如何平衡新与旧？例如，对于一个新的案例企业，适合用经典框架去分析，但相关理论的案例已经有很多了，是否还值得开发？

1.1.2.2　案例企业选择与沟通

（1）社会资源缺乏，如何能够联系企业？

（2）对企业情况不够了解，如何很快找到合适的案例对象及值得研究的问题？

（3）高校教师专注科研，与企业管理者和员工交流时话语体系和关注点差异较大。如何有效对话？

（4）如何保持案例内容的真实性，并有效处理案例企业对其信息公开的顾虑？

（5）如何合理有效处理、规避公司的商业机密？

（6）企业有时候会隐藏一些关键信息，或者关键联系人不是很积极，这时候该怎么协调？

1.1.2.3 案例资料收集及企业调研

（1）许多资料都是二手资料，如何保证真实性？

（2）资料来源仅限于开发者看到的资料，如何避免片面性的问题？

（3）如何与访谈对象交流并获得有效信息？

（4）如何拟定完善、有效满足信息需求的调研提纲？

（5）如何克服访谈障碍，如担心自身利益受损或对案例理解不到位而不合作？

（6）如何获得企业最真实的困境／问题或措施，如何处理机密信息？

（7）如何收集负面案例所需要的信息？

1.1.2.4 案例正文撰写

（1）案例写作中如何避免明显的人工雕琢痕迹？

（2）很容易写成叙述型文章，如何捕捉冲突和矛盾？

（3）如何平衡专业性和可读性，如何将描述性的案例写得更加生动，如何合理地把握"艺术加工"程度？

（4）难以把握案例写作的边界，资料如何取舍、详略如何安排？

（5）当遇到许多事件时，如何聚焦？

（6）如何埋伏笔，使案例充满悬念？

（7）视频案例等新型案例如何开发？

（8）如何合理控制案例的篇幅？

（9）如何将研究性案例改写成适合教学的案例？

（10）如何运用写作的技巧，如引述等？

1.1.2.5 教学笔记开发

（1）如何设计出既有价值又有讨论空间的问题？

（2）如何根据不同的学习者层次设计不同的问题？

（3）案例讨论问题的设计，选择以企业解决问题为线索，还是以教学知识点为线索。这两种有何区别？

（4）如何解决讨论问题难以得出统一的结论或结论被学生质疑的问题？

（5）如何选择分析所用的理论知识点，比如是教材中的传统知识点好还是较为前沿的理论更好？

（6）如何将分析过程更好地与案例情节相结合？

（7）案例的理论知识点的聚焦与广度如何平衡？

（8）有哪些可以使用的教学技巧，例如有哪些可以提高学生课堂参与积极性的方法？

（9）如何把握教学笔记整体设计的逻辑深度？

（10）是不是案例正文写作之前，教学案例的主题和框架就应该提前构思好？还是说案例正文和教学笔记是并驾齐驱、不断迭代的过程？

1.1.2.6　案例使用及发表等

（1）高质量的案例应该具有什么特征，符合哪些标准？

（2）考虑到企业授权问题，常会倾向于"褒扬"，即便提出问题和矛盾也会被企业修改，如何避免最终案例面目全非？

（3）案例是否需要更新，对有些案例企业实践的分析可能因为时代和情境的变化而变化？

（4）国际案例写作竞赛难吗？这些竞赛都关注哪些方面？

虽然我们在此列举了许多案例开发过程中的困难，但开发者也不必被这些问题吓倒。同其他技能一样，案例开发也可以通过学习、练习，在反复的应用与实践中逐渐熟练直至得心应手。而成熟和科学的方法论指导会让这个过程更加高效。在后续的章节中，我们会在按照案例开发的流程对各个环节进行详细讲解的同时对上述及部分尚未提及的典型问题进行解答。

1.2　本书的内容构成

第1章：绪论。虽然案例开发的重要性得到认可，但案例开发工作实际上是一项很有难度的工作，需要开发者具备写作技巧、专业知识以及沟通等多维度的能力。本章列举了案例开发过程中的典型问题（这可能也是读者当前正面临的问题），在此基础上展示了本书的内容框架，帮助读者快速定位到所需的部分。

第2章：教学案例概述。本章围绕教学案例、案例开发工作展开。对于前者，本章详细介绍了教学案例的概念、类型，将其与研究型案例、研究报告等进行了比较和辨析，并对教学案例的价值进行了说明。对于后者，本章介绍了案例开发工作的承担者，也即案例开发者的常见类型及所需技能；介绍了案例开发工作的利益相关者，如支持机构、使用的人员以及案例主体，他们在案例开发过程中发挥的作用以及关注点；概述了案例开发工作的周期与流程，帮助读者对案例开发工作形成整体认知。

第3章：案例线索获取。本章从"先有理论"还是"先有实践"的迷思入手，介绍了问题驱动、实践驱动两种不同的案例线索获取路径。问题驱动部分，介绍了案例设计时可以选用的知识点类型以及获取的途径；实践驱动部分，介绍了有哪些实践值得深挖以及通过何种方式得到这些实践的消息。本章还指出，在实际开发工作中，两种路径不是冲突，而是需要交织在一起，只有完成了实践和理论的初步结合，后续工作的开展才有意义。本章也回答了关于知识点选择、案例主体选择上的一些常见问题，并就如何争取目标主体的许可和支持、如何保护开发者自身权益等给出了建议。

第4章：案例资料收集。本章分为现场案例资料收集和图书馆案例资料收集两类。对于需要深入案例组织调研访谈的现场案例素材收集，本章介绍了调研的过程、注意事项，并对如何开展调研、如何设计访谈问题、如何获得张力信息等关键问题进行了解答；对于来自公开信息的图书馆案例素材的收集，本章提供了常用渠道、每一种渠道所可能包含的信息。本章还对如何研究背景信息、如何拟定访谈提纲、如何获取关键信息等进行了回答。

第 5 章：决策问题设计。这是教学案例开发的关键和难点。本章介绍了设计决策问题的目的、好的决策问题的特征与标准、决策问题的构成要素；通过大量举例展示了决策问题的常见类型，并对每种类型的设计要点、使用情境进行了阐述；本章也对决策问题从何而来以及影响决策问题选择的因素进行了说明。

第 6 章：案例正文写作。这是案例开发的核心流程之一。本章首先明确了高质量教学案例的概念和标准；接下来拆解了案例构成，将其分为开始、中间和结尾部分，对每个部分所要达到的效果、可以采用的技巧、需要注意的问题进行说明；最后给出建议以帮助解决开发者所面临的平衡真实性与艺术性、如何使案例详略得当、如何展现冲突性等关键问题。

第 7 章：教学笔记开发。本章首先简要阐述了教学笔记的定位和作用，进而以一篇案例的教学笔记构成为例详细介绍了案例摘要、教学目标、教学对象与适用课程、推荐阅读材料、思考题、教学计划、课堂问题讨论与分析、案例后续进展、讨论总结、板书设计等十个构成要件及其作用、写作技巧和相关注意事项。

第 8 章：教学案例创新。本章首先介绍了新型案例的概念，分析了它与传统案例的区别，进而介绍了不同类别的新型案例（特点、使用场景及开发要点），包括短案例、视频案例、多媒体案例、绘图案例、实时案例、模拟等类型，并在此基础上介绍了哈佛商学院、IE 商学院、中欧国际工商学院在案例教学和案例开发方面的创新探索，最后简要分析了教学案例创新的关键挑战及应对策略。

第 9 章：案例定稿与授课。本章基于案例流程指出了案例定稿可能发生的时点，从多重视角介绍了影响案例和教学笔记内容定稿的因素，详细说明了在现场案例开发过程中常用的三个协议文件及相关注意事项，梳理了定稿阶段常见的问题及应对建议，进而阐述了如何让案例授课反哺案例开发。

第 10 章：案例发表与竞赛。本章分两部分来帮助案例开发者了解案例的全球发表和写作竞赛，以进一步理解高质量案例开发。第一部分介绍了三个以服务案例教学为目的、具有全球影响力的案例库，包括其定位和标准，分享了需要案例开发者关注的全球发表的注意事项；第二部分介绍了三个全球案例写作竞赛，并简要分享了几点来自获奖作者的案例开发技巧。

第 11 章：案例价值创造。本章首先探讨了教学案例的价值体现，接下来基于利益相关者图谱阐释了案例开发的价值，即在内部和外部、理论和实践的不同维度，案例开发者均可以兼顾利益相关者视角来思考创造怎样的价值、如何创造价值；接着依次从内部授课、对外发表、公开渠道传播及企业赋能等四个部分阐述了案例的价值创造。

第 12 章：高质量教学案例开发的 30 个锦囊。以上每个章节都会为高质量案例开发总结 1～4 个锦囊。本章沿着案例开发的"启动、开发、使用及发表"的流程集中呈现了所有锦囊，这将有助于每一位案例开发者成功踏上高质量案例开发之旅。

1.3　本章小结

近些年中欧案例中心和国内外很多院校机构开展了大量的关于案例开发的方法培训和经验分享活动，输出知识、分享经验，甚至链接案例企业资源，对国内教学案例开发事业发展起到了重要的推动作用。我们发现，很多老师、研究生在撰写第一篇教学案例的时候，大多"依葫芦画瓢"按照现有案例的模式来开发。随着案例教学越来越受欢迎，企业对成为商学院案例的认可度和开放度与日俱增，专业硕士等开始广泛接触案例分析和案例开发，我们亟需一本系统介绍案例开发及其背后原理的图书去解答已经存在和即将产生的案例开发的相关问题。

案例开发本身是问题决策导向的，本书的出版同样源于这些活动中过去的、现在的和未来的案例开发者们的常见问题。然而，只是解决一个个问题，无法解决影响长期和质量的系统问题。每一个问题背后可能反映着一系列问题。我们需要从系统的视角来看待案例开发中经常遇到的这些问题，说明道理、辨析原因、讲述方法、点明问题并给出策略。本书便是沿着整个案例开发流程，让这些常见问题在各个环节被呈现、被分析和被解决。

然而，案例开发终归是为了在管理教育中发挥作用。我们呼吁，案例开发者在关注传统教学案例开发之外，还应当与时俱进探索新型案例的开发，并努力将高质量中国主题案例在世界范围内传播，让中国管理经验贡献全球课堂。作为案例开发者，我们身在一个实践和理论相互融合、内外价值相互转化的大系统中，我们有着多个利益相关者——合作者、学员、企业、评审专家等。案例开发成果本身、案例开发的能力，以及案例开发的思维将推动整个系统的价值创造。

锦囊1

系统开展教学案例开发工作

当被问到"您在案例开发中存在哪些问题"时，您的问题可能是有关案例线索、案例选题、企业选择、企业沟通、素材收集、正文写作、教学笔记设计或者案例使用与发表的，这些问题之间彼此联系。我们建议您系统了解案例开发流程与方法，了解每个环节的关键工作和注意事项，进而让常见难题迎刃而解。

教学案例概述 [1]

案例在英文中被称为"case"，汉语则常翻译为"个案""个例""实例"或"事例"。从词源上看，case 源于拉丁语"casus"，原意为"事态""情况"或"情形"。所以，案例蕴含着对某种实际情境的描述，在这个情境中，包含有一个或者多个疑难问题，同时也可能隐含着解决这些问题的方法。[2]

2.1 什么是教学案例

讨论教学案例的内涵和外延，就不得不首先了解什么是案例教学法。

2.1.1 案例教学法

案例教学法起源于 19 世纪 70 年代的哈佛大学，最初由法学院引入，其后

---

1 本章作者：王雏、潘斌。王雏，博士，中欧案例研究员，主要关注企业战略、金融、决策科学、产业链等领域，已参与多个教学案例开发项目。潘斌，博士，中欧案例研究员，主要关注数字化转型、战略人力资源管理、领导力、商业伦理等领域，已参与多个教学案例开发项目。
2 郑金洲.案例教学指南［M］.上海：华东师范大学出版社，2000.

在医学院和商学院也获得了成功运用。1921 年，哈佛商学院正式开始推行案例教学，并成立商业研究处。[1]100 多年来，案例教学法在世界范围内得到了广泛应用，成为专业教育，尤其是商科教育的重要教学方法之一。

案例教学法通过案例所呈现的具体典型情景或故事，引领学生对隐藏于其中的特定疑难问题进行探讨，从而培养识别和解决问题的能力。案例教学法强调以学生为中心的学习过程，认为教师在课堂上的角色并不单单是讲授知识，而是通过选择案例、提出问题、推进讨论来引导学生思考。[2]

2.1.2　教学案例

关于教学案例的概念，我们需要从多个角度进行阐释。从教学过程的角度看，教学案例是描述某一具体情境或事件的教学材料，是能够启发思考、理解概念、培养能力的教学媒介。在专业教育领域里，教学案例通常被定义为描述一个组织或个人面临的关键决策、问题或机遇的教学工具。它通过展示一个真实的、有决策需求的事件或情境，让学生代入其中，分析情境，做出决策或提出解决问题的方案。所以，专业教育领域的教学案例，是一种基于真实事件的、用于教学目的的情境描述。从学生的角度看，案例就是他们所接触到的那份情境描述材料，是教学案例的基础和载体，也是笼统意义上的案例。从教师和案例作者的角度看，一个完整的教学案例需要同时包含案例正文和面向教师的教学笔记（有时也称"教学指导手册"，本书均称"教学笔记"）。教学笔记中包含案例的教学目的、使用方法、过程控制、分析框架等内容，是教师实施案例教学的重要工具和依据。教学笔记一般不让学生预先接触，只向教师开放。所以，

1　杨光富，张宏菊.案例教学：从哈佛走向世界——案例教学发展历史研究［J］.外国中小学教育，2008，（6）：5.
2　Brown P C, Roediger H L, McDaniel M A. Make it stick: the science of successful learning［M］. MA McDaniel, 2014: 27.

对教师而言，"案例"的内涵是更为完整和丰富的，它包含两份互为补充的文档。这也是发表一个教学案例实际需要同时写作两份文档的重要原因。

案例（正文）的构成要素需包括背景、主题和案例问题、情境与细节描写三个方面。[1]案例背景的介绍是为了让读者理解案例中的问题是在什么特定背景或者因为什么特殊原因发生的，虽然不一定非常详尽，但十分必要。案例介绍不是讲故事，更不是记流水账，因此虽然很多案例看似按照时间顺序"平实地记录"，但实际上是围绕着一定的主题的，它服务于案例的教学目标，也对应着案例想要讨论的问题。案例的情境与细节描写不仅能带给读者真实感，通过其详略安排和结构设计也能使读者快速地沉浸于案例情境并发现决策问题。

教学案例一般需要具备三大基本特征：真实性、事件性和情境性。真实性要求教学案例描述的事件必须基于真实发生的事，而非虚构的情节，即使在某些隐私保护的情况下需要修改或删除部分信息，也必须保证主体情节的真实性。事件性要求教学案例描述一个有明确时间点的事件，通常是一个有争议的或需做判断的业务情景，而不是对某一普遍情况的描述。情境性要求设置典型且逼真的背景，通过细节渲染营造沉浸感。正是这三大要素的结合，使得教学案例成为专业教育课堂的"营养剂"。

案例（教学笔记）虽然是正文的"配套文件"，但它不是正文的补充，而是一整套教学案例必不可少的组成部分。教学笔记为正文提供明晰的学习目标，预设讨论问题的方向，并且对如何引领学生进行有效的讨论和探究给出较为明确的指南，这能够帮助教学者高效地使用案例并开展以学生为中心的教学活动。简要来说，教学笔记需要解释"这个案例是什么领域的""本案例在相关课程中是怎样的定位""为什么我们要使用这个案例""我们将在这个案例的教学过程中教授什么""怎样安排教学"。教学笔记并没有严格统一的写作形

---

1 周君华，宫照玮.案例、案例库、案例教学再认识［J］.中国成人教育，2021，（2）：37-40.

式，但一般会包含教学计划、讨论问题、导入、结尾这几个部分，（若需要）还包括一些特殊的教学手段（例如角色扮演、投票、多媒体使用等）。

2.1.3　教学案例与研究型案例的区别

1984 年，Robert K. Yin 为案例研究给出了一个广为接受的定义：案例研究是一种经验主义的探究（empirical inquiry），它研究现实生活背景中的即时现象（contemporary phenomenon）。[1] 可见，案例研究首先不属于理论研究，但它与实证研究也存在一些区别：虽然都是基于例证，但案例研究不强调基于大量数据并由其规律检验某些理论或做出预测。在分类上，很多学者倾向将其归类为经验性研究方法（empirical research method）中的实地研究（field research）。

研究型案例与教学案例都是基于现实社会经济现象中的事例证据，并且二者都是试图去回答"是什么、为什么、怎么样"的问题，而不是回答"应该怎样"的问题。但由于其功用的不同，二者存在本质的区别。

教学案例与研究型案例属于迥然不同的工作方法，前者是一种教学工具，后者是一种研究工具。教学案例是为满足教与学的需求而产生的，它通过对真实情境的筛选、描述和重构，创造了一个相对自包含的教学单元，实现知识传递、能力培养等教学功能。研究型案例一般使用定性或定量的研究方法，强调对个案现象的描述和分析，目的是归纳规律和建构理论。研究型案例可产生新的理论，也可检验已有理论，它可以但不必然用于教学。所以，两者都涉及对某种事件或情境的描述，但创作动机与实施方法有根本差异。

教学案例与研究型案例的呈现方式也有区别。教学案例除了通常配有教

1　余菁. 案例研究与案例研究方法 [J]. 经济管理，2004，（20）：24-29.

学笔记以外，在正文部分一般不涉及任何理论框架的介绍和基于理论的解析过程。研究型案例很多是以案例分析论文的方式呈现和发表的，写作范式则与实证研究的论文更加相近，一般包括研究问题、理论假设与理论预期、研究方法与案例分析对象、建立数据与理论假设的逻辑、对研究结果的解释等部分。[1]

2.1.4　教学案例与研究报告的区别

研究报告也是教学和研究过程中很重要的一类文件，它系统性地描述调查过程、数据和结果，并对获取的资料进行全面整理和分析，以纵向发展过程或横向类别分析提出论点、进行论证。与教学案例相似，研究报告也是基于客观事实，并且有时在教学过程中也可能引用一些研究报告，但二者存在本质的不同。

不同于教学案例服务于教学的目的，研究报告更多的是服务于学术研究或决策过程。这就导致了它们具有不同的基本特征：案例聚焦具体情境的描述，而报告聚焦研究过程和发现的详细介绍；案例的语言比较平实生动，更易创造沉浸感，而研究报告须采用客观、严谨、学术性的语言；案例中往往会出现第一人称、第二人称、人物对话、内心活动，而研究报告一般采用第三者视角，或者不使用任何主观视角；案例正文内容的详略安排和结构设计是服务于想要突出的主题的，而研究报告相对比较全面和直接，亦往往通过图表、统计结果及文献资料来帮助展示客观准确的信息来源。

写作体例上，研究报告一般包括标题、目录、摘要、引言、文献综述、调查说明、研究结果、结论或建议，部分研究报告还包括一些反事实分析、模拟和可行性分析。因此，相对教学案例比较"开放"的结构风格，研究报告是相

1　宋春霞. 浅谈管理学案例研究型论文的写作方法 [J]. 河南教育（高等教育），2021，（7）：74-76.

对完整的、有确切结论的。

2.2　教学案例的种类

从教学目的维度，教学案例主要包含决策型案例和非决策型案例两大类别。决策型案例基于对公司（或管理人员）实践的客观描述，通常涉及公司内部管理人员面临的一项决策、挑战或者机遇。因此，案例正文会先描述相关的背景和现状，然后呈现主角面临的问题或需要做出的决策。在案例教学的过程中，需要学员作为管理人员通过讨论案例企业面临的问题，做出分析和决策。此类案例通常会预设好教学目标，它们应该是相关学科中的教学重点或知识点，通过精心设计的教学笔记来保障讨论过程的推进，并辅以相关理论或文献的支撑，期待达到指导实践的目的。非决策型案例并不要求学生做出决策，而更侧重展示理论概念的应用实例。非决策型案例又包含描述型案例、评价型案例、规则型案例和关键事件案例等几种类型。最常见的描述型案例中的最佳实践案例，通常以时间顺序介绍一家公司或某位高层管理人员的成功实践，比如创业成功的历史、新产品开发历程、新技术采用过程、企业战略转型、海外并购、企业社会责任等。案例主体出于宣传目的，往往比较乐于参与此类案例的开发，但此类案例在教学过程中发挥的作用有限，因此通常难以构成高质量的教学案例。

从开发过程中信息来源的维度，教学案例主要包括企业现场案例（company field cases）、个人现场案例（individual field cases）、普遍经验案例（armchair cases）和图书馆案例（library cases）。现场案例均基于第一手资料，需要获取案例主体的授权书才可以公开使用和投稿。企业现场案例是最为常见的教学案例类型，它通常通过采访企业的一名或多名管理者获取资料。个人现场案例顾名思义就是描述个人的某段经历或某个决策过程，但要注意的是，如

高质量教学案例开发的 30 个锦囊

果案例内容关乎企业的非公开信息，则也要获取企业授权。普遍经验案例是基于作者对于领域内知识的深刻理解，将普遍的经验"注入"到一个虚拟的案例主体上，但一般来说此类案例适用于简单和入门级的知识传授，而复杂情境是很需要真实事件和经验的支撑的，较难"虚拟"。此外，如涉及一些可识别的企业或者个人，普遍经验案例也需要相关方的授权。图书馆案例则完全基于公开信息，如期刊、报纸、报告、网络文章等，因此一般有着很多引注，且须注意避免出现非公开资料（如人物心理活动、即时动作对话等，公开讲话除外）。

除此之外，针对案例的数字化需求和新生代学习风格，还产生了一些新型案例，主要体现在表现形式和载体上。例如，短案例控制在 2～4 页，以便学生"做中学"（learning by doing）；视频案例通过真人、场景和情境，增强案例的真实感和代入感；多媒体案例不仅有文字描述，还包含视频访谈、现场照片、数据展示等，使得案例的信息量大大增加。所有这些创新型案例都在传统书面长案例的基础上，使用了更为丰富的媒介手段，有效地提高了案例的吸引力。所以，当下教学案例呈现出类型多样、形态丰富的发展态势。

2.3　为什么要开发教学案例

相对于传统的讲授式教学，案例教学更有效的方面体现在促进学生批判性思维的形成和决策能力的锻炼。越来越多研究表明，相比被动接受知识，学生更倾向主动参与建构知识的学习体验。[1,2] 在案例教学过程中，学习者面临的挑战是分析案例中提出的问题，根据有限的信息做出推断，并对模拟现实世界的专业背景的不确定、模棱两可和相互冲突的问题做出决策。许多学科，包括

1　郑金洲.案例教学指南［M］.上海：华东师范大学出版社，2000.

2　Wallace J. Introduction: science teaching cases as learning opportunities［J］. Research in Science Education, 2011, 31:185-190.

医学、法律、商业、教育和工程学，都有悠久的案例教学历史，这些案例以复杂的现实世界中的问题挑战学习者。许多实证研究也表明，案例教学法更易激发学生的学习动机，使他们事先准备并积极投入课堂，主动分析情境、评判选项、表达看法，获得团队合作、领导协调、应用分析等能力，因此获得很高的整体教学效果。

比较广为接受的一个观点是：案例教学效果的实现在很大程度上受到案例开发水平的影响，这也是案例开发工作与案例教学需要协同发展的主要原因。[1] 教学案例需要直接使用在教学过程中，因此其与教学目标的契合度、流程设计的合理性、教师使用时的便利性等，都是需要在有实际教学经验和相关知识背景的前提下，专门为特定课程和授课对象开发的，而非将现成的报告、故事、研究型案例等直接使用于案例教学过程中。

此外，开发教学案例的过程中，教师通过深入调查、采访企业管理者或员工，可以加深对行业动态、管理困境的理解，有助于发现新的研究想法、更好地将理论与实务联系起来，而发表案例也会获得学术与实践的双重认可。对企业来说，提供自己的真实管理经历，通过与专家的讨论和互动，审视和反思决策过程也是有积极意义的。因此，从整个高等商科教育生态看，开发和使用教学案例的确存在重要意义，这也是过去百年里案例教学法不断发展壮大的重要原因。

2.4　谁来开发教学案例

承担教学案例设计与撰写工作的人员称为案例开发者。

1　李思志，张倩，王少飞.案例开发与案例教学协同发展探索［J］.上海管理科学，2014，36（6）：99-101.

2.4.1　案例开发者类型

虽然一些企业、研究机构、个人也会参与教学案例开发，但商学院仍是教学案例开发的主要力量。一般来说，在商学院内部，教学案例的开发者包含授课教师、研究助理以及专职的案例开发人员三种类型。有时，商学院的学生或者校友也可成为案例共同作者。

授课教师作为教学案例需求方，对于教学案例的使用场景以及教学目的更为明晰；同时，作为相关教学领域的学术研究者，他们的专业知识也更为扎实，是撰写教学案例的不二人选。但是，现实中，由于教学工作的繁忙，教师往往疲于应对案例开发所涉及的前期沟通、调研访谈和写作等诸多事宜，经常委托学生作为教学案例的共同作者，由他们参与甚至主导某些环节。但我们仍然建议，授课教师应当亲力亲为地参与到案例计划制定、案例对象访谈、案例初稿撰写、教学问题设计等关键环节中。

研究助理若加以适当的培训，也可以胜任案例开发工作。他们的优点是时间相对充裕，可以在案例写作正式开始之前充分熟悉行业以及企业资料。但是，研究助理专业积累较浅，需要一段较长时间的学习和适应。此外，他们的流动性较高，等他们案例写作技能成熟之后，也到了快要毕业或寻找新去处的时间了。

一些商学院和机构雇用了专职案例开发人员或案例研究员，由他们和授课教师合作，按照后者的教学需求来开发案例。通常来说，在这种专人专岗的模式中，案例开发的效率会更高，案例质量也有一定的保障。例如，在毅伟商学院，全职案例作者每年可完成大约 12 个案例以及配套的教学笔记。[1] 但专职案例写作人员的聘用成本较高，需要给予专门的、稳定的经费支持。

此外，有些商学院会灵活地吸纳企业高管学员和校友参与案例开发。[2] 学

1　迈克尔·林德斯等.毅伟商学院案例写作［M］.赵向阳等译.北京：北京师范大学出版社，2011：152.

2　Schnarr K & Woodwark M J. How to write great business cases［M］.Edward Elgar Publishing, 2003.

员可以将案例开发和课程或毕业任务结合起来，在授课教师指导下完成案例开发，在写作过程中加深自己对于课堂知识点的理解。案例开发者若遇到愿意为案例开发贡献的校友，也可邀请他们成为共同作者，一方面他们本身接受过案例教学，熟知案例写作的要求；另一方面他们凭借在企业组织管理过程中获取的实践经验，可以更好地理解案例对象。

这里需要补充一下：有些开发者会将提供资料、参与案例开发过程的企业管理人员也作为案例作者，此时需要特别注意规范性及知识产权归属问题。

商学院以外，企业内部的培训机构或品牌公关部门也可能成为案例开发者，他们倾向于挖掘企业经营成长过程中的亮点，总结企业的管理实践或成功经验。

2.4.2　案例开发者核心能力

案例开发是一项综合性的工作，需要在事实和知识点之间"穿针引线"，把知识点揉进企业的决策场景中去，既不能简单地罗列企业经营的事实，也不能粗暴地套用管理学理论、模型。案例作者要深入到案例企业的实际经营运作过程中，寻找可以印证相关理论的具体决策事件，同时，也可能要反思目前的理论研究以及解释框架、模型对于新出现事实的适配性和解释力。要做好这项综合性工作，案例开发者须兼备多项独特的能力。

首先，案例开发者须具备较强的写作能力。案例开发者应该善于利用文字清晰地描述和表达，熟练掌握文法和语法，通过使用恰当的词语、句式、标点符号等，为读者创造流畅的阅读体验。此外，从一堆繁杂信息中提炼故事的叙事能力也非常重要。一般而言，案例开发者在梳理故事线的时候，既要尊重事实，又要有一定的故事线搭建技巧，同时兼顾主题的契合度以及故事情节的张力，以使情节引人入胜，增强案例的可读性。

对于叙事能力高下的判断标准，人们略有分歧。有人认为，考虑到受众的阅读负担，案例不宜过长，因此"挑选"和编排事实、"去芜存菁"的能力和描述事实的能力同样重要。[1] 也有人认为，案例写作应该尊重和还原事实，尽可能详细地把企业经营的过程铺陈出来，案例正文的长度可以适当长一点。[2] 在他们看来，开发者描述事实、用文字"再现"事实的能力，比"挑选"事实更为基础，也更为重要。需要注意的是，案例开发者须把握好"情节"设计的分寸，所有设计应该是以真实发生的事实为基础的；开发者不能移花接木，改变或虚构因果关系。

其次，案例开发者应该具备相关专业领域的理论素养。案例开发者应掌握案例所涉领域的专业知识，熟知专业术语和基础理论。这些知识是案例作者基础性的背景知识，是开发案例的"底线"要求。

再次，良好的沟通和访谈能力对于案例开发也有显著支撑作用。对于以调研访谈为基础的现场案例而言，案例开发是开发者和案例主体 / 案例组织不断碰撞的结果，通常来说，案例开发者需要和案例企业的经营决策者展开对话，以了解企业实际经营过程中面临的决策问题，以及企业管理者如何做出抉择，如何平衡各方利益，组织和协调资源。案例开发者要善于设计问题，像剥洋葱一样，层层深入；在交谈过程中，要掌握对话的节奏，主动地追问，引导访谈对象呈现出更多与案例主题相关的事实，防止访谈对象无边际地漫谈。

最后，抽象思维能力是教学笔记撰写者的加分项。一方面，擅长抽象思维的人善于利用概念工具去分析和理解事实，或者从纷繁的事实中发现知识点。另一方面，他们也更加擅长总结，可以从各种表面不相关联事件之间建立起联

---

1 Anderson E & Schiano B. Teaching with Cases: a practical guide［M］. Harvard Business Publishing, 2014: 22.

2 迈克尔·林德斯等. 毅伟商学院案例写作［M］. 赵向阳等译. 北京：北京师范大学出版社，2011：143.

系，从中提炼出简单清晰、一目了然的概念框架。借助这些概念框架，授课者可以更加高效地引导学员提炼和分析案例事实。

2.5 其他利益相关者

除实际操刀案例开发过程的案例开发者外，教学案例的利益相关者还包括案例开发支持机构（案例开发者所在机构）、授课者、学员、案例主体（案例对象）等。

2.5.1 案例开发支持机构（案例开发者所在机构）

教学案例的开发需要投入大量资源，从案例写作人员的工资成本到案例企业访谈带来的差旅费用，再到产业数据库的数据使用权等，这些都所耗不菲。

由于对教学案例的诉求及定位的不同，案例开发支持机构对于教学案例开发工作的支持力度和资源投入情况差别较大。有些机构，比如哈佛商学院和毅伟商学院，认为除了传统的讲授式教学之外，还需要能够带动学生讨论、鼓励学生参与的案例教学课，这将帮助学习者在自己的领域内成为真正专业人才。这类商学院往往愿意在案例开发上进行较大的投入，鼓励教师开发案例或者成立全职案例开发者团队。另外一些机构对于案例教学的态度则较为克制，他们鼓励授课者通过外部合作、支持博士生参与案例开发等方式灵活地开发案例，以减少案例开发人力资本支出。为节约差旅支出，许多案例开发者采取减少实地调研频次、以线上访谈代替出差等措施，但这些方式很难取得与实地调研、现场访谈同样的效果。因此，我们建议教学案例开发支持机构在预算编制中保留一个标准化的、固定的案例开发支出项目。案例开发者也须明确表达自己对于教学案例的需求，为争取案例开发经费积极发声。

2.5.2　授课者

授课者是教学案例的直接使用者。当授课者认为他在课堂上所想要讲授或探讨的内容需要匹配新的案例时，授课者可能会转化为案例开发者，自己去寻找合适的案例对象，开发新的案例。若授课者发现从市场化的第三方案例库中可直接找到现成可用的案例时，授课者会向所在机构提出购买需求。授课者自行开发案例的好处很明显，他可以接触到新的企业管理实践，在课堂讨论中也会更有底气。但是，也要克服诸多挑战，例如案例开发周期较长、案例开发过程中存在各种不确定性和挑战、最终案例的复杂性和争议性未必能达到既定的目标、案例情节未必能很好匹配教学需求等。

授课者所在机构也会分析外部采买和自行开发的利弊。大部分机构都不会只采用一种固定的获取案例的方式，而是会视情况而定：对于经典好用的外部案例，可能会鼓励采购；对于确实有开发价值的新案例，则会支持自行开发。

企业内部培训机构中的授课者也会对教学案例感兴趣，他们希望从案例库中找到一类契合他们行业背景的教学案例，甚至是以他们自己或者竞争对手为案例主体的案例。他们对案例内容的需求与商学院存在较大差异，更重视企业最佳实践，而非理论知识点。他们也可能会出于企业实务培训需要，围绕具体业务场景或管理场景，自行开发案例。

2.5.3　学员

学员是案例教学的重要参与方。学员对案例的熟悉程度、对课堂讨论的投入程度等都将直接影响课堂使用效果。

在案例开发时，应充分考虑学员的需求和背景。例如，如果案例主要是在 MBA 课堂中使用，开发者可格外关注新兴行业，并充分调研行业的发展状况和竞争格局，将案例描述的决策问题与行业背景关联起来。如果案例是用于本科生教学，则要避免过多技术化的行业用语，并且尽可能地设计紧张冲突的情节，增加可读性和趣味性。

学员不是案例的被动接受者，而是案例开发过程的参与者。在案例开发的早期过程中，开发者应该设想，学员们在读完整个案例之后会对什么问题产生兴趣，他们是否能通过案例已有的信息对教学问题形成有深度的思考。若条件允许，案例开发者应在课堂中测试案例，并根据真实课堂中授课者与学员之间、学员相互之间的互动情况，进一步修改完善案例正文和教学笔记。

2.5.4 案例主体

企业、个人、社会组织等都可以成为商业案例讨论的对象，即案例主体，为案例开发做出贡献。比如，个体创业者因其独特创业经历，可以成为创新创业案例的主角；再比如，社会组织也可能面临社会创新和商业创新融合的决策困境，成为相关主题的案例主角充满复杂性和争议性。

当案例类型为现场案例时，由于素材大多来自案例主体内部，案例主体对案例开发的影响更加显著。

然而，不同主体对于教学案例开发的态度差异较大。有些案例主体态度积极，主动寻求成为管理学教学案例讨论对象机会。例如，部分初创企业迫切需要通过各种渠道增加企业的社会曝光度，提升企业的公信力，对他们而言，案例是一种联通企业和外界的通路。还有部分企业试图通过开发案例的方式，加强与管理学教育机构、学者之间的联系。出于这些目的，企业甚至可能直接为案例开发者提供资金支持。案例主体积极的姿态固然有利于案例开发工作的推进，但是这也可能影响案例作者不偏不倚的公正立场。基于这种担忧，毅伟案例库要求受到案例主体资助的案例要明确告知读者这一事实。

另外一些案例主体态度偏消极。这可能是因为他们对于案例讨论所可能涉及的部分负面信息较为敏感，担忧商业机密泄露，或者认为案例开发对自身经营活动没有实质意义，不愿意在案例开发上花费时间等。下一章将对这些问题提出应对之法。

2.6 案例开发的流程与周期

参考中欧国际工商学院案例中心团队开发经验、笔者的个人体验以及毅伟商学院 P.W.（Paul）Beamish 教授 2012 年的一次以"案例写作入门"（"An Introduction to Case Writing"）为主题的讲座，本章将从案例线索产生到案例发表的一个完整的案例开发周期分为四个阶段——启动阶段、开发阶段、授课和完善阶段及发表阶段。

2.6.1 案例启动阶段

（1）**获取案例线索**。获取案例线索，即确定案例描述对象是案例启动阶段的重点。案例线索来源并没有固定的方向，P.W.（Paul）Beamish 教授把案例线索来源比喻成网格（grid）。案例开发者的社会关系越宽广，信息来源越多，网格的范围也就越大，能够捕捉到的案例线索也就可能越多。

（2）**初步沟通**。在就案例开发意向进行初步沟通时，案例开发者应简要说明自己对于案例主题的考虑，以及对于案例贡献组织的兴趣，并试探性地询问案例贡献组织的配合意愿。在这一阶段，作者要有对案例开发方向的设想，但也要保持一定的开放度，从与案例贡献组织的交流中，进一步形成对具体问题的聚焦。

（3）**制定案例计划**。若案例贡献组织表示有兴趣参与案例开发工作，案例作者应尽快细化和拟定案例开发的计划，向对方提供初步的案例设想。作者应明确告知案例贡献组织一方在案例开发过程中需要做的具体事务，包括安排高管访谈、提供经营数据、组织结构图等。

（4）订立合作协议。为使后期案例开发过程更为顺畅和更具确定性，在案例开发启动阶段，案例开发者或开发机构即可与案例贡献组织订立案例开发的合作协议，或者请后者提供书面的临时许可。

2.6.2　案例开发阶段

案例项目启动后，案例开发者便可着手开发案例和教学笔记。

（1）准备调研计划。如果是现场案例，开发者须准备调研计划，若企业需要，还应就相关法律文件进行沟通。如果是图书馆案例，开发者应结合教学目标开始收集资料。

（2）收集案例资料。对于现场案例来说，现场访谈的目的是发现并收集与案例相关的事实和看法。有效的访谈不仅仅在于现场提问，更需要案例开发者在访谈前做认真的准备，比如仔细浏览所有可以收集到的公开发表的信息（新闻稿、年报、网页和杂志文章等）或未公开发表的信息，在有限的时间内从访谈中得到最大的收获。图书馆案例的支撑信息则主要来自企业及其所在行业的相关报道、分析和记录等公开资料。在这一阶段，开发者要保持对信息的敏感，有意识地、主动地去挖掘适合案例主题的素材，特别是与案例核心讨论问题相关的管理决策点或重大事件。

（3）撰写初稿。信息和数据收集完毕之后，应当进入初稿的撰写。初稿可能仅仅是搭建文章主体框架，相当于"毛坯房"。此时，更重要的是，通过写作来确认案例是否具备关键的信息、数据和事件，以及如何把这些素材放在文中合适的位置。在很多情况下，为更好满足授课需求，案例开发者还可能会需要进行补充访谈调研或信息收集。

（4）撰写教学笔记。教学笔记撰写可以在案例初稿完稿之后启动，亦可与案例正文开发同时进行。其中，同步开发的方式有助于在教学案例正文写作的过程中，始终围绕教学目标以及课堂讨论问题，减少案例正文后期来回修改的次数。在案例与教学笔记并非同一个人负责的情形下，比如案例由专职的案例研究员或博士生执笔写作时，提前敲定教学笔记的基本框架可大幅节省沟通成本。

（5）打磨与定稿。综合初稿与教学笔记，做检查和打磨。在定稿阶段，应仔细确认案例正文以及教学笔记中所提供的信息、数据是否准确，对于有必要更新的数据，应再次查证。此外，案例正文和教学笔记应是相互匹配的，需要考虑案例正文在打磨阶段所做的修改是否会影响到教学笔记的内容，如果有影响，应做相应调整，反之亦然。

2.6.3　案例授课和完善阶段

（1）确认与授权。若为现场案例，在用于课堂授课前，开发者需要从案例主体处获得正式的授权。案例定稿的标志是开发者取得由案例企业盖公章及经办人[1]签名的《案例内容确认书》，以确认案例内容（尤其是其所提供的相关数据材料），并明确案例的著作权归属事宜等。若案例主体对案例内容提出修改意见时，案例作者需要根据教学目标进行积极回应，进行必要的修改。

（2）授课。对于案例开发者而言，使用案例授课是案例开发工作的自然延续，或者案例开发的一个不可跳过的阶段，每一次授课都是一次课堂测试。

（3）完善。案例开发者应基于课堂使用情况对案例进行必要的修改，直至确信案例正文所描述的内容为课堂讨论提供了充分的素材，而授课者在教学笔

1　机构案例须加盖机构法人公章及经办人签字，非中国注册企业则以签字为准。个人案例需案例主体本人签字。

记的辅助下，可以完成既定教学目标。

2.6.4 案例发表阶段

（1）**投稿与发表**。高质量的案例在服务特定课堂之外，应该能够在更广泛的范围内创造价值。案例作者在完稿之后，可投稿至国内外案例库和参加国内、国际案例竞赛。

（2）**再次修改与重新授权**。在案例发表过程中，已被授权的案例会被进一步修改。如果是非实质性的修改（包括但不限于对案例措辞的修改、对案例段落、结构的重新编排及对案例形式的修改，如将文字案例修改为视频案例等）无须征得案例企业（组织、机构）的同意；但如果涉及重大实质性修改，案例作者应当征得企业的同意甚至重新授权。

2.7 本章小结

本章介绍了案例的概念和案例教学法的起源，在此基础上详细介绍了教学案例的内涵和外延，包括教学案例的概念、组成部分、与研究型案例及研究报告的区别、基于教学目的和信息来源两种维度的案例分类以及专业教育中需要专门开发教学案例的原因。

本章还介绍了案例开发者的类型，包括授课教师、研究助理、专职案例写作人员、学生及校友等；案例开发者所需的核心技能，包括写作能力、理论素养以及沟通访谈技巧，抽象思维能力；案例开发的其他利益相关者，包括开发支持机构、授课者、学员及案例主体。最后，本章介绍了案例开发活动的完整周期，即历经启动、开发、授课与发表四个阶段的多个环节，形成能够支撑案例教学，甚至通过案例库正式发表能够创造更大公共价值的高质量教学案例。

锦囊2

全面理解教学案例

    教学案例通过展示一个真实的、有决策需求的事件或情境，让学生代入其中，分析情境、做出决策或提出解决问题的方案。一个完整的教学案例需要同时包含面向教师的教学笔记，其中包括案例的教学目的、使用方法、过程控制、分析框架等内容，是教师实施案例教学的重要工具和依据。

锦囊3

综合提升个人技能与素养

    案例开发是一项兼具实践解读和理论应用的综合性工作，为此案例开发者须兼备写作能力、专业领域的理论素养、沟通和访谈能力以及抽象思维能力等多项独特的能力。

案例线索获取 [1]

　　"撰写教学案例"（或称商业案例，business case）是一项极具影响力的学术活动。你发表一篇畅销案例（best-seller），意味着世界上几十个国家的数万名商学院的学生和教师都在学习你的案例。即使不是畅销案例，每年也能在世界各地拥有数千名读者。只有教科书、畅销书、被阅读最多的期刊文章才有可能有相似的影响力"。[2] 随着教学案例的吸引力增强，教学案例的价值被进一步认可，许多学校、组织将教学案例视作学生毕业、教师职称评定时认可的成果形式之一，又进一步推动越来越多的组织、个人投入到案例开放行列中，实现案例开发生态的良性循环。

　　"万事开头难"，开发者尤其是新手如何迈出案例开发的第一步呢？

1　本章作者：张弛。张弛，博士，中欧案例研究员，主要关注战略、组织与人力资源管理领域，多篇案例被国际主流案例库收录，曾荣获"中国工商管理国际最佳案例奖"提名奖，案例进入哈佛案例库 Bestseller 畅销榜单。

2　Schnarr K & Woodwark M J. How to write great business cases［M］. Edward Elgar Publishing, 2023.

3.1　案例开发的起点

出发之前首先应该明确起跑线，对开发者而言，首先要明确的是什么时候应该或者需要考虑案例开发。

3.1.1　案例开发的契机

3.1.1.1　"教学需求"倒逼的被动开发

一般在使用案例教学法时，教师会对照教学大纲准备所用的案例。在对照检查的过程中，如果教师发现可以获取的案例不能很好地支持授课，此时就应该考虑自行开发新案例，案例开发的契机就可能会出现。

（1）**陈旧案例需要更新**。现有案例教学效果良好，但过于陈旧，远远落后于实践发展，教师需要开发新的案例进行置换。根据我们的经验，不同学科领域对案例时效性的要求是不同的。在商业模式、市场营销等实践创新较快的学科领域，学员对实践发展较为敏感，教师一般会谨慎使用开发已 3 年以上的案例；而在人力资源等学科，开发多年的经典案例依然可以获得不错的教学效果。

（2）**新兴行业需要关注**。越来越多的学员来自或者将要去向某些行业，教师需要将某个依然重要的知识点置于这些特定的行业之中。在过去，许多经典案例都是基于大型制造业企业开发的，而现在服务业及电子、信息、生物等新兴产业迅速崛起，展现出不同的业务逻辑和管理方式，对商学院的教学方式、教学内容提出了新的挑战，教师需要开发新兴行业的案例，不断更新课程内容，以提升课程对学员的吸引力。

（3）**新教学点需要重视**。某些话题被越来越多的学员关注，教师需要在这些知识点上准备得更加充分。比如随着互联网、大数据、人工智能等技术的发展，包括商业模式、组织与人才管理、市场营销等多方面的企业数字化转型成为热点话题，许多商学院针对数字化转型开设了专门的课程。随着环境问题的日益严重，可持续发展也成为企业关注的重点问题。另外，人才竞争加剧带来的人才管理问题、企业社会责任问题等也日益得到关注成为商学院授课内容的重要组成部分。

3.1.1.2 "新实践"启发的主动开发

业界经常会出现一些"啊哈"（Aha）的新实践，包括全新的管理模式、全新的商业模式、备受争议的问题、丑闻等。案例开发者一般对"新实践"和热点话题保持着较高的敏感度，当具有典型性、话题性的热点出现时，能敏锐地感知案例开发的机会。

3.1.2 一个迷思：先有理论还是先有实践

众所周知，教学案例是理论与企业实践相结合的成果，理论帮助确定案例的方向和框架，为学生提供企业管理各方面的基本概念、原则和工具；企业实践则通过真实、生动的情景帮助学生更好地理解理论在实际中的应用。但在着手开发教学案例时，新手却常会被这样一个问题困扰——教学案例的起点究竟是理论还是实践？换言之，开发教学案例到底是带着理论找对应的案例主体还是先有案例主体再去提炼其中的理论呢？

这个迷思的产生或许与 Schnarr 和 Woodwark 观察的现象有同样的成因：新手通常认为"找到愿意与你合作的案例组织并确定一个与你兴趣和专业知识相一致的话题是一项难以完成的任务"。但实际上这不过是新手的"假想敌"。根据经验，这项任务虽然有些挑战，但通常比新手预期的要容易得多。因此，我们建议教学案例开发者不必再纠结于此，而要克服畏难情绪，打开思路、不拘泥于形式，通过多种途径寻找案例线索、识别和把握案例写作的机会。

在实际的案例开发工作中，先有理论、先有实践两条路径并行不悖、相互交织。而且，无论先有理论还是先有实践，在科学有效的方法论的指导下都有机会开发成高质量的教学案例。本章将分别对基于理论的问题驱动（issue-driven）、基于案例主体的实践驱动（company-driven）[1] 两种不同的案例线索来源进行详细解读，给出不同思路下获取案例线索的方法。

3.2 问题驱动

作为教学案例的主要使用者和开发者，商学院教师开发教学案例的动机通常是满足自己特定的教学需要，因此先有教学点而后寻找合适的案例主体是教学案例开发中的一种常见情况。这种开发方式的好处是搜寻案例主体、搜集案例资料的方向更加明确，能够更加高效地从纷繁的企业实践中提取与案例主题高度相关的信息。[2] 另外，对教学点的清晰表述也能够使案例更容易被使用者检索到。[3]

3.2.1 教学点的类型

工商管理领域甚至超出工商管理的社会学、心理学、经济学、公共管理等领域的一切成果形式都可以作为教学案例教学点的来源。

（1）概念。概念是单个的认知单元，是对事物特征的抽象和概括，用于描

1　Roberts M J. Developing a teaching case（abridged）. Harvard Business Publishing, Product Number: 901055-PDF-ENG, 2001.

2　Ibid.

3　Schnarr K & Woodwark M J. How to write great business cases［M］. Edward Elgar Publishing, 2023.

述和分类研究对象或现象，是理论知识体系中的基础元素。在商科教学中，学员需要学习和掌握一系列基本概念，构建自己的商业知识体系、更好地理解和记忆理论知识。在教学案例设计中，常通过"是什么"的问题设计引导学员透过案例呈现的企业实践理解某一或某几个概念。荣获"2021 中国工商管理国际最佳案例奖"最佳奖案例《SHEIN：重新定义全球快时尚》(*SHEIN: Redefining Global Fast Fashion*)全面介绍了中国本土快时尚电商 SHEIN 如何通过超快生产流程、快速支付、低定价策略及数据驱动供货，彻底颠覆全球快时尚市场。该案例关注的一个教学重点是理解"实时时尚"(real-time fashion)，学员通过分析案例能够理解相比于快时尚和传统零售，实时时尚可以通过高效供应链与消费者直接互动，针对风格和尺寸进行个性化设计，准确预测个人需求和产品需求，并可以在几天内将时尚趋势迅速转化成产品。"2019 中国工商管理国际最佳案例奖"提名奖案例《阿里巴巴和京东：战略、商业模式与财务报表》中也通过介绍阿里巴巴和京东的战略选择和商业模式帮助学员理解战略与商业模式两个概念的交叉与区别，突出战略"建立竞争优势"的导向和商业模式"价值创造"的导向。此外，新零售、平台、颠覆式创新等也是近期教学案例开发中较受关注的概念。

（2）原则。原则是一些普遍认可的准则或规律，通常基于实践经验和对商业环境的深入理解，是商业思维和行为的基础，用以指导商业实践和决策。例如，获得 2020 年 EFMD（欧洲管理发展基金会）案例写作大赛"责任领导力"(responsible leadership)类别最佳奖及"2020 中国工商管理国际最佳案例奖"最佳奖案例《老爸评测：一家社会企业的两难决策》描述了老爸评测创始人魏文峰的决策困境："解决中国儿童及其家庭使用的劣质和危险消费品的社会问题"与"盈利"两个目标如何兼顾？通过身兼"评审员"和"卖家"双重角色来盈利是否适合这家社会企业？通过分析案例，学员可以深刻理解社会企业的社会目标与财务目标之间的冲突性。其他原则，如战略决定组织、环境适应性、战略动态性、客户至上等，也常被案例开发者作为教学点。

（3）**理论**。理论由一系列概念、原理和公式组成的系统化知识体系，用于解释和预测现象。理论具有较高的抽象性和系统性，它能够提供对特定现象或问题的全面理解和预测，是指导实践的重要工具，相比其他的成果形式，理论一般更具有普遍性。"2017 中国工商管理国际最佳案例奖"提名奖案例《战狼2：市场营销和股票市场的传奇故事》（*Wolf Warrior 2: The Marketing and Stock Market Stories*）详述了《战狼2》的票房表现以及电影投资、制作、宣传和发行的参与方之一北京文化股价变化，通过计算异常收益并分析市场反应和高管减持，学员可以学习有效市场假说，并了解行为金融学的相关知识。资源基础理论、有限理性理论、定位理论、交易成本理论、垄断理论、博弈论等也常被案例开发者采用。

（4）**模型／框架／工具／方法**。框架是一种具体的方法论或工具系统，注重问题解决的实用性和可操作性，通常包括明确的步骤或流程来帮助人们更好地理解和解决问题。由于教学案例描述的多是案例主体采取的行动，案例教学法在让学员了解进而应用分析框架或工具上具有得天独厚的优势。绝大多数教学案例都会以某个分析框架作为重要教学点或者主要教学点，经验表明，这也是学员最希望得到的课程收获。"2018 中国工商管理国际最佳案例奖"最佳奖案例《盒马——中国零售市场的新物种》通过 A、B 两个案例呈现了盒马在零售市场如何利用大数据资源、借助新技术打破传统线上线下边界，创造新的零售商业模式。学员可以借助本案例了解并练习使用商业模式蓝图、价值主张蓝图、波特框架以及蓝海战略行动框架等多种分析框架。根据经验，用于分析宏观环境的 PEST/STEEP 模型、用于分析行业吸引力的五力模型、用于判断企业资源和能力优劣势的 VRIO 模型、用于指导营销策略组合的 4P 模型、战略三角模型、SCP 分析模型、安索夫矩阵，SWOT 分析法、标杆分析法、杜邦分析法等分析方法以及 OKR、平衡计分卡等管理工具等也是采用较多的教学点。

3.2.2　教学点的来源

（1）**教科书**。结合教科书是教学案例使用的重要情景。教科书通常由专业的学者或专家编写，系统地介绍了商科理论和实践的知识体系，包含着学生所需要掌握的知识点，可以作为教学案例教学点的重要来源。

（2）**经典书目**。经典书目多是管理学大家的代表性著作，其中所阐述的管理学洞见历久弥新，对现代管理理论和实践都产生着深远影响。比如科斯的《企业的性质》、巴纳德的《经理人员的职能》、德鲁克的《管理：任务、职责和实践》、柯林斯等人的《基业长青》等都是商科学生必读的原典著作。

（3）**学术论文**。学术论文由学者撰写，经同行评议和筛选后发表，具有较高的学术水平和权威性。一些经典论文，如迈克尔·波特的《竞争优势》、明茨伯格的《战略手艺化》、巴尼的《企业的资源基础观》，其研究结论至今仍是商科教学的重点内容。国际顶级期刊如《美国管理学会学报》《战略管理杂志》《组织科学》《管理科学季刊》《哈佛管理评论》《斯隆管理评论》，国内顶级期刊如《管理世界》《中国工业经济》等刊登了来自各地顶级学者和商业实践者的最新研究成果和经验分享，对于指导商业研究和实践具有重要的参考价值。

（4）**咨询公司和其他研究机构的报告等成果**。在为企业解决实际商业问题的过程中，咨询公司发明了许多具有实用性和可操作性的工具，成为商科教学的重要组成部分。例如波士顿咨询公司发明的波士顿矩阵、麦肯锡咨询公司提出的 7S 模型等目前都被广泛应用。

3.3　实践驱动

先有案例主体而后确定案例主题是教学案例开发的另一种常见情形，也被

称为由公司 / 行业 / 高管驱动的案例。开发者可能会从媒体报道、亲朋好友分享、企业宣传、高管演讲等多种来源了解某个企业或者某个个体的经历，并将其作为开发成有趣案例的机会。这种开发方式的优势在于案例问题更加真实，代入感也更强。但是与案例主体相关的内容浩如烟海，如果事先不能确定案例方向，资料收集和整理工作可能事倍功半，甚至在查阅多种资料、进行多次访谈之后也无法提炼出能够用于课堂教学、有分析价值的主线，因此，这种开发方式具有更高的难度。

3.3.1　实践的类型

每个案例主体都有形形色色的故事，但并不是每一个故事都有开发成案例的潜力，我们建议案例开发者从以下角度解读案例主体的行动。

（1）**特色实践**。特色实践是案例主体在管理实践中形成的一种独特的管理模式或方法，具有鲜明的个性和特点，具有客观性，一般不明确指向该种方式是否有效。识别并展现案例主体实践的特色能够提升案例的独特性，增强其对使用者的吸引力和稀缺性。"2020 中国工商管理国际最佳案例奖"二等奖案例《注册制 IPO 信息披露审核：以沪硅产业登陆科创板为例》就通过介绍上交所对沪硅产业 IPO 信息披露中盈利性和并购整合情况的审核过程以及资本市场对沪硅产业在科创板上市的反应引导学员关注科创板独特的注册制监管制度，从监管方、企业家、投资者等多角度分析如何管理注册制下的信息披露问题。丰田的精益生产方式、微软的敏捷开发方法、谷歌的 OKR、韩都衣舍的小组制运营模式、京瓷集团的阿米巴模式、海尔集团的"人单合一"模式等也都是为人熟知的特色管理实践。

（2）**最佳实践**。最佳实践是指案例主体在解决某一个或某一类问题时所采取的具有代表性、可复制性和示范性的行动策略，最佳实践也是客观真实的，且一般现实成果证明其是有效的。出于形象宣传等方面的考虑，许多案例主体都愿意分享其成功的经验，因此，对开发者而言，获取最佳实践的难度比较低。但由于案例中呈现了结果，甚至体现了开发者个人观点倾向，最佳实践案例的复杂性、争议性就会大打折扣，可能使案例不符合国内外各大主流案例库的收录标准，因此，建议开发者谨慎使用"最佳实践"作为案例素材。若必须使用，也应避免采纳案例主体的"一面之词"，要独立、客观、全面地审视实践或采用特殊技巧对案例进行设计。

（3）失败经历。"前事不忘后事之师"，案例主体应对某个问题或某项挑战而未成功的经历亦具有分析和讨论的价值。例如，"2017中国工商管理国际最佳案例奖"提名奖案例《顺丰嘿客为什么没有"嘿"起来？》就讲述了顺丰希望借助"嘿客"线下实体店建立起"线上＋线下＋物流"的新型商业模式，在数月内快速扩张至3 000家门店，后因表现不如人意更名为主打社区服务的"顺丰家"，又因未达预期而转型为"顺丰优选"，最终2年时间亏损10多亿元的惨痛教训。通过分析失败的原因引导学生思考互联网时代企业如何避免错误扩张，并启发转型期企业思考如何低成本地试错并探索验证合适的商业模式。一般来说，开发者获得案例主体失败经历的难度较大，对开发者的访谈技巧等要求较高。

（4）问题。案例主体当前面临的真实的、重大的、悬而未决的管理问题，是案例开发素材中较为理想的一类，既具有代入感、紧迫性，又能为学员讨论留出充足的空间。问题可以是案例主体当前不迫切，但未来可能需要面对的，例如哈佛案例库畅销案例、"2019中国工商管理国际最佳案例奖"提名奖案例《肯德基中国：数字化重构竞争优势》讲述了肯德基中国通过数字化转型提高运营效率、降低成本、改善消费者体验，在当前取得了较好成效，但肯德基中国未来数字化转型的重点和方向、未来数字化的应用场景等问题并没有妥善解决。问题也可以是案例主体当前面临困境需要思考如何破局。有些案例主体已经有了解决方案需要做出选择，如哈佛案例库畅销案例《铃木应该投资电动汽车吗？》（*Should Maruti Suzuki Invest in Electric Cars?*）。在印度政府于 2017 年宣布的"2030 年前本国不再使用化石燃料汽车"的禁令后，印度市场乘用车领导者铃木在电动汽车不符合印度国情、技术不成熟、价格较高、充电设施不完善，但竞争对手决定尝试进入电动汽车领域的情况下，需要在保持现有产品、模式等待政策转机和投入电动汽车领域争取领先两种方案中做出选择。[1] 有些案例主体则是尚未有解决方案，需要学员开放思考，如"2016 中国工商管理国际最佳案例奖"提名奖案例《华为是否能克服在全球扩张过程中遇到的障碍？》（*Can Huawei Overcome Roadblocks in its Quest for Global Markets?*）就探讨了华为科技有限公司在美国、澳大利亚和欧盟电信设备市场所面临的种种挑战，需要学员设计一套路线图消除各方对华为缺乏透明度和公开性的顾虑。

3.3.2 实践线索的来源

3.3.2.1 源于案例主体内部

（1）基于开发者个人。如同统计学中的"方便抽样"一样，通过私人关系获得案例线索及案例开发机会的成功率较高。

① 亲朋好友。Schnarr 和 Woodwark 发现，亲朋好友通常很乐意帮助案例新生学习和提升他们的技能。如果开发者的亲朋好友为案例主体的企业或组织工作，甚至司职高管，那么开发者很可能通过这些联络人获得拜访组织、开发案例的机会。经验表明，如果案例主体是当地中小企业，那么对方同意开发案例的可能性会大大提高，毕竟许多这样的组织从未想过有人对他们感兴趣，更不用说开发案例了，对新手而言，这可能是获得首个案例开发机会

---

1 Pailwar V K. Should Maruti Suzuki invest in electric cars?, Harvard Business Publishing, Product Number: W18345-PDF-ENG, 2018.

的绝佳方式。[1]

② 同事和合作者。开发者在学科领域上的合作者，包括同事和合著者也可以提供案例线索。出于相同的研究兴趣和需要，他们可能关注的实践、认识的人与开发者具有高度的相关性，更可能知道哪些企业或组织在做有趣的事情或面临哪些挑战。如果开发者的合作者在其领域有一定的影响力，则更有可能对案例主体产生影响，增强信任，提高配合度。开发者可以向合作者表明案例开发意愿，希望合作者帮忙留意案例开发的机会。如果开发者是新手，也可以尝试与能够同案例主体建立联系的合作者共同进行案例开发。

③ 学生。如果开发者是商学院教师，那么现在和以前的学生会是案例线索的绝佳来源。学生就业去向多样、职位各异，其中不乏有趣的组织、大型组织以及之前无法联系到的组织，他们可能提供大量的案例开发的潜在机会。而且基于之前案例学习的经历，学生对教学案例的特征和要求以及开发者本人的专业和兴趣更为了解，可以提出有价值、有趣的想法甚至成为案例开发的合作者。另外，学生为完成作业而撰写的报告或论文也有开发为案例的潜质。

④ "冷电话"。如果开发者没有任何私人关系可以联络到合适的案例主体，那么"冷电话"（cold call）也是一个可以尝试的策略，或许可以得到意外的收获。Schnarr 和 Woodwark 在书中介绍了自己的经历：2020 年为一起关于女企业家的特刊撰写案例时，他们向一些由女性领导的公司的领导人发送了电子邮件详细地解释了对公司感兴趣的原因以及开发女性领导案例的价值。他们并没有太多期待，但最终收到了许多积极的回复使他们不得不从中进行筛选。他们还曾尝试为了案例竞赛的主题打"冷电话"或者发电子邮件，也获得了积极响应。我们建议开发者在邮件或电话中阐明该主体案例开发的重要价值并附上案例开发计划（和时间表），这将提升获得案例开发机会的成功率。

---

1 Schnarr K & Woodwark M J. How to write great business cases [M]. Edward Elgar Publishing, 2023.

（2）基于开发者所在组织。

① 专业组织。开发者所属的任何专业组织本身都有可能成为案例开发的主体，这不限于开发者所处的工作单位，这可能包括运动队、慈善机构、娱乐设施和俱乐部等。[1] 由于身处其中，开发者对组织运作更加了解，也有更多机会与其他成员或上级组织建立联系，了解组织正在进行的活动、未来发展的计划、当前面临的问题，这都蕴含着案例开发的机会。

② 校友。如果开发者身处商学院，那么校友也是有效的案例线索的来源。他们有足够的实践经验，能够识别出与学校所教内容不一致的做法，这或许是源于实践的迭代与发展。开发者可以将新的实践融入案例中，为学员带来全新的管理实践和前沿的管理理论。使用校友企业的案例是"双赢"的。对于开发者而言，多数校友愿意提供案例开发的机会，对教学案例开发的配合度也比较高；对于校友而言，这是一条除传统的财务支持以外回馈学校的途径，可以因此获得成就感和荣誉感。开发者可以尝试通过校友会等校友组织获得校友及校友企业的相关信息及联系方式。开发者应向校友及校友企业以及校友会提供案例示例、介绍教学案例的特征和要求并说明需要获得的帮助和时间安排等，确保各方了解自己的责任，避免损伤关系。

③ 企业赞助商。有些组织或商学院设有专门的筹款或发展办公室、基金会等机构，用来接受社会赞助。Schnarr 和 Woodwark 提供了与企业赞助商合作的两种路径：一种是通过筹款办公室询问已经有赞助记录的组织是否愿意更积极地提供除捐款外的其他支持；另一种则是与筹款办公室合作直接联系那些有可能支持案例开发的特定捐赠者。两者都有效果，但是前者更为有效。开发者也需提前与筹款办公室和目标组织进行沟通，内容与通过校友获得案例线索类似。

1　Schnarr K & Woodwark M J. How to write great business cases［M］. Edward Elgar Publishing, 2023.

（3）案例主体主动要求开发。

企业等组织主动找到开发者或开发者所在组织表达案例开发意愿也是一种常见的情形。通过案例开发，案例主体希望提升知名度、树立良好的品牌形象或获得来自开发者的专业支持和决策辅助。虽然这类案例开发最易获得案例主体的支持和配合，但由于案例主体和开发者在开发案例的初衷和目标上存在差异，这类项目依然存在风险。我们建议开发者在项目开始前与案例主体就教学案例的特性和要求进行沟通，确保双方对案例成果呈现形式的理解保持一致。另外，我们建议开发者谨慎对待有偿开发项目，避免影响教学案例的中立性。

需要注意的是，若案例线索由案例主体提供，也即案例开发是基于案例组织／企业或个人访谈记录、内部资料等，这些案例的使用或发表须获得案例主体合法书面授权，后续章节将详述这一问题。

3.3.2.2　来源于公开资料

（1）学术论文。虽然学术论文旨在建构或验证理论因而具有高度的抽象性，但有些论文，尤其是采用案例研究等质性研究方法的论文，仍然会披露一些企业实践，可以被用作教学案例开发的素材。开发者可以采用论文得出的结论、提出的观点作为分析的视角和教学点，但这并不是绝对的。有时，学术论文中的理论对于 EMBA 等面向实践的学员而言过于晦涩、难以应用，此时开发者也可以从其他视角来解读这些实践。2018 年，笔者曾在中欧国际工商学院梁能教授的指导下根据 Timo Vuori 和 Quy Nguyen Huy 2016 年发表在《管理科学季刊》（*Administrative Science Quarterly*）的研究论文《创新过程中的分布式注意力和共同情感：诺基亚如何输掉智能手机之战》（*Distributed Attention and Shared Emotions in the Innovation Process: How Nokia Lost the Smartphone Battle*）为 EMBA 课程改写教学案例《压力与恐惧：诺基亚没落的沟通视角》，案例没有采用论文"分布式注意力影响共同情感进而影响创新效果"的结论，而从更具实践可行性的管理沟通角度对论文中提供的素材进行组织，取得了较好的课堂使用效果。

（2）新闻报道。定期关注商业新闻也是获取案例线索的有效方法。权威媒体，尤其来自如国外的《商业周刊》《福布斯》《财富》《华尔街日报》《纽约时报》等及国内的《第一财经》、《中国经济时报》、中央电视台财经频道等主流商业媒体的新闻报道、高管专访等内容常对企业的最新实践、市场动向等有全面、深入的描写和解读。这类素材通常话题度较高、较为重要、时效性较强。而且，哪怕仅仅是阅读新闻标题，开发者也可以对主体和主题有大致了解，是开发者获得案例线索成本最低的方式之一。如果开发者对这一话题有兴趣，可以勇敢地尝试通过前述途径与新闻主体的组织或个人建立联系[1]，而且新闻内容增进了开发者对新闻主角和主题的了解，可以让后续的沟通更有效率。如果引起兴趣的新闻并非来自权威媒体，建议开发者对信息的准确性进行多方验证，在信源可靠的基础上讨论案例开发的可能性。

（3）上市公司定期报告等披露文件。上市公司定期报告、重大事项公告等强制披露的文件对公司的基本信息、财务状况、经营状况等有详细、准确的说明，是投资者了解公司的重要途径，也可以为开发者提供有效的案例线索。当案例主题在财务、金融等领域时，这可能是开发者获取案例线索的主要途径。

（4）市场报告、行业报告等来自企业组织或智库机构的研究报告。智库机构及一些头部企业会定期将自己对行业发展、技术走向、消费者行为、宏观经济形势等问题的洞见以研究报告的形式进行发布，也可作为案例线索的来源。例如，2021 年优衣库与复旦大学管理学院决策与行为科学研究中心共同发布《2021 新生机消费报告》，开发者可以基于报告内容开发关于消费需求和趋势

1　Corey E R. Writing cases and teaching notes. Harvard Business Publishing, Product Number: 399077-PDF-ENG, 1998.

对企业经营行为影响的案例。

（5）公开讲话、演讲或采访。 企业或组织的高层管理者的公开讲话或媒体采访等包含着关于企业发展、行业趋势等问题的丰富信息，可以作为案例线索的来源。如果拟开发的案例是基于个人层面的，这种案例在组织行为学、创业管理等学科并不少见，这一途径的重要性也会大大提升。需要注意的是，许多公开讲话尤其是采访是即兴的，这意味着信息可能存在主观性、片面性或较大误差，建议开发者结合其他途径进行综合分析，确保案例线索的准确性。

3.3.2.3 虚构

完全基于虚构事实开发的案例被称为虚拟案例或假设性案例。[1] 当所涉及的教学点找不到真实发生的事例、虚构的情况更适合教学点、真实案例知名度过高会限制学员思考、会计等学科中的某些问题对真实性的要求不高时[2]，开发者可能会考虑虚构一个案例。在案例《沮丧的罗以伦》中，我们在案例中讲述了来自中国台湾的地产中介经理罗以伦来到杭州工作的始末，学员基于此对罗以伦的动机模式做出判断；在补充材料中，我们给出了两种内容完全相反的补充信息，要求学员判断哪一份信息更能推翻其之前的判断，这一设计旨在帮助学生辨析内在动机、整合型外在动机、认同型外在动机、内射型外在动机和单纯型外在动机。同一个体的同一决策不可能同时存在不同的动机模式，此时只有使用虚拟的手法才能较好地实现教学目标。需要注意的是，虚拟案例并不满足传统意义上对案例真实性的要求，是否可以被视作案例，众说纷纭、未有定

---

1 这与"匿名案例"是完全不同的概念。有时案例主体出于商业秘密、个人隐私保护、合规要求等方面考虑而提出掩盖真实信息、修饰真实数据等匿名处理的要求，但这样的掩饰并不影响实践的真实性，依然是以真实数据为支撑，因此匿名案例不视作虚拟案例。

2 Schnarr K & Woodwark M J. How to write great business cases[M]. Edward Elgar Publishing, 2023.

论，现阶段各主流案例库及案例竞赛多不接受虚拟案例投稿。[1]

3.4 从案例线索到案例计划

获取案例线索就像找到了一个线头，而后，开发者需要"顺藤摸瓜"，挖掘更多的事实，直至找到答案或者明确全貌。这个过程以理论和实践结合为手段，以明确需求及实现需求的方法为目标。

3.4.1 理论与实践的结合

3.4.1.1 为理论选配案例主体

在你决定围绕某个教学点开发教学案例后，下一步要做的就是寻找一个主题匹配的案例主体。我们可以综合考虑案例主体所处的地理位置、所在行业、发展阶段、组织规模、所有权性质、开发意愿等多方面因素对潜在案例主体进行筛选。

开发者可以使用 5W1H 的框架来分析一个组织 / 企业 / 个人成为潜在案例主体的可能性。

Who：对问题、挑战或机遇采取行动的主人公是谁？

What：主人公所遇到的问题、挑战或机遇是什么？

When：这些问题、挑战或机遇是在何时出现的？主人公在何时进行决策？

Where：这些问题、挑战或机遇是在何种情境下出现的？主人公在何地、何种情景进行决策？

Why：为什么会出现问题、挑战或机遇？

---

1 Schnarr K & Woodwark M J. How to write great business cases［M］. Edward Elgar Publishing, 2023.

How：问题、挑战或机遇是如何出现的？主人公的解决方案有哪些？最终如何实施？

如果预判以上信息均可获得，尤其是关于 why 和 how 的资料比较丰富，那么该组织 / 企业 / 个人将可能成为一个好的案例题材。

3.4.1.2　从案例主体的实践中提取主题

与先有教学点再去寻找案例主体相比，从已经确定的案例主体中提炼出值得深入挖掘的主题可能更具难度。对此，我们建议即使一开始没有确切的教学点，也需要先明晰该案例要实现的大概目标及适用场景，比如用于哪门课程、针对哪些问题。之后，与案例主体保持沟通或者围绕主题持续进行资料分析与整理。但除非案例主体提出了满足主题要求的重大问题或通过公开途径获得了支撑该主题的足够资料和信息，否则永远不要开始撰写案例。[1]

3.4.2　案例开发计划

以上两种路径其实只是最初案例线索的来源差异，这个过程就好像迈门槛，差别只在先迈左脚还是先迈右脚。在"灵感"之后，理论需要找到实践承载，实践也需要找到视角解读。在真正开始进行资料收集、案例开发工作之前，开发者应该已经较好地完成了理论与实践的结合，形成较为完整的案例设想和案例开发计划。

我们建议各位开发者通过案例开发计划书的形式进行呈现。案例开发计划书应当包含三个方面的内容：教学点、案例主体、资源安排。教学点方面，开发者可以列出明确的知识点，如果还没有明确，也至少需要列出案例适用的课

1　Roberts M J. Developing a teaching case（abridged）. Harvard Business Publishing, Product Number: 901055-PDF-ENG, 2001.

　高质量教学案例开发的 30 个锦囊

程、学员层次、主要议题等。案例主体方面需要列出目标主体、案例希望讲述的主要"故事"及预想的 5W1H 要素。资源安排方面可列出案例开发团队成员及分工、资金需要及来源、时间及进度安排。案例开发计划书有助于案例开发团队成员间的沟通与协同，也有助于案例开发者与案例主体对齐目标和预期。需要注意，完整的案例开发计划书还应当包括信息收集计划，读者可参考本书第四章内容。

3.5　关键挑战及应对

3.5.1　如何选择适合案例教学的教学点

（1）**聚焦还是全面？** 教学案例多是服务于某个课程的。受限于教学案例的篇幅以及单节课程的知识容量，教学案例涉及的主要教学点应当明确而具体，聚焦一个或者几个对管理实践非常重要的管理问题。对于篇幅在 5 000 字以内的短案例（或称微案例），建议只聚焦一个明确的教学点。目标越具体，对案例中包含或排除哪些信息以及如何最好地引导讨论的指导就越清晰。[1]

（2）**小而具体还是大而抽象？** 就笔者的个人经验而言，那些相对较小、较具体的理论、框架、工具更容易被案例中生动的实践"故事"所承载和展现，学员分析和理解的难度较小，以这些教学点作为教学目标难度较低，对新手比较友好。虽然知识点的类型和颗粒度会影响分析的难度，但并不意味着大而抽象的知识点不能通过案例教学实现。对于较大、较复杂的知识点，教师可以将其拆解成一系列的讨论问题，层层推进地进行分析；对于较抽象的原则、概念，教师也可以通过经验总结等开放式问题设计或与讲授式教学法相结合的方

1　Austin J E, Heskett J L, Bartlett C A. Key elements for excellence in classroom cases and teaching notes. Harvard Business Publishing, Product Number: 915417-PDF-ENG, 2015.

式实现教学目标。

（3）经典还是新颖？经典理论和新颖理论都可用于教学案例之中。经典理论经过了时间的考验和实践的检验，其有效性和实用性更易获得认可；但这类教学点在教学案例中数见不鲜，开发者可在开发前检索可用资源确认是否有重新开发的必要性。新颖理论反映了商业环境的变化和新趋势，能够帮助学生了解最新的商业实践和前沿知识，常让人有耳目一新的感觉；但这类知识点，尤其是概念、理论可能未经实践检验或过于抽象、脱离实践而在稳健性或实用性上有所欠缺。

（4）知识还是技能？知识提升、技能建设和态度发展都是案例教学期望实现的教学目标[1]，不过对于不同的适用对象，教学案例所涉及教学点的难度、深浅略有差异。总的来说，从本科生到学术型研究生、MBA 和高管教育在知识目标上呈现出逐步深化和拓展的趋势：本科生主要学习基本概念、原理和方法，建立全面的商业基础知识体系；学术型研究生需要进一步深化和拓展专业知识，培养批判性思维和创新能力；MBA 重在技能建设，需要掌握更专业、更面向实践的商业理论和分析工具，培养理论应用于实践的能力；高管教育则在战略管理能力之外，偏重态度发展，如价值观、信仰、自我意识、思想开放、接受变化、风险承受能力。

3.5.2　如何选择案例主体

（1）案例主体只能是企业么？虽然对于工商管理领域的案例而言，案例主体大多是企业，但是这并非意味着案例主体只能是企业。案例主体的类型可以是多样的，除了企业以外，社会组织也是一种常见的案例主体。至 2023 年底，

1　Austin J E, Heskett J L, Bartlett C A. Key elements for excellence in classroom cases and teaching notes. Harvard Business Publishing, Product Number: 915417-PDF-ENG, 2015.

在中国工商管理国际案例库（ChinaCases.Org）[1]中有 37 篇案例的主体是社会组织，例如加拿大世界宣明会、红十字国际委员会、世界自然基金会新加坡分会等，学科领域涉及跨文化沟通、社会创业、可持续发展等。个人也是一种常见的案例主体类型，在冲突管理、领导力等学科领域应用广泛。如由香港大学经管学院开发的案例《最终成绩应该给多少？》（*What is the final grade?*）描述了一位顶尖商学院教授与多名学生之间就打分问题发生的冲突，以让学员容易产生共鸣的方式引入几个核心的商业伦理的概念；2023 年中国工商管理国际案例库（ChinaCases.Org）入库案例《"理想，行动，坚持"——上坤集团创始人朱静》则介绍了朱静作为女性在房地产行业创业所遇到的挑战以及应对策略。行业或市场也可以作为案例主体。如 2018 年毅伟案例库入库案例《珍珠行业：是否存在新的发展机会？》就讲述了一位定居加拿大的中国企业家通过在青岛海滨市场对廉价珍珠的调研思考在加拿大做珍珠批发或零售生意的可行性。

还要注意，案例主体并非必须是企业或社会组织整体，其中的部分，比如分公司、事业部、某个团队、某项业务、某个市场等也可以作为案例的主体，这要视案例主题或案例主体实践的实际情况来决定。如"2015 中国工商管理国际最佳案例奖"提名奖案例《奢侈品销售商路易·威登在中国：光辉褪去还是更加闪耀？》（*Luxury Retailer Louis Vuitton in China：Losing Lustre or Adding Colour?*）就仅关注路易·威登在中国市场的发展。

（2）案例主体只能有一个么？ 绝大多数案例都只有一个案例主体，但也会出现有两个或两个以上主体的情况。需要通过对比学习的教学设计通常会采用多案例主体，如"2019 中国工商管理国际最佳案例奖"提名奖案例《阿里巴巴和京东：战略、商业模式与财务报表》就同时包含阿里巴巴和京东两个案例

1　中国工商管理国际案例库（ChinaCases.Org）秉承"聚焦中国问题、坚持国际标准、服务课堂教学"的定位，联合上海各大商学院及毅伟案例库等海内外战略合作伙伴，打造全球最具影响力的中国主题案例库。ChinaCases.Org 案例库目前已收录高质量教学案例 3 000 多篇，覆盖 19 类学科、21 大行业及 5 000+ 关键词。

主体。并购、谈判等涉及几方的话题也常引入多个案例主体或视角。如"2022中国工商管理国际最佳案例奖"最佳奖案例《奖金风波》描述了 Fairfields 建筑设计公司的员工 Mariah Lee 产假过后得知自己没有获得年终奖，遂与团队主管 Eason Choi 产生冲突，从而引发的一连串事件。通过系列案例设计，该案例相继引入了冲突双方 Mariah、Eason，运营董事 Hans Lam，人力资源总监 Michael Fan，法律及合约部董事 Bretton Wong 以及平等机会委员会等多个视角讲述冲突逐渐升级以及解决的过程。

（3）案例主体规模越大越好？ 基于规模较大的案例主体开发案例有一些优点，比如信息比较充分、实践比较丰富、可挖掘的问题比较多样、调研机会难得、相关主体的案例可能稀缺等。不过，相应地，难度也较高，例如大规模的组织遇到的问题可能更多、更复杂，需要开发者具有更高的拆解问题的能力等。如果是现场案例，规模较大的案例主体涉及的相关方较多，这些相关方案例开发的意愿、对案例的理解、对案例开发的配合程度不尽相同，再加上规模较大的组织一般流程复杂、顾虑较多，获得案例开发许可、案例内容确认的难度较大，建议开发者在开发前进行充分确认，以免徒劳无功。案例主体规模大小与案例质量高低并没有确定的对应关系，在历年获"中国工商管理国际最佳案例奖"的 129 篇案例（至 2023 年底）中既有盒马鲜生、阿里巴巴、京东、肯德基中国、美的集团等老牌巨头，也有 SHEIN、KEEP 等独角兽，也有深圳信安智能等创业企业。案例主题也影响案例主体规模的选择，如果主题是战略变革、组织变革等则适合选择发展历史较长、规模较大的案例主体；如果主题是创业团队组建、股权分配，甚至竞争战略选择等，规模较小的初创企业是适宜的。

（4）案例主体越知名越好？ 毫无疑问，基于知名的公司、组织、个人所撰写的案例更容易引起读者的兴趣。而且，读者可能对案例发生的背景有了相当多的了解，仅是看到标题他们就能对案例主体甚至案例事件的背景、行业信息、产品、竞争对手等有所了解。从开发角度看,虽然知名主体很难获得访问机会,但是关于他们的数据、报道甚至分析较为丰富,尤其是那些上市公司,信息披露较为完整,可以支持图书馆案例的开发;由于知名主体巨大的行业影响力,案例更容易进入畅销榜单。这些优势使得案例开发者对知名主体趋之若鹜。[1] 从中国工商管理国际案例库(ChinaCases.Org)的收录情况(至 2023 年底)来看,知名公司案例较多,如华为 14 篇、特斯拉 13 篇、瑞幸咖啡 9 篇等。需要特别提醒开发者注意知名主体案例也会存在一些问题,比如学员在讨论时会受到案例内容以外的"场外"信息的干扰、学员讨论会受到案例后续真实发展情况的限制、开发过程和案例呈现受案例主体公关等要求限制较多等。我们建议开发者综合考虑进行权衡。

3.5.3　如何说服案例主体为案例项目提供许可和支持

对于现场案例而言,由于案例开发活动并不能给案例主体带来直接的经济效益,案例主体会有商业机密、个人隐私泄露的顾虑等,案例主体并不总是能够同意开发者开发案例或提供必要的支持。这里我们给出一些建议帮助开发者来争取案例主体的许可与支持。

(1)向案例主体介绍案例开发的价值。 通过案例开发,案例组织 / 企业 /个人能够与国际一流的商学院和学者建立交流与联系;能够通过第三方的中立描述来梳理组织 / 企业 / 个人的历史或经历,获得新的经验和反思;能够借助学者的专业能力,明晰当前问题、挑战或机遇,寻求解决策略;能够通过课堂教学增加案例主体在 MBA、EMBA 等学生群体的知名度;能够通过参与案例项目为全世界范围内的管理教育做出独特贡献。另外,多数情况下,案例会被

1　Schnarr K & Woodwark M J. How to write great business cases[M]. Edward Elgar Publishing, 2023.

允许免费使用于案例主体内部培训。

（2）签订保密协议，消除案例主体的顾虑。 如若开发现场案例，开发者需要对案例主体开展广泛的调研工作，查阅和获取内部资料、对高管等重要人员进行访谈，以获取文档、影像资料等多种形式的内部文件、财务数据、管理层和员工的意见和看法等，其中或涉及商业机密、个人隐私等重要信息，引发案例主体对信息泄露的担忧。我们建议案例开发者可以主动与案例主体签订具有法律效力的《案例开发保密协议》，其中承诺不将内部资料中涉及案例主体的、在开发者索取该内部资料前不为公众所知的资料（也即"保密资料"）对任何其他方泄露，并对保密资料承担保密义务。保密协议也应对保密期限进行规定。开发者可以向专业的法律机构购买服务来起草条款完备的保密协议。有些案例主体的法务部也会提供保密协议模板或者对开发者提供的模板进行调整，建议开发者谨慎阅读条款。

（3）向案例主体提供案例开发计划，全面介绍案例开发活动。 得益于与 Schnarr 和 Woodwark 相似的经历，笔者认同向潜在案例主体提供较为详尽的案例开发计划能够提高获得案例开发机会的成功率。通过案例开发计划，案例主体能够比较清楚地了解案例的主题、使用场景，更重要的是，了解自己所需要投入的时间、资源、参与的人员等，消除未知带来的恐惧，做出理性判断。

3.5.4　如何保障开发者利益

即便开发者获得了案例开发机会也不意味着一定会有产出。在笔者的案例开发经历中，也有一些项目最终无法推动、案例无法成型或无法发表。导致这些情况的原因很多，比如案例主体认为案例展示了对其不利的信息、案例主体希望按照其要求进行"美化"、开发时点恰逢案例主体融资上市或行业剧变等敏感期、案例主体要求取得案例著作权、案例主体不配合提供资料等。毫无疑问，这些失败项目中的"沉没成本"造成了开发者大量时间、精力和资源的浪费。

我们建议开发者与案例主体签订《案例开发合作协议》以尽量降低上述风险。合作协议中应充分告知案例主体案例开发的初衷、使用对象和使用场景，并向案例主体阐明案例的中立性、问题导向等基本要求，以对齐双方案例开发的目标。合作协议也应就双方的权利、义务、分工等进行详细规定。一般情况下，合作协议中还会附有违约责任的条款，但或许是双方出于为保留后续案例开发可能等的考虑，在实践中却很少有真正追究违约责任的情形，因而合作协议并不能确保产出最终成果。即便如此，我们仍然建议在案例开发正式开始之前签订合作协议，以规范双方的行为、提高违约成本，力保案例开发顺利进行。

3.6　本章小结

案例线索获取是本章的核心内容。获取案例线索是开发案例的第一步，有价值、有可行性的线索是后续案例开发工作顺利进行的基础。新手开发者常会被教学案例的开发起点是理论和实践所困扰，但其实并不重要。只要方法得当，都有可能开发出高质量的案例。本章对两种不同的路径都进行了详细解读。

问题驱动的开发方式，即先有教学点后找案例主体，有助于更明确地搜寻案例和资料，提高效率。教学点的来源广泛，包括工商管理领域及跨学科的各类成果，形式包括但不限于概念、原则、理论、模型、框架、工具、方法等。开发者可以从教科书、经典书目、学术论文、咨询公司和其他研究机构的报告等途径寻找教学点。

实践驱动的方式，即先有案例主体后而后确定案例主题，也被称为由公司/行业/高管驱动的案例。这类来源的案例代入感更强，但开发难度也更高。开发者可以从案例主体的特色实践、最佳实践、失败经历、面临问题等方面解读案例主体的实践寻找有开发价值的主题。实践线索可以来源于案例主体内部或者公开信息。开发者可以通过私人关系（如亲朋好友、同事和合作者、学生、"冷电话"）、所在组织的关系（如开发者所处的各种专业组织、校友、企业赞助商）或接受案例主体开发的请求而与案例主体建立联系，从而获得案例线索。开发者也可以通过学术论文、新闻报道、上市公司定期报告等披露文件、市场报告及行业报告等智库机构研究报告等公开资料获得案例线索。基于虚构开发的虚拟案例是否能被视作案例尚无定论，建议开发者谨慎对待。

虽然本章给出了两种路径，但实际上它们并行不悖，相互交织。在获取最初的案例线索之后，开发者需要将理论与实践相结合，制定案例开发计划，这将成为后续案例开发工作的指引。

在这一阶段，开发者将不可避免地遇到一些挑战，包括如何选择合适的教学点、如何选择合适的案例主体、如何获得案例主体的许可和支持、如何保障开发者利益等。本章也对针对这些挑战一一给出建议。

锦囊4

首先明晰教学需求

案例开发者可以通过教科书、经典书目、学术论文、咨询公司及其他研究机构的报告等来寻找一切概念、原则、理论、模型、框架、工具、方法作为教学点。但实际工作中，案例开发前并不总是能有明确的教学点，即便如此，案例开发者也需对案例使用场景、适用课程、目标主题有较为清晰的想法，这样后续工作才能有的放矢。

锦囊5

两条路、多角度获取实践线索

案例开发者可以利用一切资源来获得实践线索：一是利用私人关系，如通过亲朋好友、学生、同事等关系与案例主体进行联络；二是利用所在组织的资源，如组织本身、校友、基金会等与案例主体建立联系。同时，案例开发者应养成阅读商业新闻、商业报告、披露信息等习惯，从新闻、数据中发现案例开发的机会，只要事实翔实，无法接触案例主体也可以基于公开资料开发案例。

锦囊6

多策略提高案例主体配合度

为了获得案例主体的支持，案例开发者应向案例主体陈明案例开发的意义、价值以及对案例主体的价值，向案例主体提供详细的案例开发计划书帮助其理解案例开发的具体工作及资源安排。此外，案例开发者可以主动签署《案例开发保密协议》以消除案例主体对商业机密、个人隐私泄露的疑虑，提高获得许可的成功率，并考虑签署《案例开发合作协议》明确规定双方的权责利。

案例素材获取 [1]

烹饪一盘可口的餐品，需要依赖优质的食材。而开发一篇优质的案例，也需要获取有效、有质量的素材。那么，如何获取这样的案例素材呢？本章将回答这个问题。案例通常分现场案例和图书馆案例，因此，本章将分两个部分：现场案例的素材获取、图书馆案例的素材获取。

4.1　现场案例的素材获取

现场案例中，有关企业部分的内容主要来自实地调研，有关市场和行业信息则多来源于公开资料。这两部分内容相互支撑、互相成就，形成案例有机体。

为了获得支撑现场案例的素材，案例开发者必须遍历如下环节：联系案

1　本章作者：朱琼。朱琼，中欧资深案例研究员，主要关注战略、创业创新、CSR、金融科技、人力资源管理等领域，多篇案例被国际主流案例库收录，曾荣获 EFMD（欧洲管理发展基金会）案例写作大赛最佳奖、The Case Centre（欧洲案例交流中心）全球案例写作竞赛最佳奖、"中国工商管理国际最佳案例奖"最佳奖和提名奖，案例进入哈佛案例库畅销榜单。

例企业、研究背景信息、确定调研大纲、现场调研、按照素材使用原则组织素材。

4.1.1 · 如何联系案例企业

由于案例企业的来源不同，因此，联系案例企业的方式也不同。如果案例企业来源于案例开发者所在商学院（或其他机构）的校友资源或同事资源，那么作者就可以直接联系企业；如果案例企业来源于熟人介绍，那么，通过熟人嫁接双方会比较方便；如果案例企业来自公开资料，那么作者可以按照官网上的联系方式发邮件或打电话联系企业。

作者首次联系企业的主要目的，是确认案例开发合作意向。面对不熟悉案例的企业，作者可以介绍自己的教学需求，并向对方介绍什么是案例、案例如何满足教学需求、企业参与开发案例可以获得什么样的收益。比如，作者可以向企业介绍：案例是对真实商业情景的描述，通常包含一个组织中某个人或某一些人遇到的决策、挑战、机遇、问题或者争论等；[1] 案例要求学生设身处地站在某个决策者的立场上进行思考，让学生在案例给定的环境下对焦点问题进行决策讨论，从而加深对相关理论的理解，由此满足案例开发者的教学需求；企业参与案例开发，可以回顾和反思自己的行动，也可以在与调研者互动中获得新的启示，同时还可以在案例上课时通过同学的反馈获得更多思考。此外，作者还可以向对方出示一份样板案例，以让企业对案例有直观感受，提高企业的配合意愿。

在企业了解案例的基础上，案例开发者需要明确三件事：一、能支撑自己教学需求的案例内容是否存在于该企业中？如果存在，企业是否同意开发相关

---

1 迈克尔·林德斯等. 毅伟商学院案例写作［M］. 赵向阳等译. 北京：北京师范大学出版社，2011：5.

内容案例？二、企业中谁将成为本次案例开发项目的后续联系人？此人需要协调后续访谈安排。三、谁能负责签署《案例内容确认书》？明确《案例内容确认书》的签署责任人后，作者要跟该人士同步上述有关案例的内容，可以提供《案例内容确认书》模板，以获得他对案例开发的支持。

为了打消企业相关人士的顾虑，案例开发者还可以向对方出示《案例开发保密协议》和《案例内容确认书》，以此消除对方对企业信息泄露的担忧。

如果对方同意合作开发案例，那么，案例开发者可以选择跟对方签署《案例项目合作协议书》或者《案例开发保密协议》。然后，案例开发者还需要给出一个事先准备好的开发案例的时间进度表，包括什么时间给到企业调研大纲、开始调研、开始写初稿、给到企业确认内容、修改案例、签署授权书等。

待企业确认相关开发进度后，案例开发者可以请企业提供一些内部参考资料。带着这些资料，作者可以进入背景信息研究的环节。

4.1.2　如何进行背景信息研究

背景信息是指跟教学需求相关的企业所有外部信息。这些信息源于媒体报道、年报、行业报告、市场研究报告等免费或付费资源，也源于行业人士或供应商、客户等利益相关者。

也许有人会问，有关企业的信息有很多，该研究哪些信息呢？笔者认为，教学需求是查找并研究信息的出发点，所有信息的研究都是为了实现教学需求。

如果企业提供了服务于教学需求的参考资料，那么可以首先研读这些资料，然后据此拓展查阅相关内容。如果企业没有提供参考资料，那么，可以根据教学需求去寻找案例相关信息。

需要特别指出的是，对于企业的战略决策者或其他有可能成为案例主角的企业人士，案例开发者最好请企业联系人提供相关人员的背景信息，也可以通过公开资料了解他们的信息，包括他们的学习生涯、工作经历、个人行事风格和兴趣爱好等。这些信息有可能会对他们的决策能力和战略偏好产生影响。在案例中写入关于决策者的这些具有影响力的背景信息，可以让读者看到一个鲜活的决策者，从而更容易理解决策者的思想和行为。[1]

此外，案例开发者还需要去了解企业所在行业竞争对手、潜在竞争对手，以及案例企业的供应商或客户、用户等利益相关者的关于教学需求的信息。

总之，背景信息研究是一个以教学需求为原点面向公开媒体查询并研究信息的过程。

那么，如此研究背景信息是为了达到什么目的？

按照笔者的从业经历，研究背景信息主要是为了达到三个目的：

第一个目的是弥补案例开发者的专业局限性。事实上，如果不借助外部资料，案例开发者有时候未必能读懂企业提供的那些资料或者理解领悟其中的深层次含义或价值，因为案例开发者的知识体系里有可能缺乏跟该企业相关的知识，存在专业局限性。只有弥补专业局限性，才能降低与案例企业的信息不对称，案例开发者才有可能在有限的调研时间内获得有效的信息。

第二个目的是提炼出案例的核心议题。核心议题是案例开发者带领同学研讨该案例的主要议题，承载着案例开发者的教学目标，是为了满足案例开发者的教学需求。同时，核心议题也是案例开发者铺陈案例内容的聚焦点。比如，笔者曾经与一位教授合作开发五菱宏光 MINIEV 案例，这个案例缘于教授的教学需求——探究国潮新锐品牌崛起的商业逻辑（2021 年）。从这个教学需求出发，在研究相关的背景信息之后，我们提炼出了三个核心议题：一、五菱宏光 MINIEV 的市场有什么不同？二、它为什么能成为爆款？三、它

1　Schnarr K & Woodwark M J. How to write great business cases［M］. Edward Elgar Publishing, 2023.

的未来走势如何?

随着调研的不断深入,在掌握了大量有效信息后,我们将这三个议题迭代成服务于教学需求的五个教学目标(见表4-1),后者服务于案例和教学笔记的撰写。

表4-1 核心议题迭代成教学目标

核心议题	教学目标
五菱宏光 MINIEV 的市场有什么不同	了解逆向定位、分离定位的概念,以及它们对促成产品离开成熟市场的作用
	了解逆向定位、分离定位与蓝海市场的关联,了解蓝海市场与红海市场的本质不同
它为什么能成为爆款	学习用蓝海战略四部行动框架,去分析蓝海商业模式的价值创新
	学习用 VRIO 框架分析企业核心竞争力,学习分析核心竞争力是如何相互作用,以实现价值创造和价值回收的循环
它的未来走势如何	了解建立品牌感性差异化竞争力所可能面临的挑战,学会针对此挑战分析选择未来产品战略

第三个目的是制定调研大纲(见附录1),这是一份包括教学需求(适用课程)、核心议题,以及针对案例企业访谈提纲的文档。在调研正式开始前,向企业提供调研大纲,有助于企业进一步了解案例写作者的诉求。如果企业对相关议题持不同看法,那么,案例开发者就要与企业深入沟通。如果能获得企业认可,那么案例调研就能进行下去;如果企业仍持异议,则双方可以再次协商,如果能协商出既能满足教学需求又能满足企业预期的方案,那么案例调研也可以进行下去;如果双方难以协同,则意味着案例开发可能难以进行下去。

在笔者的经历中,一般通过校友资源或熟人介绍而来的案例企业,比较容易达成一致,而通过公开资料获得的案例企业,有可能会在这个环节出现问题。

无论如何，一份质量较高、议题合理的调研大纲比较容易获得企业认可。那么如何基于背景信息研究设计出一份优质的调研大纲呢？下一节将着重探讨这个问题。

4.1.3 如何确定调研大纲

调研大纲中需要确定的内容主要有两项：核心议题和访谈提纲。

核心议题是根据教学需求，在所研究的背景信息中洞察并提炼出来的。那么，如何洞察和提炼呢？笔者认为，洞察和提炼是发生在阅读一定量背景信息的基础上的。只有当你了解了案例事件的大概来龙去脉后，你才能洞察到对教学需求具有支持作用的核心要点。

上一节曾谈到五菱宏光 MINIEV 案例的例子。当时关于五菱宏光 MINIEV 的公开资料有很多，包括它的销量超过新能源车知名品牌特斯拉并连续成为中国新能源车月销量冠军、它各种花式的造型、很多社交媒体大 V 晒自己购买了这款车、它在中国时尚之都上海市场受到追捧等。从这些信息中，我们看到，尽管其价格便宜，但购买它的用户并没有觉得自己是在买便宜小车，相反，用户口口相传或者通过社交媒体晒出的信息却是：自己买一个时尚大玩具，或者一个可爱便捷代步车。由此，我们觉察到，五菱宏光 MINIEV 没有以车的功能性挤在传统车的赛道，而是以车的情感属性定位在新市场赛道，以一种感性方式营销。

由于我们的教学需求是要探究国潮新锐品牌崛起的商业逻辑，因此，根据我们的觉察，很自然地提炼出了表 4-1 所示的三个具有逻辑关联的核心议题。

明确了核心议题后，就可以动手拟定访谈问题。首先可以将核心议题逐层分解成若干子问题，从这些子问题能大概看出其所涉及的内容哪些可以从公开资料获取，哪些需要通过访谈获得，对于后者，我们再设计具体的访谈问题。

比如，我们来看五菱宏光 MINIEV 案例的第一个核心议题：五菱宏光 MINIEV 的市场有什么不同？显然，要讨论这个议题，就要讨论两个问题：第一，这个产品跟其他新能源车有什么不同？第二，这些不同满足了用户什么样的独特需求？

而第一个问题又可以分解为两个问题：产品在功能、成本、定价等方面有什么独特之处？实现这些独特之处的产品研发和设计方面有什么创新？

第二个问题也可以分解为三个问题：如何将用户的娱乐需求嫁接到五菱宏光 MINIEV 的使用上？这是一群什么样的用户？为什么其他新能源车企业无法满足这类独特用户需求？

支撑这五个问题讨论的内容，有些可以在公开资料中获得，于是，在背景信息研究的基础上，可以设计出围绕这五个问题的访谈提纲（见附录 2）。

如果说按照上述步骤拟定的访谈提纲是内容导向型的，那么，在所有核心议题都分解形成访谈提纲后，案例开发者需要将所有访谈提纲归类，如果知道不同类别的调研问题应该归于哪个业务部门人员来回答，则直接确定相关接受访谈人员；如果不知道该由谁来回答，则可以跟企业联系人沟通确定相关接受访谈人员。如果有必要，案例开发者还需要根据接受访谈人员的背景信息适当调整问题，以使访谈问题更具有针对性。

此外，案例开发者在拟定访谈问题时，还要保持中立、客观，避免带有观点的诱导性问题。比如案例开发者在公开资料中看到，某公司产品降价后销量下滑，公司销售总监正在因此受到内部非议，案例开发者可能会受此信息影响而提问该公司总经理："你认为市场份额下滑是因为产品价格上涨吗？"这样的问题就多少带有诱导性，容易让对方聚焦说明价格上涨和市场份额下滑之间的相关或非相关问题，而事实上，市场份额下滑还有可能源于其他因素，比如产品定位、营销等问题。为了避免可能的信息损失，案例开发者不妨换一种更为开放的问题："为什么市场份额会降低？"

访谈问题一般是随着调研大纲提前给到接受访谈者的。一份具有深度和高度的优质访谈问题能获得接受访谈者的认可和重视。那么，如何才能设计出具有深度和高度的访谈问题呢？这个问题没有标准答案，但共性在于，案例开发者首先要有明确的教学需求，然后要进行扎实的背景信息研究，在此基础上能够准确洞察核心议题，之后才有可能设计出优质的访谈问题。

当然，访谈问题不是一成不变的，案例开发者在获得更多的案例信息后，需要不断调整问题。不仅如此，一套访谈问题也不是获取案例信息的不变框架，只是一条可参考的调研主线。案例开发者要想获得优质素材，不能只依赖访谈问题，还要凭借调研状态随机应变提出更有效的问题。

4.1.4　如何进行调研

4.1.4.1　调研前

在调研前，首先要选择调研方式。一般来说，调研方式分为四种：现场调研、视频调研、电话调研和书面调研。

其中，现场调研可以获取较多信息，案例开发者不仅可以得到被访者的回答内容，还可以捕捉到被访者的面部表情、肢体语言等，甚至还能观察到被访者的办公环境信息，这些信息有助于案例开发者更好理解被访者的情感和态度，从而更准确地解读所获得的信息；同时，面对面交流让双方较容易建立信任关系，由此案例开发者能获取更真实、准确的信息，比如案例开发者对于某些不确定的信息，可以当场向被访者核实和确认。现场调研主要的弊端是成本较高，涉及差旅的时间和资金成本。

视频调研尽管较难捕捉被访者的肢体语言及其周边环境信息，但视频调研可以便捷地跟不同地域、不同时区的被访者交流，可以在短时间内对大量被访者进行调研，省去了交通和时间成本；视频调研也具有实时互动性，可以让案例开发者及时捕捉相关信息或者确认信息；视频调研还可以通过录播记录整个调研过程。

电话调研无法捕捉到被访者的除言语外的其他信息，因此调研深度可能会受限，但电话调研可以快速联系到被访者，同时，电话调研可以避免面对面交流时可能出现的隐私问题。

书面调研因为缺乏互动，所以难以捕捉到大量信息，比较适合针对某个具体事实的确认或核实。

上述四种方式在开发案例时都可能会被用到，比如，在需要对大量事实进行调研时，可以采取现场或视频调研方式；在补充调研时，可以采用电话、视频或者书面调研方式。

在选择了主要调研方式后，调研前还要做的一件事，就是安排调研顺序。案例开发者最好要求企业先安排关键决策者或者其他资深高管作为第一被访者，然后再安排其他业务层面的被访者，最后，再次安排关键决策者作为压轴被访者。

将关键决策者作为第一被访者，案例开发者可以首先就研究背景信息阶段提炼出的核心议题甚至是案例焦点问题征询关键决策者的意见，如果他觉得不妥，案例开发者可能要考虑适当修改相关议题或焦点问题。如果他认可相关议题或焦点问题，那么，就可以按计划的调研提纲展开调研。

如果第一被访者是资深高管，他也会对相关的议题和焦点问题提供参考意见，并提供有关事实。

将关键决策者或者资深高管作为第一被访者的另一个用意是，可以从他们那里得到有关企业和竞争的全景信息。另外，他们作为第一被访者，可以给后续其他被访者带来示范效应，提升后续被访者的访谈配合度。

完成第一个访谈后，案例开发者可以按照既定的安排进行后续访谈，也可以根据第一被访者的建议，调整后续访谈，有时候，第一被访者会就某些问题推荐其他被访者。

中间阶段的访谈，主要是为了补充第一个访谈的信息空缺或者针对某些信息进行深入挖掘。中间阶段的访谈可能会涉及业务中高层或中层负责人，也可能涉及普通员工，还可能涉及企业外部利益相关者。针对中高层或中层负责人，主要是谈论战略执行层面的问题；针对普通员工的访谈，则要获得战略在一线的执行效果；而针对企业外部利益相关者，比如供应商和客户等的访谈，也能获得另外视角的战略执行效果信息。

在结束了中间阶段的访谈之后，案例开发者应该掌握了丰富的企业信息，此时，他跟关键决策者的信息不对称应该是最少的，甚至，他还能从基层获得不少连关键决策者都未必掌握的信息。携带着这些信息，案例开发者可以跟关键决策者进行最后一轮的访谈，在这个访谈中，案例开发者应该有能力去就战略决策背后的思考逻辑进行追根求源式的发问，由此得到更加深度的决策信息。

4.1.4.2　调研中

在确定好调研顺序后，案例开发者将迎来一系列调研访谈，很可能这是一系列现场调研或者视频调研。

（1）注意职业素质。

面对所有的被访谈者，案例开发者应该展现出如下的职业素质，以得到对方的尊重甚至是信任。

① 根据被访者的工作场景和个人习惯着装，比如，如果对方日常工作时习惯穿休闲夹克，那么案例开发者最好也着便装；如果对方比较重视礼仪，那么案例开发者最好穿正装到场；如果对方在一线忙碌，那么案例开发者最好穿耐脏的衣服出现在一线。

② 案例开发者需比预订访谈时间提前到约定地点或者登录会议视频，

千万不要迟到。

③ 在调研前，案例开发者需要将手机调至静音，将录音设备、记录工作都准备就绪。

④ 在访谈中，案例开发者务必要遵守约定的访谈时间，除非被调研者愿意延长交流时间。

⑤ 在访谈中，案例开发者必须征得被访者同意才能录音。

（2）营造和谐的访谈开场氛围。

理解了上述职业素质后，案例开发者就可以开启一次调研访谈了。请注意，访谈开场氛围，在一定程度上决定了整个访谈效果，因此，案例开发者需要利用开场后的 10 ~ 15 分钟时间，尽量营造一个和谐的、相互信任的访谈氛围。如果案例开发者很紧张，那么访谈氛围可能就会充满紧张因素，如果案例开发者是友好的、放松的、热情而礼貌的，那么对方也会以同样的方式来做出反应。

在双方见面时，有经验的案例开发者会信手拈来一则有趣的，有关运动、天气、健康等的话题来拉近双方距离、建立信任基调；在双方落座后，案例开发者可以首先感谢对方接受访谈，然后简单介绍自己并说明调研目的，之后，可以抛出第一个问题。

为了让对方感到放松和舒服，案例开发者提出的第一个问题最好是开放的，相对好回答的问题，不过，问题也不能太开放，否则对方会回答很多你其实已经了解到的信息，让有限的访谈时间白白流失。比如，调研五菱宏光 MINIEV 的技术负责人时，由于我们已了解到该产品采用了连续迭代模式，与传统汽车产品的代际迭代模式不同，因此，我们就问她："与传统汽车研发的代际迭代模式不同，你们把汽车设计平台做成连续不断迭代的模式，这需要在哪些方面进行创新？"这是一个有清晰边界限定的有限开放问题，因为我们只需要知道这款产品如何通过创新实现连续迭代。这样的有限开放问题，让对方比较容易回答，她也会因此而感到比较轻松。如果我们问："你们在汽车研发方面是如何创新的？"这对她来说，就是一个很大的问题，她可能会从传统汽车研发模式、五菱的新设计平台、五菱如何将客户变成共创者等方面去谈，实际上，前两部分内容我们在进行背景信息研究时就已获得。

向被访者提出一个有限开放问题，还能让对方感受到你对本次调研访谈的认真准备，或者感受到你的专业性，由此对方会以同样的认真和专业回应你的问题。

为了提高访谈效率和效果，案例开发者不仅要能提出有限定边界的开放问题，还要能提出封闭问题，由此提高访谈效率。

封闭问题一般是对某项事实的核实或确认，我们在背景信息研究中掌握的信息越多，就越有可能在调研中提出各种封闭问题。封闭问题通常包含是不是、有没有、能不能、会不会等词。封闭问题一般是接在开放问题之后，有时候也是临时提出的，比如在对方回答完某个问题后，作者如果没有听清楚或者没有理解到位，可以马上跟一个问题去核实刚才提及的信息，或者确认自己的理解，作者可以问："你刚才说的 ××× 是不是 ××× 意思？"或者"你刚才说的 ×××，我的理解是 ×××，对吗？"

（3）通过追问获取关键信息。

这种针对被访者的回答内容进行追问的方式，是访谈中经常会采用的。追问不仅能核实或确认信息，还能捕获关键信息。所谓的关键信息，是指那些对案例决策具有重要影响的信息，比如，如果要决策一家零售品牌是否要固守已有的市场还是快速向外扩张，那么，诸如"它的服务人力投入是行业平均水平的 4 倍"这样的信息，就是关键信息，能体现它向外扩张的人力成本负担。

那么，怎样追问才能获得这些关键信息呢？要想得到这样的有效信息，案例开发者需要在访谈前尽可能多地掌握企业和行业信息，这样，在被访者聊到某些事实时，可以通过一两次甚至更多次的有的放矢追问，逐层挖掘到关键信息。

比如，在调研一家乳品品牌零碳战略实施难题时，当被访者谈其奶源地通过加装光伏能源设施、改造牧场饲料供应路径、改造粪污处理设施等方式来降低碳排放时，访谈者可以插进去问："这些作业无疑增加了终端产品的成本，你们怎么应对成本增加呢？"

答："这确实是一个难题，如果因此提价，产品就会失去竞争力；而内部消化吧，则会影响当期业绩。"

问："那你们怎么去解决这个矛盾呢？"

答："我们只有控制这类产品的产量，通常会在诸如世界候鸟日、环保日等时间节点去大力推这些产品。"

这段细节将企业落地零碳战略时，对成本和效益的取舍权衡都呈现了出来，这样的细节就是实施零碳战略难题的关键信息。案例开发者只有时刻想着案例议题，同时了解相关行动所可能带来的成本增加，才有可能去进行这样的追问。

（4）多角度获取张力信息。

能够体现案例质量的不只有关键信息，还有张力信息，即那些具有多视角、充满矛盾和冲突的复杂信息。比如，描写一家零售企业扩张战略时，如下文字就具有张力："创始人想控制开店速度，因为他看到了快速开店后门店服务水平的下降，但中高层干部却希望快速开店跑马圈地，这样他们有更大的施展空间。"

案例之所以需要张力信息，是因为张力信息往往能够引发同学们的兴趣和好奇心，激发同学们参与讨论的热情；同时张力信息可以为同学们提供讨论的话题和重点，在案例分析中，如何处理矛盾、冲突等，往往成为分析重点；另外，张力信息可以促使同学们深入探讨案例问题，从而增加讨论深度；通过讨论张力信息，还可以帮助同学提高思辨能力。

那么，如何获取张力信息呢？案例开发者要想获得张力信息，就要对可能产生张力的信息保持足够的敏感度，一旦在访谈过程中捕捉到相关信息，就要设法获取，可以针对同一个信息调研不同的人，或者到不同场景中去观察，也可以去调研外部利益相关者（供应商、客户、用户等），还可以从公开资料中得到相关信息。如果企业某些信息具有张力，那么，它在不同人的叙述中、在不同场景呈现中，均会表现出来。

（5）保护敏感信息。

在调研中难免会触碰到企业的敏感信息，即企业涉及战略、商业、人员、财务、客户、技术等方面的机密。

对于敏感信息，案例开发者首先要基于案例教学目标和道德、伦理准则来确定相关的敏感问题调研是否有必要、是否合理。

如果确实有必要调研，也具有调研的合理性，那么，案例开发者可以用《案例开发保密协议》和《案例内容确认书》两个文件尝试打消被访者的顾虑，告诉被访者，案例有保护其机密信息的义务、被访者对案例涉及的隐私和敏感内容拥有取舍决定权。

在调研敏感信息时，案例开发者要主动与被访者协商保护敏感信息的手段：比如，针对财务数据，可以统一乘以或除以某个系数，以虚拟化数据；对于客户信息可以采取匿名等。调研敏感问题时最好采用面对面且一对一的交流方式，在融洽和信任的沟通氛围中展开。

另外，有时候案例企业所说的敏感信息，其实未必涉及商业机密，只是企业出于这样那样的考虑而不想去说，此时，案例开发者需要去跟企业沟通，打消企业顾虑。

（6）掌控案例访谈过程。

有经验的案例开发者认为："访谈的成功在很大程度上取决于访谈者是否能够紧闭自己的嘴巴。"[1] 笔者认为，这句话一定不是在告诉案例开发者要在访谈中全程闭嘴。实际上，案例访谈过程应该是由案例开发者来掌控，而不是被访者。

1　迈克尔·林德斯等.毅伟商学院案例写作［M］.赵向阳等译.北京：北京师范大学出版社，2011：91.

案例开发者应该巧妙地掌控访谈过程，以确保其按照原定计划进行。被访者有时倾向于按自己的思维描述他希望传递的信息，甚至是一些浮在表面的信息，这些信息与案例需求无关，因此，案例开发者必须设法将其拉回访谈问题上，比如，可以用如下一些插话来转回正题："你刚才说了×××，我已经非常了解了，现在想请你谈谈×××问题。""谢谢你刚才所描绘的图景，那么这是否意味着它们跟××决策相关？"这些插话可以发生在对方说话的喘息间，也可以发生在对方停顿或喝水时。

访谈有时也会遇到比较尴尬的局面，比如，案例开发者询问每一个事先准备好的问题时，对方的回答都是简单的一句话，没有足够的信息量。此时，就需要用一些无关的轻松话题来打破僵局，比如可以说："早上来时看你们很多工位都是空的，你们是弹性工作制吗？"这样的问题，可能会让被访者产生说话的兴趣。事实上，每一次访谈，除非被访者明确表示不希望继续进行下去，否则案例开发者应该总能找到引起对方兴趣的问题，而这也是案例开发者需要提前针对被访者做信息功课的理由之一。

不过，让案例开发者掌控访谈进程，不意味着案例开发者可以过多打断被访者的说话。在被访者回答时，如果内容没有偏离核心议题，案例开发者最好做一个认真的倾听者，不要输出自己的观点，也不要做一个共情者，要时刻牢记自己的调研主题。

在案例企业现场，案例信息的获取不仅限于调研，还在于对环境信息的采集，包括企业墙上挂的图标、头顶悬的标语条幅等，或者前台的各种企业宣传资料。事实上，从进入企业起，信息获取工作就开始了，这个工作一直持续到离开企业为止。

4.1.4.3　调研后

调研完成后，案例开发者会面对一大堆素材，它们是关于各个方面的。此时，案例开发者需要通过一定方式组织素材，以方便后续案例写作。

《毅伟商学院案例写作》一书，给出了一种信息组织方式：先拟定一个信息需求表，然后给每一个信息需求项分配一个数字或字母代码，再用同样的代码标记所有相关文件或者访谈记录。[1]

笔者常用的方式是，先拟定案例写作框架和三级标题，然后一边回顾资料一边将相关内容放入对应标题下，等到资料回顾完成，案例写作框架中就充满了内容。因此，写作案例的过程就是理顺语句和逻辑的过程。

使用案例素材，案例开发者需要遵守如下使用原则：

① 内部信息未经授权不能在案例中使用；

② 案例中引用公开信息需要标注信息来源；

③ 信息来源要具有可信度，各种搜索引擎都不是可靠信源；

④ 引用 Bloomberg 和 Wind 等第三方数据库，需要授权；

⑤ 引用公开图表，需要获得图片作者授权；

⑥ 按照案例出版方的信息来源标注规范进行标注；

⑦ 案例获得授权后，作者需销毁调研素材或者将其归还给企业。

4.2　图书馆案例的素材获取

图书馆案例是只依赖公开资料写成的案例，案例开发者需要在多个渠道中搜集案例素材。[2]

搜集素材最常用的渠道来源有企业自身的官网、新闻媒体、书和报刊、专业和行业协会、市场研究机构、社交媒体等。

1　迈克尔·林德斯等 . 毅伟商学院案例写作［M］. 赵向阳等译 . 北京：北京师范大学出版社，2011：97.

2　Schnarr K & Woodwark M J. How to write great business cases［M］. Edward Elgar Publishing, 2023.

企业自身的官网应该是案例开发者了解企业信息的首选渠道。在此案例开发者能了解到企业发展历史、价值观、产品、组织架构图、年报（上市公司）等诸多信息，甚至能看到企业新闻和媒体报道。在案例中引用官网的信息是最没有法律风险的。

如果上市公司没有在其官网上提供年报信息，那么，案例开发者也可以在美国证券交易委员会所属的 EDGAR 上查询美股上市公司年报，在香港交易所、上海证券交易所、深圳证券交易所官网，或者 Wind、新浪财经等第三方媒介上查询到中国上市公司年报。

知名的新闻媒体也是案例开发者了解企业信息的不错渠道。案例开发者可以通过搜索引擎去搜索企业相关信息，包括公司报道和行业报道，它们能为案例焦点提供支撑信息。

书和报刊等传统媒体，也是获取企业素材的可靠信息源，由此得到的信息也具有一定信服力。此外，案例开发者还要留心那些涉及案例研究的学术文章，其中的案例素材可以作为案例开发者所写案例的参考或者直接引用。另外，学术文章所提供的理论分析和研究，还可以为案例开发者在写案例时提供有价值的见解和背景信息，或者是案例核心议题的理论支撑。

当然要获取案例所需的背景信息或行业、市场信息，案例开发者还可以到专业和行业协会、市场研究机构去寻找相关素材，比如行业报告可以提供企业所在行业的最新动态和趋势，市场研究机构通常会提供关于企业用户的消费行为、市场趋势、竞争对手分析等。

社交媒体正在成为涌现信息的活跃渠道，然而，将社交媒体作为案例信息源具有很高风险。因为社交媒体上的信息质量参差不齐，不少信息可能是不准确的、具有误导性的；而且，社交媒体信息缺乏深度和广度，只是只言片语的表面信息；另外，社交媒体上的信息往往带有个人观点，这些观点可能无法反映企业的实际情况；最后，也是最重要的，社交媒体信息难以验证，因为无法确定信息来源和信息真实性。因此，建议案例开发者不要引用除了企业社交官号之外的其他社交媒体信息。

相对于现场案例的素材获取，获取图书馆案例素材最考验作者的是信息整理能力。由于图书馆案例几乎每一条信息都要注明信息来源，因此，作者在搜寻信息阶段，就要标记清楚所有的信息来源，而且，还要保证在后续撰写案例需要信息重组时，信息来源能跟着信息一起移动。

总之，从可靠的、专业的信息媒介获取信息并有效标记信息来源，是撰写图书馆案例的基本功。一个令人信服的图书馆案例，一定是构建在权威的、来源标记清晰的信息基础之上的。

4.3 关键挑战及应对

获取案例素材，是开发案例的关键环节。在这个环节，案例开发者一般会面临如下关键挑战。

4.3.1 如何寻找案例企业并获得案例企业的合作许可

寻找案例企业的挑战在于如何找到跟案例开发者教学需求相匹配的案例内容，而获得案例企业合作许可的挑战在于如何获得企业的信任、如何让企业体会到案例合作的价值并由此愿意花时间和精力来配合。这个挑战对新案例开发者来说，难度尤为巨大，因为新案例开发者自己也处在体验和探索案例开发和教学的过程中，因此，可能很难得到企业的信任。

要应对这个挑战，案例开发者应该首先想清楚自己的教学需求，同时要清楚在自己的整个主题教学过程中，案例能起到什么作用，如何起作用；之后，案例开发者尽量通过校友或熟人资源去触达案例企业，跟对方沟通案例开发的意图和价值，要特别跟对方强调案例开发共创中能给企业带来的回顾、总结、提升的价值，和案例上课时同学讨论给企业带来的不一样视角；此外，案例开发者可以找一篇自己开发的比较优质的案例给企业，以提升企业对自己的信任度，对于新案例开发者，也可以找一篇自己研究透了的优质案例给到企业，并告诉企业自己希望开发出类似的案例，由此让企业了解预期成果，从而提供配合意愿。

4.3.2　如何高效研究背景信息

研究背景信息是一个费时费力的过程，很多时候案例开发者不知道该找哪些信息来研究，也不知道研究的目的是什么，于是花了几天时间看了一堆资料后，没有形成关于案例企业的核心议题。

要应对这个挑战，案例开发者还是要从教学需求出发，将教学需求拆分成几个关键词，然后根据这些关键词去搜索并筛选背景资料；或者请企业提供围绕这些关键词的内部资料，然后再基于这些内部资料去搜寻补充信息。在这样一个起始于教学需求的背景信息研究过程中，案例开发者有可能随着所研究的背景信息增加而逐步洞察出服务于教学需求的案例核心议题。

4.3.3　如何制定一份有效的、具有逻辑的访谈提纲

访谈提纲的有效性体现在通过问题能引发出有效内容；访谈提纲的逻辑性体现在一组访谈问题围绕一个主题及后续问题深度逐层递进。

显然，要应对这个挑战，案例开发者首先要提出合适的核心议题，然后将核心议题变成一个或多个子问题，再围绕着每一个子问题检视背景信息，最后提出针对空白信息的访谈问题。

4.3.4　如何通过访谈获取关键信息

很多案例开发者都有这样的体会：一场访谈在充满友好的气氛中结束，但事后回想一下，似乎没有得到多少能写进案例中的关键信息。出现这样的情况，责任主要在于案例开发者。案例开发者没有通过有效的访谈问题引发被访者提供有效信息。

要应对这个挑战，案例开发者除了要设计有效的访谈问题外，还要具备追问的能力。而要具备追问能力，案例开发者要在调研前充分了解背景信息，尽量降低与被访者的信息不对称，这样才有可能提高对关键信息的敏感度，从而在适当的时候通过追问捕捉相关内容，这个追问可以面向同一个被访者，也可以针对不同的被访者。

4.4　本章小结

本章主要讨论了案例素材获取的方法论，围绕现场案例和图书馆案例两个部分展开。

现场案例的素材，主要来源于现场调研和公开资料，而现场调研涉及联系案例企业、研究背景信息、确定调研大纲、现场调研和调研后的素材组织等关键环节。针对每一个环节，笔者给出了对应的方法和使用这些方法的理由，以及使用相关方法后要达到的目的。针对现场案例中的公开资料部分，笔者结合背景信息研究提出了有效获取方法。

图书馆案例的素材，只能来源于公开资料。笔者提供了素材搜寻的常用渠道，并指出了每一种渠道所可能包含的信息；同时还指出了图书馆案例素材获取和整理的独特技能需求。

获取了案例素材之后，案例开发者将进入案例写作阶段，接下来的章节——决策问题的设计，将成为案例开发者首先要了解的内容。

附录1：案例调研大纲示例

> **一、教学需求**
>
> ××××××
>
> **二、核心议题**
>
> 1. ××××××
>
> 2. ××××××
>
> 3. ××××××
>
> 4. ××××××
>
> **三、访谈提纲**
>
> ×× 案例是为了落实上述教学需求而开发的。案例计划围绕 ×××
> 核心议题展开。为此，我们将围绕以下访谈提纲展开调研：
>
> 1. ××××××
>
> 2. ××××××
>
> ……

资料来源：本章作者编制。

附录2：根据核心议题的问题分解

> 1. 既然五菱已有宝骏 E100、E200 产品了，为什么还要设计这款产品？
>   这款产品的战略定位与宝骏 E100、E200 有什么不同？
>
> 2. 能否谈谈宏光 MINIEV 的产品规划思路？为什么规划三档配置？每一
>   种配置的产品被寄予什么期待？这三档产品的定价思路是什么？截至
>   目前三档产品的销量占比是怎样的？
>
> 3. 能否谈谈宏光 MINIEV 的成本结构？宏光 MINIEV 最低价 2.88 万元，
>   而宝骏 E100 最低价 3.5 万元，宏光 MINIEV 的成本主要降在哪里？

4. 与传统汽车研发的代际迭代模式有质的不同，你们把汽车设计平台做成连续不断迭代的模式，这需要在哪些方面做创新？

5. 你们设计 E100 只用了 8 个月？时间主要缩短在哪里？

6. 产品在样车阶段就让用户来看、来试，不怕样车被竞争对手模仿吗？

7. 2020 年 11 月潮创文化兴起后，你们研发产品的方法论或思路跟最初设计 E100 或 E50 时会有不同吗？为潮创留白是不是成了你们刻意要做的研发课题？

8. 如果这个车要升级成 4 门或定价 10 万元左右，你们还会沿用这个思路吗？

9. 这个产品越来越往"消费品"方面走，你们在做产品设计时，是如何考虑这个"消费品属性"的？

10. 你们高管曾经说："宏光 MINIEV 进入了完全超出设计预期的应用场景、从未触达过的用户人群，以及一线城市市场。"请解释一下这是什么情况？

11. 你们"用户共创"改装平台诞生在什么时间？上面都有哪些参与者？平台运营机制是怎样的？五菱在这个平台上主要做什么？这个平台能为五菱带来的显性和隐性的价值有哪些？

12. 能否从营造潮流改装文化的角度来说一下，你们的产品从最初的"裸车"，到中间的马卡龙车，到最近的敞篷车的迭代逻辑？

13. 2021 年 3 月 4 日，你们在上海举办"装出腔调 潮创盛典：大人们的小乐园"为主题的宏光 MINIEV 车主盛典，这是宏光 MINIEV 在上海第一次举办活动吗？为什么要在上海举办这个活动？在此之前，宏光 MINIEV 在上海的用户有多少，什么时候上海成为全国销量最多的城市（4 200 辆 / 月）？你们为什么把地点选在上海而不是北京或深圳？

全面深入研究公开资料

现场案例中的部分背景信息以及图书馆案例所需的信息需要通过公开资料获取。需要通过公开资料获取的信息涵盖案例企业、竞争对手、用户、客户等利益相关者、行业和市场格局等。案例开发者可以从企业官网、新闻媒体、书和报纸杂志、学术文章专业和行业协会、市场研究机构、社交媒体等途径获取公开资料。

科学有效开展调研访谈

案例开发者可以根据明确的教学需求以及由公开资料或案例主体预先提供的背景资料确定访谈的核心议题，并将核心议题逐层分解为若干子问题形成访谈提纲。理想状况下，访谈过程由案例开发者通过有效提问来掌控。案例开发者应注意倾听，通过适时追问深挖信息，通过插问等方法确保被访者的讲述始终围绕访谈主题和访谈问题，通过多种技巧提升访谈效果。

有策略地获取张力信息

张力信息是指具有多视角、充满矛盾和冲突的复杂信息。为获取张力信息，案例开发者要保持敏感，捕捉访谈过程中可能产生张力的内容，进而设法获取。案例开发者可以通过针对同一信息调研不同的人，到不同场景中去观察，调研外部利益相关者（供应商、客户、用户等）及研究公开资料等途径获得张力信息。

决策问题设计 [1]

决策问题（或讨论焦点）指在特定的商业情境下案例主人公需要做出选择并采取行动的问题，也是学生在课堂中需要讨论和决策的问题。决策问题往往与一个公司遇到的困境或挑战息息相关，例如，在日益激烈的市场竞争环境中，公司如何重新规划战略或定位；在市场饱和的情况下，公司以何种方式进入一个新市场；在资源有限的情况下，如何合理分配组织资源等。战略、财务、金融、营销、供应链管理等主题的案例都涉及决策问题。

设计决策问题的目的是让学生站在案例主人公的视角，通过分析具体情境下公司遇到的挑战或难题，考虑并权衡各种因素，最后做出决策。[2] 案例中的决策问题可以让学生在思考和讨论的过程中理解现实商业情境中的复杂性和不确定性，培养他们的批判性思考能力和决策能力。[3]

---

1 本章作者：蔺亚男。蔺亚男，博士，中欧案例研究员，主要关注战略、创业、市场营销等领域，多篇案例被国际主流案例库收录。

2 王玉东. 案例教学：哈佛商学院 MBA 教育的基本特征 [J]. 大学教育科学，2004，（3）：85-89.

3 Kim S, Phillips W P, Pinsky L, Brock D, Phillips K & Keary J. A conceptual framework for developing teaching cases: a review and synthesis of the literature across disciplines [J]. Blackwell Publishing Ltd, 2006.

对于案例开发者，识别并确定案例决策问题是整个开发过程中最具挑战的任务之一。多数情况下，开发者在访谈之前并没有确定决策问题。开发案例的想法可能是因为接触到一家有趣的公司，或者认识一个新兴的行业，甚至可能是认识一位优秀的案例主人公。这些缘由都可能让开发者想要开发一个案例，但仅仅知道这些意味着，开发者还需要做大量的工作来探究和寻找决策问题。[1] 决策问题的设计对后续案例正文的写作十分重要，哈佛大学的 Michael J Roberts 教授在《开发教学案例》(*Developing a Teaching Case*) 的文章中指出，"如果没有确定决策问题，案例开发者最好不要开始撰写案例"[2]，这是因为决策问题将决定案例提供哪些信息，本章将围绕决策问题设计和展开。

5.1　什么是好的决策问题

明确的决策问题是案例分析和讨论的核心。好的决策问题具备以下几个特点：

（1）与教学目标相关。开发案例是为了满足课堂教学目标，决策问题应当具有足够的教学价值，让学生在思考和讨论之后，学到有价值的东西，掌握学科相应的知识点、理论框架和实践启示。

（2）具有重要性。描述了企业所面临的典型挑战、发展困境、关键决策、热点问题或其他值得关注的重要议题（统称"讨论焦点"），需要学员利用所学分析方法、工具、概念、框架或理论等进行分析与讨论。

决策问题涉及现实商业情境中的问题和挑战，应当反映现实商业情境中普

1　Roberts M J. Developing a teaching case（abridged）. Harvard Business Publishing, Product Number: 901055-PDF-ENG, 2001.

2　Ibid.

遍存在的一类问题,通过分析案例决策问题,不仅让学生对案例决策者遇到的特定问题获得见解,还让学生以后遇到这类问题的时候知道如何切入和决策。学生需要综合运用所学概念和工具,进行深入分析。

(3)具有讨论空间。 决策问题应当具有启发性,可以引导学生思考多角度的问题,从不同的业务、道德和环境等多角度进行思考和讨论。有模棱两可的情况,可能包含冲突,不一定有唯一正确的答案和结论。

(4)具有复杂性和争议性。 讨论焦点具有复杂性,而不只是对问题表象的简单描述。讨论焦点具有争议性,为学员展开讨论留出足够思考空间,促使学员从不同的视角做出综合判断。[1]

"复杂性"指案例中存在多个相互影响的因素、复杂的关系、复杂的多方利益相关者和各自持有的不同观点,以及复杂的环境。决策问题是一个多角度的事件(multifaceted issue),没有明显的答案,最终的决定通常需要决策者在某些方面做出一些妥协或让步。"争议性"指案例中存在由不同观点、立场或观点之间所引发的冲突和分歧。争议性来自不同利益相关者、不同的解决方法和不同的观点。[2]

决策问题的复杂性和争议性可以反映实际商业环境中的复杂性和不确定性,多种因素和冲突也代表实际商业决策中需要考虑的方方面面。学生需要运用各种工具和技能来评估不同的观点,分析、整合及处理复杂的信息和观点,并做出合理的判断。[3]争议性还可以鼓励学生思考、质疑和挑战现有观点,学

---

1 "2023 中国工商管理国际最佳案例奖"案例征集公告[EB],中国工商管理国际案例库,https://www.chinacases. org/anon/casehelp/anon_casehelp_category/anonCasehelpCategory.do?method=view&fdId=154406abffb4f35c86e08f 74417a35a8&mainFdId=187ad852d8b2173c54efa414e6ea24b5&s_css=default&forward=helpview&vido2=true&lan g=zh-CN.

2 Austin J E, Heskett J L & Bartlett C A. Key elements for excellence in classroom cases and teaching notes. Harvard Business Publishing, Product Number: 915417-PDF-ENG, 2015.

3 Pacheco-Velazquez E A, Vazquez-Parra J C, Cruz-Sandoval M, Salinas-Navarro D E & Carlos-Arroyo M. Business decision-making and complex thinking: a bibliometric study[J]. Administrative Sciences, 2023,(13):80.

生需要批判性地评估不同的解决方案，提出合理的建议和规划。

需要指出的是，中国工商管理国际案例库（ChinaCases.Org）的评审标准中，"重要性"和"复杂与争议性"这两个维度也备受关注。在往届案例竞赛中，常见的共性问题之一是缺乏讨论焦点，具体表现为：仅罗列企业的发展历程，缺乏案例企业遇到的具体问题、不同路径选择的利弊等有争议或复杂的讨论焦点，难以引导学员从不同角度进行讨论和分析。[1]

5.2 决策问题常见类型

决策问题的常见类型包括两难选择型、多项选择型、面向未来的思考型及反思回顾型。

5.2.1 两难选择

两难选择型的决策问题涉及商业情境中的两难困境，管理者需要在两种选择之间进行权衡和决策。这类问题涉及社会利益和经济利益的平衡、时间和成本的权衡、风险和回报的选择等。下面为"2020 中国工商管理国际最佳案例奖"最佳奖案例《老爸评测：一家社会企业的两难选择》的决策问题：

> 思及老爸评测的未来，魏文锋意识到他处在一个窘境之中：老爸评测目前的商业模式对实现其社会目标和经济目标是否有效？老爸测评应如何更好地权衡"产品检测"和"产品销售"这两个身份？又当如何确保

1 "2023 中国工商管理国际最佳案例奖"常见问题解答［EB］，中国工商管理国际案例库，https://www.chinacases.org/anon/casehelp/anon_casehelp_category/anonCasehelpCategory.do?method=view&fdId=154406abffb4f35c86e08f74417a35a8&mainFdId=18879d4b362c0c2ede6d72b4abb951e0&s_css=default&forward=helpview&vido2=true&lang=zh-CN.

未来的可持续发展呢？[1]

　　这个决策问题涉及一家社会创业企业如何兼顾经济目标和社会目标，一方面老爸评测要客观中立地对市面上的产品给出评测结果，另一方面老爸评测还要考虑盈利的问题以维持正常运营。这类决策问题也可能涉及企业发展与可持续性之间的平衡，例如是否进行环境友好型投资、是否关注社会责任等。决策者需要考虑企业的长期发展和社会效益之间的关系。

　　同样，哈佛案例库中的案例《联合利华在印度的"救生圈"：实施可持续发展计划》（*Unilever's Lifebuoy in India: Implementing the Sustainability Plan*）中，联合利华在全球市场份额缩减、印度市场销售额下降的情况下，决策者面对的两难处境是既要在五年内将销售额增加一倍，同时要在有限时间内完成改善当地自然环境以及提高公众福祉等社会目标。[2] 在另外一篇上榜哈佛案例库最佳销售榜单（Bestseller）的案例《宜家集团的可持续发展》（*Sustainability at IKEA Group*）中，决策者面对的两难处境是：一方面宜家集团要从客户市场附近采购原木材料以降低运输成本；另一方面在作为公司重点增长的新兴市场中，其原木供应链很难满足宜家严格的可持续标准。[3]

　　"2022 中国工商管理国际最佳案例奖"二等奖案例《先"修路"还是先"造车"：树根互联的工业互联网平台养成之路》的决策问题涉及公司战略方向的两难选择：到底是做跨行业的平台还是做定制化方案？

1　Chnh D, 赵丽缨, Lee B, Moran P, 孙鹤鸣. 老爸测评：一家社会企业的两难抉择, 中国工商管理国际案例库, 案例编号：ESR-21-852，2021.

2　Bartlett C A. Unilever's lifebuoy in India: implementing the sustainability plan. Harvard Business Publishing, Product Number: 914417-PDF-ENG, 2017.

3　Rangan V K, Toffel M W, Dessain V & Lenhardt J. Sustainability at IKEA group. Harvard Business Publishing, Product Number: 515033-PDF-ENG, 2017.

……然而，对于一个新创企业要完成这一战略颇具挑战，如何将有限的资源与发展的雄心适配起来？……到底是先发展可以跨行业通用的互联网平台新基座，抢占先机，快速规模化，还是先深耕一个个行业、发展定制的解决方案，进而获得即时、有助于生存的收入？这被形象地比喻为"修路"还是"造车"，"修路"是搭建通用的共性技术平台，"造车"则是提供定制化的行业应用。先"修路"还是先"造车"？[1]

"2021 中国管理国际最佳案例奖"二等奖案例《五菱宏光 MINIEV：中国汽车新物种》中在"拓展新市场"和"聚焦已有市场"之间的选择：

……2020 年 8 月，宏光 MINIEV 在其正式上市后的第二个月，就取代特斯拉蹿升至销量榜首。此后一直到 2021 年 4 月，它持续蝉联国内冠军，并在 1 月和 4 月分别获得全球电动车销量冠军。……这样的上升势头还能持续多久？未来应当制定怎样的产品战略？是沿着价格台阶向上推出升级产品并拓展新市场，还是聚焦已有的市场推出合适的产品？[2]

公司管理的各方面都可能包含两难选择。例如，人力资源管理中，一家公司获取人才时在"培训"还是"招聘"之间的选择。市场营销中，公司应当自建渠道还是启用经销商？生产管理中，制造业公司在提高生产效率和控制成本之间进行权衡。业务模式中，公司在满足特定客户需求（定制化）和保持统一产品或服务标准（标准产品）之间的选择。品牌管理中，公司应当注重提高品

1　陈威如，王杰祥，龚奕潼．先"修路"还是先"造车"：树根互联的工业互联网平台养成之路．中国工商管理国际案例库，案例编号：ENT-23-023, 2023.

2　王高，朱琼．五菱宏光 MINIEV: 中国汽车新物种．中国工商管理国际案例库，案例编号：MKT-22-878, 2022.

牌知名度还是先保障销量抢夺市场份额。市场拓展中，公司应当在新市场开疆拓土还是深耕原有业务？发展战略中，公司应该通过收购还是业务成长进行扩张？例如，在哈佛案例库案例《比亚迪公司》（*BYD Company*）中的决策问题是比亚迪是否应该收购秦川汽车公司。[1] 战略目标中，公司在提升市场竞争力和维持盈利能力之间做出平衡决策。例如，案例《宋小菜：生鲜 B2B 服务商的供应链数字化变革》中的决策问题是"生鲜市场的竞争越来越激烈，是应该把力量集中在引入新用户和扩大市场规模上，还是继续埋头于夯实数字化的供应链能力？"[2]

两难选择型将学生带入一种"非此即彼"的选择困境，二选一的情境将案例的"矛盾""冲突"清晰地呈现出来，不仅让学生感受到商业选择中的"纠结"甚至"无力感"，更重要的是，二选一能快速激发学生深入思考，分析利弊，展开分析。但是，设计两难选择型决策问题相对较难，被调研的案例企业不一定存在两难的困境，或者由于其他原因不愿意分享。设计的时候，案例开发者可以先根据教学目标预想潜在的两难选择，在与企业沟通中有意识地询问是否遇到过两难困境，再判断两难选择是否具有复杂性、争议性或讨论空间，以及是否契合教学目标。

5.2.2 多项选择

多项选择决策问题涉及几种不同的选择方案，启发学生对案例给出的几种可能性的思考和讨论，这些选择方案在可行性、成本、风险、影响等方面具有

---

1 Huckman R S, Maccormack A D. BYD Company, Ltd. Harvard Business Publishing, Product Number: 606139-PDF-ENG, 2009.

2 姚燕飞，付文慧，郭红东，贾甫 . 宋小菜：生鲜 B2B 服务商的供应链数字化变革 . 中国工商管理国际案例库，案例编号：GC-18-032，2019.

不同的特点，决策者需要考虑多方面的因素，权衡各种方案并做出决策。[1]增加选项的数量会让"在多种选择下做出决策"的问题变得更加复杂。研究发现，个体面对的选择越多，有关他们能否做出好的决策的不确定性就越强。这类问题增加了分析的难度和复杂性。多项选择型问题适用于让学生评估不同方案、权衡不同因素、考虑多方利益等复杂的场景。

多项选择可能涉及不同的行动计划，每个方案有各自的优缺点。"2021中国工商管理国际最佳案例奖"一等奖案例《百威亚太分拆上市：本地化财务战略》的决策问题是在公司取消上市计划后接下来面临的几个选择。

> 摆在他们面前的选择如下：其一，百威英博可以修改分拆上市的业务范围与定价，然后重新发起IPO；其二，百威英博可以再次削减股息以偿还高额债务，但集团股价很可能因此暴跌；其三，百威英博可以考虑抛售其亚洲业务的资产，但没人知道此举将如何影响投资者对其增长潜力的看法。带着对这三种选择的利弊权衡，杨克走进了会议室……[2]

多项选择可能涉及多个利益相关者，案例开发者引入不同的利益相关者，如股东、员工、消费者等。每个利益相关者都有不同的需求和利益，这些利益相关者会影响决策者。"2022中国工商管理国际最佳案例奖"一等奖案例《浙民投邀约收购振兴生化："野蛮人"来敲门》中的决策问题：

> 作为大股东，振兴集团该如何应对？……对于这起要约收购，小股东们会持什么态度？对于振兴生化及其利益相关者而言，这起要约收购究

1　Haywood-Farmer J. An introductory note on the case method. Ivey Publishing, Product Number: 9B08M085, 2008.

2　陈世敏，Erkens D H，薛文婷 . 百威亚太分拆上市（A）和（B）：本地化财务战略 . 中国工商管理国际案例库，案例编号：FIN-22-889&FIN-22-890，2022.

竟是福还是祸？[1]

多项选择还可能涉及不同的战略目标，例如抢占市场份额、提高利润率、与合作伙伴开展战略合作等。每个目标又可以衍生出不同的选择和落地路径。设计多项选择型问题的时候，案例开发者可以留意企业外部环境或条件的变化，从而引出多项选择。外部条件的改变可能给决策者带来不同程度的限制条件，例如，资源预算的调整、市场竞争程度的变化、行业颠覆式创新产品的出现等，这些变化可以导致不同的选择，环境的动态变化也增加了决策的难度。

5.2.3　面向未来的思考

面向未来型的决策问题涉及公司未来可能面临的挑战和问题，公司遇到一个难题，决策者需要思考接下来该怎么办。面向未来思考型问题适用于让学生进行创造性思考、理解和应对未来变化与挑战、主动思考可能出现的情况和方案等教学目标。

案例开发者可以研究公司所在的行业中正在发生的创新和变革，结合行业变革趋势和挑战，以"如何面对行业的未来挑战""如何应对新的商业模式""如何迎接市场机遇和挑战"等问题作为决策问题。这类决策问题主要是关于如何应对这种变革，特别是在外部环境变化的情况下，企业该怎么做。例如，"2022中国工商管理国际最佳案例奖"一等奖案例《英赋嘉：数字化转型定义新三方物流》：

1　黄生，黄夏燕，孟圆 . 浙民投要约收购振兴生化（A）：野蛮人来敲门 . 中国工商管理国际案例库，案例编号：FIN-23-009，2023.

身处 5G、IOT 与 AI 融合的万物智联时代，镌刻着传统第三方物流基因的企业，如何进行数字化转型？在迈向"数据链接、技术穿透、网络协同"的新三方物流进程中，英赋嘉如何实现跨越？面对同质性竞争，传统的物流企业如何在数字化转型中蝶变成长？[1]

这类决策问题也可以是公司针对某个具体问题的决策，例如，《慧医天下：阿斯利康中国的互联网熟医患诊疗》中的决策问题：

阿斯利康拥有中国最大的医药销售代表队伍，如何发动这支线下销售力量，将线下的销售优势搬到线上？……如何借助互联网平台进一步赋能医生，走出一条与阿里健康等由医药电商起家的"由药到医"相向而行的"由医到药"的模式？……如何将互联网医院作为阿斯利康商业创新的重要一环，更好地在服务病患中实现商业价值？[2]

面向未来型问题设计难度较低，一般通过访谈就能了解到公司接下来的挑战。这类问题是开放式的，学生发挥的空间更大，切入角度更多。缺点是这类决策问题的"冲突""矛盾"并未充分体现。设计这类问题时，案例开发者还可以对公司所处的商业环境进行趋势分析，关注公司未来可能会面临的挑战和问题。分析技术变化、社会变革、政策调整等趋势对公司的影响，再将其与公司的实践相结合。开发者也可以留意，公司未来的发展战略是否可以作为决策问题，例如，公司发展到一定阶段，可能面对新市场的拓展、出海选择、扩大

1 赵晓敏，于晓宇，李佳卉，蒋茵. 英赋嘉：数字化转型定义新三方物流. 中国工商管理国际案例库，案例编号：OMS-23-007，2023.

2 林宸，刘耿，蒋炯文. 慧医天下：阿斯利康中国的互联网熟医患诊疗. 中国工商管理国际案例库，案例编号：MKT-22-955，2022.

社会影响力等决策，决策问题是如何应对这些挑战。

5.2.4 反思回顾型

这类问题旨在引导学生回顾公司过去的实践，进行反思，从中总结成功或失败的经验教学。例如，"公司在某个节点是如何成功的""如何评价某一项决策或实践"。学生需要对案例中公司的实践进行全面的评估和总结。反思回顾型问题的难度与面向未来型问题相似，优点是相对容易讨论和设计，缺点是在案例公司表现优异的情况下，这类问题很容易让学生从最佳实践的角度去分析公司的关键决策，将公司实践视为"榜样"，把公司的"实践"与其"成功"看作必然联系，甚至因果关系，忽略其他外在的必要因素或条件。反思回顾型问题适用于需要让学生从不同的视角审视公司过去的决策、考虑如何改善或做得更好、分析过往决策的原因、背景以及效果等教学需求。

开发者在设计这类问题的时候，一般在案例中设定一个具体的过去时间，例如，公司在过去几年间运营和发展历程，并提供当时的背景信息，引导学生回顾和思考这段历程中的关键事件和决策。例如，"2020 中国工商管理国际最佳案例奖"二等奖案例《以创新引变革，借 AI 助百业——商汤科技的商业冒险》中的决策问题：

> 商汤何以一跃成为全球领先的 AI 明星企业？这个被外界称为"学院派"的企业是如何在这片全新的"无人区"中快速摸索前行的？它经历了怎样一个由量变向质变的转变过程？[1]

---

1 范小军，汤欣玮.以创新引变革，借 AI 助百业——商汤科技的商业冒险.中国工商管理国际案例库，案例编号：ENT-21-757，2021.

在设计这类问题的时候，案例开发者可以选取公司过去发展中的关键决策点或发展节点，例如公司扩张、产品推广、技术进步等，决策者需要回顾和分析当时的决策情况以及决策的结果，总结经验和教训。"2021 中国工商管理国际最佳案例奖"一等奖案例《极智嘉：AI 仓储机器人企业进阶之路》中的决策问题是关于公司过去的实践总结：

> 在智能时代的浪潮下，极智嘉为什么选择仓储机器人作为其创业方向？在其发展过程中，高昂的投资门槛一度让客户望而却步，极智嘉如何破解客户这个难题？市场顺利拓展带来订单激增，一度让项目实施成为发展的瓶颈，极智嘉又是如何突破这个成长困境的？[1]

其他设计方法还包括进行成功和失败的实践对比，引导学生分别总结出成功和失败的因素；也可以关注公司动态的战略调整过程，引导学生分析公司如何一步步改进的，并给出合理的建议。

除了以上几种类型，决策问题还可以是开放式的讨论，例如，公司针对当下的挑战该如何应对。在哈佛案例库案例《修复脸书公司：假新闻、隐私和平台治理》（*Fixing Facebook: Fake News，Privacy, and Platform Governance*）中，决策问题之一是 Facebook 如何解决用户的隐私担忧。[2] 在哈佛案例库案例《e 袋洗：洗护服务的数字化转型》中，决策问题之一是如何给 e 管家服务定位，其人员的工作职责和绩效指标应该是什么。[3]

1　薛奕曦，龙正琴，于晓宇．极智嘉：AI 仓储机器人企业的进阶之路．中国工商管理国际案例库，案例编号：OMS-22-951，2022．

2　Yoffie D & Fisher D. Fixing Facebook: fake news, privacy, and platform governance. Harvard Business Publishing, Product Number: 720400-PDF-ENG, 2020.

3　Zhu F, Chen W, Chen C & Lin C. edaixi(eWash): Digital Trahsformation of Laundry Services(A). Harvard Business Publishing, Product Number: 617034-PDF-ENG, 2020.

5.3　决策事件的设计

5.3.1　决策者

案例决策者通常是公司 CEO、总裁或者部门经理。决策者的角色和特点可能直接影响到学生对案例情境的理解以及与决策者的情感连接。大多数哈佛商学院的案例（约 80%）中包含决策者。[1] 在决定一篇案例要包含多少人物背景信息的时候，开发者需要审视教学目标，思考学生需要了解多少关于人物的信息来分析案例情境，以及决策者的哪些背景和特点与教学目标相关。[2]

多数情况下，决策者的个人信息对案例分析和讨论不重要，案例开发者一般会提供关于决策者职位的笼统的描述。考虑到决策情境设计中要让学生尽可能与决策者产生共情，设身处地去体会决策者遇到的难题，案例中减少对决策者个性特征的描述可以让更多不同背景的学生与之产生共情。但是，如果决策者的背景信息、性格特点等和教学目标紧密相关，例如，涉及领导风格、创业者特质的分析，案例开发者需要提供关于决策者更为详细的描述。在这些场景下，决策者的性格特点会影响做决策的方式。基于这种情况，案例通常要描述决策者的背景、事业轨道以及他们做决策背后的考量因素。[3] 例如，"2022 中国工商管理国际最佳案例奖"最佳奖案例《奖金风波》对 Eason（团队主管）和 Mariah（员工）的性格特点进行描写（"她的性格比较直率、爽朗……非常看重人际间的平等与尊重"；"Eason 比较注重规矩……习惯于用命令式语气与同事沟通，看重权威"），因为这篇案例中的一个教学目标是从个人、结构和沟

1　Feldberg A C & Mayo A J. Brief note on portraying HBS case protagonists. Harvard Business Publishing, Product Number: 421050-PDF-ENG, 2020.

2　Ibid.

3　Ibid.

通三方面了解组织冲突的原因。个人因素要探讨的是个体在价值观、性格、能力、思维方式、工作风格、情绪等方面存在的差异可能导致冲突。

对决策者的描述会让案例读起来更加有趣[1]，而且也能让相似背景的学生与决策者产生共情，增加他们在阅读和思考案例时候的代入感。学生通过对决策者的了解，可以理解决策者的思考过程，决策者具有怎样的价值观，决策者看重哪些因素。这些信息也告诉学生，如果站在案例决策者的角度，这些价值观需要考虑在内。[2] 在描述决策者的时候，开发者可以适当地运用一些引言。由于引言是决策者本人说出来的话，以第一视角表达自己的想法，引言可以体现决策者的性格特征，让学生通过引言更好地理解决策者，与之产生共情。引言还能很好地避免案例开发者添加自己的主观想法或对决策事件的解读和判断。[3]

对决策者的描述常常包含以下信息：

（1）决策者的角色和职责： 描述决策者在公司或特定情境中的角色和职责。这有助于学生理解决策者的决策权和主要责任，并联系到相关的管理和领导问题。

（2）决策者的特征： 通过描述可以为决策者建立一个具体的形象，包括性格、背景等信息。这些特征应当与决策情境密切相关，这有助于学生更好地理解案例主人公的行为和决策。

（3）决策者的目标和价值观： 描述决策者想要达成的目标、个人的价值观和驱动力。可以通过直接描述或通过主人公的言行表现，让学生通过对主人公目标和价值观的理解，更好地理解公司管理者如何做出决策和行为。

---

1 Davis C, Peters C & Cellucci L. Total case: suggestions for improving case writing［J］. Journal of Case Studies, 2014, 32（1）: 1−9.

2 Pacheco-Velazquez E A, Vazquez-Parra J C, Cruz-Sandoval M, Salinas-Navarro D E & Carlos-Arroyo M. Business Decision-making and complex thinking: a bibliometric study［J］. Administrative Sciences, 2023, (13): 80.

3 Feldberg A C & Mayo A J. Brief note on portraying HBS case protagonists. Harvard Business Publishing, Product Number: 421050-PDF-ENG, 2020.

（4）决策者的职业经历：描述创始人过往的职业经历，可以为决策者的行动、想法以及事件走向提供铺垫。例如，《老爸评测》中对决策者魏文锋的描写："毕业后，魏文锋加入了浙江出入境检验检疫局，从事产品安全监测和产品认证工作……他一干就是十年。"他的职业经历与之后创办老爸测评有关联。

案例开发者应当注意决策者在性别、种族等方面的多元和平等。过去十几年间，案例开发者和出版商曾因案例缺少女性或少数族裔的决策者而受到诟病，或者因对不同背景的决策者（如女性）刻板印象的描写受到批判。[1] 2020年5月，加州大学伯克利商学院的平等、性别和领导力中心发布了一项研究报告，这个报告研究了商学院案例中决策者的多元和包容程度。结果显示，案例如何描述决策者能够反映作者的偏见或者社会广泛存在的偏见，对案例决策者的描述也会影响案例的教学效果。[2]

5.3.2　决策情境

决策情境包括决策时间点、决策地点、决策的层次范围和触发事件。决策情境提供了有关决策问题的"背景信息"（如时间、地点等），为决策问题的提出做铺垫。

关于决策时间点的设计，通常有以下两种方式。案例开发者可以在关键节点引入决策，将决策时间点安排在公司发展的关键节点，例如公司面临重要的战略决策、新产品发布、重新进行市场定位、团队中出现冲突等。

开发者也可以设置连续的决策时间点，也就是说，将案例的时间点设立为

1　Schnarr K & Woodwark M J. How to write great business cases［M］. Ecward Elgar Publishing, 2023.

2　Feldberg A C, Mayo A J & the HBS Case Research & Writing Group. Case writers, think carefully about how you portray protagonists. Harvard Business Publishing, 2021,https://hbsp.harva-d.edu/inspiring-minds/business-case-writers-think-carefully-about-how-you-portray-protagonists［2021-05-26］.

连续的，即一个决策的结果会直接影响下一个决策的情况。连续案例（ABCD系列案例）通常包含连续的时间点，涉及决策事件的演变过程。"2022 中国工商管理国际最佳案例奖"最佳奖案例《奖金风波》包含冲突事件的几个时间点。这样的设计可以让学生感受到决策的连续性，因此增加决策分析的复杂性。

在描述决策时间点的时候，开发者也可以加入有关时间压力的描述，在案例中设置时间限制，即公司需要在有限的时间做出战略决策，例如，"留给决策者的时间不多了""需要尽快给出方案"等描述，以模拟现实商业环境中决策的紧迫感和压力。[1]

在选取决策时间的时候，案例开发者还应该考虑到时效性。在"是什么让案例变得有趣"（*What Makes a Case Interesting*）章节中，Schnarr 和 Woodwark 提到，时间点距现在邻近的案例比时间久远的案例更容易让学生感兴趣，当然，一些经典的、久用不衰的案例除外。特别是如果案例公司或行业在媒体报道中占据热度，或者公司的商业模式近年来发生了颠覆式变化，这样的案例更容易激发学生兴趣。案例开发者还应该注意的是，如果计划将来发表这篇案例，从定稿到发表的时间还需至少一年半，这对于使用案例的学生和授课者而言，决策时间点更加久远。[2]

决策地点是主人公所处的或者决策发生的地点。在某些情况下，决策地点是分析决策问题的考虑因素之一。在跨地区、跨文化的并购、扩张、外派等主题案例中，对决策地点的描述是必要的。

决策的层次范围指的是决策发生在局部还是整体、关系到个人还是组织、造成何种程度的影响或者涉及哪些资源。例如，案例《基美的中国整合团队》中的决策问题有个人层面的，也有组织层面的。在个人层面，案例主人公在接到总部要求整合印尼一家工厂的指令后，内心很纠结，成功则自己前途一片光

1　Schnarr K & Woodwark M J. How to write great business cases［M］. Edward Elgar Publishing, 2023.

2　Ibid.

明，失败则可能离开公司。在组织层面，公司面临整合措施的决策。

触发事件指的是迫使案例决策者必须做出决策、应对挑战（或困难）的直接原因。例如，在"2017 中国工商管理国际最佳案例奖"提名奖案例《神话破灭还是凤凰涅槃？海底捞的后厨卫生危机》（*Haidilao's Crisis Management: Threats, Opportunities and Corporate Values*）中，决策问题是："海底捞如何应对公关危机？"迫使案例决策者必须思考这个问题的触发事件是一则新闻报道，这篇报道披露了海底捞厨房的卫生问题，并引起公众的广泛讨论。

有些案例中，触发事件可能是市场格局的变化、竞争状况的加剧、扩张中新出现的问题等。在"2019 中国工商管理国际最佳案例奖"提名奖案例《肯德基中国：数字化重构竞争优势》中，触发事件是快餐行业发生的变化："快餐行业环境已经今非昔比：受消费升级的影响，健康和享受逐渐成为中国消费者的追求；而中式快餐、小吃等品类的崛起让中国餐饮市场竞争更加激烈……"[1]案例开发者可以关注公司或行业存在的不确定性因素或潜在风险，思考这些"外部信息"会给公司带来哪些挑战，从而找到触发事件。

5.3.3　决策问题

决策问题往往和案例企业所遇到的困难和挑战有关。[2]例如，案例企业在竞争压力增加、市场需求变化、技术革命冲击、组织架构调整等情况下，需要思考和解决的问题。"2018 中国工商管理国际最佳案例奖"最佳奖案例《盒马——中国零售市场的新物种：商业模式演变》中决策问题是盒马在扩张中出现的一系列问题："就在盒马扩张的过程中，来自客户的抱怨也陆续出现，比

---

1 林宸，张驰.肯德基中国：数字化重构竞争优势.中国工商管理国际案例库，案例编号：MKT-20-645，2019.
2 Corey E R. Writing cases and teaching notes. Harvard Business Publishing, Product Number: 399077-PDF-ENG,1998.

如现场管理和服务水平有待提高、商品缺货、加工用餐等待时间长等。"[1] 在描述决策问题的时候，开发者可以结合具体的数据和事实，描述挑战和困难对企业的影响。一般而言，对决策情境的描述包含以下两个方面：

（1）冲突或挑战。 决策问题应当包含对冲突和困境的描述，可以是利益冲突、道德困境、资源限制等，通过这些困境，让学生感受到决策过程中的复杂性，激发学生去思考和探索。"2019 中国工商管理国际最佳案例奖"提名奖案例《深圳信安智能：科创企业的窘境（A）》中决策问题有关创始团队的股权分配，围绕这个决策问题，案例提供了五位创始人对公司的未来市场定位的不同观点和冲突。[2]

（2）目标和潜在影响。 开发者还可以描述决策的目标或决策者期望的结果，让学生了解为什么做决策以及这个决策对公司有哪些影响。在"2019 中国工商管理国际最佳案例奖"提名奖案例《阿里巴巴和京东：战略、商业模式与财务报表》中，决策情境是一名投资助理（决策者）需要分析和比较两家公司的财务报告，而决策的目标是为客户"给出投资建议"。[3]

决策问题可以涉及利益冲突，公司内部不同部门之间的利益冲突、与供应商之间的冲突、与股东、员工、客户的利益平衡，还可以是道德难题，例如，上文提到的老爸测评公司面临需要在经济利益和道德原则之间做出选择，让学生思考如何权衡这两个方面。设定在资源有限的情况下公司如何做出决策。例如，面临资金紧缺或人力资源不足的情况下，决策者如何在有限资源下做出最优决策。在"2016 中国工商管理国际最佳案例奖"提名奖案例《平衡中的

1　张文清，朱琼.盒马——中国零售市场的新物种（A）：商业模式演变.中国工商管理国际案例库，案例编号：ENT-19-584，2018.

2　张文清，赵丽缦，方睿哲.深圳信安智能：科创企业的窘境（A）.中国工商管理国际案例库，案例编号：ENT-20-636，2019.

3　陈世敏，潘鼎文，黄夏燕.阿里巴巴和京东：战略、商业模式与财务报表.中国工商管理国际案例库，案例编号：FIN-20-648，2019.

难题：华润河南医药的供应链实践》中，董事长袁明（决策者）遇到的现金循环困境："公司销售回款太慢，为了维持经营性现金流，只能控制供应商付款……财务费用压力会很大……"[1]

寻找决策问题难度较高，因为多数时候案例开发者需要通过访谈，在与公司高管的交流中准确把握并确定决策问题。开发者可以尽量引导访谈对象（如高管）提供详细的回答，分享他们的决策经验。引导问题可以是："在制定某个重大战略决策时，您考虑了哪些因素？面对某个挑战时，您如何做出决策来解决问题？"当高管提供了关键信息或观点时，可以进一步追问有关决策过程的具体细节。例如："您是如何评估不同选择的利弊的？您是如何协调不同利益相关者的意见做出决策的？"之后，整理和归纳收集的公开信息和高管的观点，从中提炼出适合案例教学的决策问题。

5.4 关键挑战与应对

5.4.1 前期访谈中找不到决策问题怎么办

建议开发者重新审视案例教学目标，思考通过案例期望让学生学到哪些概念、框架和知识点。开发者也可以阅读相关领域的发表案例，寻找灵感；再联系企业，与企业高管进行交流，从他们的见解中寻找决策问题。总之，开发者要保持灵活和开放的思维，在案例开发和写作过程中不断审视和完善决策问题。

大多数情况下，开发者是在多次的尝试和修改中才找到决策问题的，在不断完善中确定最终决策问题。开发者也可以尝试从不同角度寻找决策问题，例如，从利益相关方、不同价值观、组织内部运营难题、外部环境变化等多方面

---

1 赵先德，于峰，王良. 平衡中的难题：华润河南医药的供应链实践（A）. 中国工商管理国际案例库，案例编号：OMS-17-464，2016.

思考，培养对组织中的冲突和潜在决策事件高度的敏感度，从而确定决策问题。最后，开发者可以从学科的理论框架入手，发现理论提示下的潜在决策问题。

5.4.2 如何设计出有趣并有讨论空间的决策问题

设计有讨论空间的决策问题需要呈现不同的角度或观点，能够让学生讨论甚至辩论，并且根据有限的材料找到解决方案。具有明显的争议性或者清晰的张力信息可以增加讨论空间，因为持有不同意见的两方都有坚实的论据基础。另外，只有两个选择的决策问题，如"是与否""要不要去做"等问题在课堂中也很有趣，因为学生不得不选择其中一个阵营。[1]

5.5 本章小结

设计决策问题的目的是让学生站在决策者的视角，针对公司遇到的挑战或困境，综合考虑多种因素，衡量各个选项，并做出决策。通过对决策问题的分析和讨论，可以提高学生分析和评估一个复杂决策情境、解决问题的能力。好的决策问题与教学目标契合，具有复杂性、争议性、挑战性、启发性和足够的讨论空间。

在设计决策问题的时候，开发者需要厘清的问题包括："决策焦点是什么？""谁是决策人物？""为什么决策具有紧迫性？""决策带来哪些影响？""是否包含了争议、对比、冲突、困境或其他能增加案例张力的元素？"

开发者可以设计两难选择型、多项选择型、未来思考型或者反思回顾型决策问题。不同类型的决策问题对于不同情境下的授课者各具吸引力，开发者要

---

1 Schnarr K & Woodwark M J. How to write great business cases［M］. Edward Elgar Publishing, 2023.

思考不同的类型对案例开发有哪些启示。对决策情境的描述可以包含不同的利益相关者、不同规划带来的影响、组织遇到的挑战，激发学生思考和探索的兴趣，与管理决策者进入一个情境。

案例开发者可以和访谈对象一起确定决策问题，可以问公司高管："每个案例都有一个有趣的故事和一个决策问题，学生需要对决策问题进行讨论，您认为您的公司遇到的哪些问题可以让学生觉得有趣？"开发者也可以结合学术理论寻找潜在决策问题，在对课程内容和相关理论熟悉后，对该领域的决策问题也会更加敏锐。例如对于组织行为学的开发者，可以设计关于人力资源的设计、招聘、培训等方面的决策问题，对相关理论的理解可以帮助开发者设计潜在的决策问题。[1]

决策问题可以涉及各个领域和层面，如战略、组织、运营、营销等。开发者需要综合考虑企业面临的多个方面和因素来设计适合课堂教学的决策问题。大多数情况下，开发者是在多次的尝试和修改中才找到决策问题的。

锦囊10

关注决策问题的核心要素

决策问题是案例讨论的焦点问题，是案例主人公需要思考、权衡并做出决定的关键问题。对决策问题的描述包含三个基本要素：决策时间点、决策者、决策情境。决策时间点可以是公司发展的关键节点。案例决策者通常是公司 CEO、总裁或者部门经理。决策情境应该围绕一个有趣的、可能引起冲突的事件。决策事件往往和案例企业所遇到的困难和挑战有关。好的决策问题应当具有复杂性、争议性、挑战性、启发性和足够的讨论空间。

---

1 Roberts M J. Developing a teaching case（abridged）. Harvard Business Publishing, Product Number: 901055-PDF-ENG, 2001.

锦囊11

兼顾教学目标和企业实践

"教学目标"和"调研访谈"（如果是图书馆案例，就是"案头研究"）是案例开发者探寻决策问题时思考的两端：一是想明白教学目标是什么，想通过案例让学生学到哪些概念、框架和知识点；二是从实地调研中判断存在哪些潜在的决策问题。这两端相向而行，相互启发，案例开发者应当不断地审视这两个方面。

锦囊12

了解决策问题的常见类型

常见的决策问题有四种类型：两难选择型、多项选择型、反思回顾型和未来思考型。结合教学需求和调研结果，再确定合适的类型。开发者在走进一家企业或查找公司资料的时候，能够有意识地对这几类潜在决策问题做出判断和筛选。

案例正文写作 [1]

精心编写的教学案例是连接理论与实践的重要桥梁。本章将深入探讨如何把真实商业事件转化为富有意义的学习材料，详细讲述案例编写的技巧与方法，并探索如何通过这些案例激发学生的思考和讨论，实现教学的目标。我们将逐步展示如何构建内容丰富、结构合理、能够真实反映商业挑战的教学案例。这些案例不仅加深了学生对商业理论的理解，更重要的是提高了他们解决实际问题的能力。

6.1　案例正文和教学笔记的区别

在探讨如何编写高质量的教学案例时，深刻理解案例正文与教学笔记之间的差异至关重要。案例正文和教学笔记扮演着不同但互补的角色，共同构成一个完整的教学案例。它们紧密相连，但目的、内容和风格却截然不同。

1　本章作者：黄夏燕。黄夏燕，博士，中欧案例研究员，主要关注金融、财务、战略、创业和营销等领域。多篇案例被国际主流案例库收录，曾荣获"中国工商管理国际最佳案例奖"最佳奖、一等奖和提名奖，案例进入哈佛案例库畅销榜单。

案例正文犹如一部精心制作的纪录片，其目标是客观、真实地呈现事实。作为学员直接阅读的材料，案例正文需要讲述一个引人入胜的故事，通常涉及某个组织或个人在特定情境下所面临的挑战或决策。它应该提供丰富的事实、数据和情境描述，以使学员能够基于这些信息进行深入的分析和讨论。在这个过程中，保持客观性和中立性至关重要，避免提供明确的指导或结论，让学员自行挖掘故事的多层次含义。

如果说案例正文是提供给学员的"地图"，那么教学笔记则担负着教师的"指南针"角色。教学笔记是专门为教师准备的，它们提供了关于如何引导课堂讨论、深入核心问题以及揭示案例教学价值的指导。教学笔记包括案例分析的关键要点、可能的讨论方向以及与理论联系的建议，其目的在于帮助教师有效地管理课堂讨论，达成教学目标。

总的来说，案例正文和教学笔记相互依存，前者呈现故事，后者指导讨论，二者共同营造了一个充满启发和互动的学习环境。通过这独特的结合，教学案例成了一种强大的教育工具，不仅能传递知识，更能激发思考和深刻理解。

6.2 案例的结构设计

6.2.1 建立清晰的逻辑结构

在编写案例正文时，确立清晰而有逻辑的结构显得至关重要，这有助于提高学员的兴趣，确保他们顺畅理解案例内容，并在课堂上进行有效的讨论。如同一部引人入胜的电影或小说，一篇优秀的案例正文需要具备一个引人入胜的开篇、一个逐层深入的中间过程，以及一个引发深思的结尾。

6.2.1.1　开篇：设定背景和引入主题

（1）吸引注意力。在案例正文开篇，迅速吸引学员的注意力是至关重要的，可以通过提出引人深思的问题、描述充满挑战的情境或讲述相关故事的方式实现。例如，案例可能以企业面临的突发市场变化为起点，或围绕一个重要的道德决策展开。这种开篇方式不仅能迅速抓住学员的注意力，还能激发他们的好奇心，使他们迅速建立起与案例主人公的情感联系，更容易融入案例情境。

（2）设置场景。在开篇之后，案例应迅速而详尽地介绍其背景，包括历史、关键人物、组织结构、市场环境、行业特点等。对于企业管理案例，可能涉及详细描述企业的市场地位、竞争对手、内部管理结构等。这些背景信息不仅要事实清晰，还应有助于构建整个案例的情境。使用生动的语言描绘场景，让学员能够在心中形成清晰的图像，理解案例的背景。

（3）介绍主角。案例中的关键人物也需要明确介绍。这些人物可能是公司的高管、关键决策者或是面临特定挑战的团队成员，不仅要介绍他们的角色、职责和背景，还需要揭示这些关键人物的内在动机和目标。例如，一个高管可能在追求业绩增长的同时处理内部管理的挑战。对角色和动机的深入介绍有助于学员更好地理解案例中的行为和决策。

（4）引出问题。案例的核心是清晰地界定主要的问题或挑战。这个问题可以是一个具体的商业挑战、一个道德困境或是一个战略决策点。关键是这个问题足够复杂，能够引发深入的思考和讨论。此外，这个问题应该与当今的商业环境和现实世界的挑战相关，以增加案例的现实意义和教育价值。通过这样的设置，案例从一开始就为后续的深入讨论奠定了基础。

6.2.1.2　中间：详细叙述发展过程

（1）有序的信息展示。案例正文的中间部分是构建故事的关键区域。在这一部分，作者需要确保信息的呈现方式既有逻辑性又易于跟随。这意味着每个事件或论述都应按照一个明确的顺序排列，以便学员可以顺畅地从一个点过渡到另一个点。例如，如果案例涉及一个复杂的商业决策过程，作者应该按照事件发生的时间顺序或按照逻辑重要性的顺序来组织材料，确保学员能够清晰地理解每个决策的前因后果。

（2）**平衡细节和清晰度**。在提供详细信息的同时，还需要注意保持整个案例的清晰和简洁。这一平衡是至关重要的，因为过多的细节可能会使学员迷失方向，而信息不足则可能导致误解。因此，作者需要仔细挑选哪些细节是必要的，哪些可以省略。例如，在描述企业的市场策略时，重要的是突出策略的关键元素和它们如何影响整体业务，而不是深入到每一个微小的执行细节。

（3）**数据和证据**。案例中引入的数据和证据应该旨在支持核心论点，并帮助学员更好地理解案例的各个方面。这些数据和证据应该是准确无误的，并且直接相关。例如，在分析一家公司的财务表现时，引入具体的销售数据、市场份额等可以帮助揭示更广泛的业务趋势和挑战。同时，这些数据应该从可靠的来源获得，并在案例中进行适当的引用。

（4）**探讨不同视角**。一篇高质量的教学案例应当呈现多个视角，鼓励学员从不同的角度来思考和分析问题。这不仅能增强案例的教育价值，还能提高参与度和思辨性。例如，在讨论一个管理决策时，除了从公司高层的角度分析外，还可以考虑员工、竞争对手甚至客户的观点。这种多视角的探讨有助于揭示更复杂的商业动态，促使学员在课堂讨论中提出更深入、更全面的见解。

6.2.1.3　结尾：留下开放式结局

（1）**总结事件**。案例的结尾从对主要事件和发展进行简短总结开始。作者需要精炼地概括案例中的关键时刻和主要冲突，以便学员能够回顾并整合他们所学到的信息。这不仅是对案例内容的回顾，而且是为接下来的讨论和深入分析做准备。通过总结，作者帮助学员将注意力重新聚焦在案例的核心议题上，从而为深入的课堂讨论铺平道路。

（2）**提出开放式问题**。这是教学案例中至关重要的一环。作者应避免提供明确的答案或结论，而是提出那些能激发思考和讨论的问题。这种结尾方式鼓励学员从案例中提炼出关键的教学点，并自行探索多种可能的解释和结论。开放式问题可以包括对案例中未解决的挑战的思考，或者邀请学员对案例中的关键决策提出自己的见解。

（3）**关联到教学目标**。在设计结尾时，确保它与案例的教学目标紧密相连至关重要。即使结尾是开放式的，它也应指向案例旨在探讨的核心议题或问题。例如，如果案例的目标是探讨特定的管理理论，那么结尾部分应鼓励学员就该理论在实际情境中的应用进行思考和讨论。

（4）**预留讨论空间**。确保案例的结尾留有足够的空间供学员进行思考和探索。这个空间允许学员基于案例的内容，提出自己的见解、疑问和批判。这种探索不仅限于案例所描述的具体情境，还应包括更广泛的概念和理论的应用。提供足够的讨论空间对于促进学员之间的互动和对案例深层次理解至关重要。通过这种方式，案例不仅能成为知识的传递工具，更能成为激发创新思维和批判性分析的平台。

6.2.2　编排时间线和事件流

编排时间线和事件流是案例编写中的关键环节，决定了案例的叙事节奏和逻辑连贯性。我们应该遵循以下步骤：

步骤一：确定时间线框架。首先，需要明确案例的时间跨度——是集中在几小时、几天，还是延伸到数月甚至数年？选择一个合适的时间跨度有助于学员更好地把握事件的发展和变化。例如，若案例聚焦于一个战略决策的制定过程，可能需要涵盖数月的时间线；而对于一个突发事件的应对，则可能仅需几天的时间跨度。

步骤二：安排事件顺序。在确定了时间框架后，接下来要确定事件的具体顺序。这里有两种主要方法：线性（按时间顺序）和非线性（打破时间顺序）。

线性安排：按照时间的自然流逝顺序排列事件。这种方式直观、易于理解，适合大多数案例，特别是那些重点在于展示事件发展过程的案例。

非线性安排：故事可以从中间或结尾开始，然后通过回溯来揭示关键事件。这种方式可以增加悬念和兴趣，适用于想要强调某个特定时刻或结果的案例。

步骤三：构建事件流。事件流是连接各个事件点的线索。在这一步骤中，关键是确保事件之间的逻辑联系。每个事件都应为下一个事件做铺垫，确保整个案例的连贯性。此外，要注意信息的分配，确保在案例的各个阶段都有足够的信息支持，避免在某个部分信息过载而在其他部分信息不足。

步骤四：高潮和低潮的安排。在整个案例中，需要适当地安排情节的高潮和低潮。高潮通常是案例中最紧张、最充满冲突的部分，它是推动故事发展的关键。而低潮则是情节的平稳部分，可以用来提供背景信息，或者让学员思考和消化已经发生的事件。合理安排这些高潮和低潮，可以使案例更具吸引力，同时也为教学中的讨论留出空间。

步骤五：审视和调整。最后一步是回过头来审视整个时间线和事件流。检查是否所有事件都清晰地串联起来，是否有逻辑上的漏洞或不连贯的地方。必要时，对时间线进行调整，以确保最终的案例既有教育意义，又具备吸引力。

6.2.3　强调关键环节和转折点

在编写教学案例时，准确识别并生动描绘关键环节和转折点对于构建引人入胜的叙述至关重要。这些环节不仅是故事的高潮部分，同时也是激发学员深入思考和讨论的核心。

关键环节是案例中最能体现其教学价值的要素。这些环节可能包括对企业或个人面临的挑战的详细描述、关键决策的制定过程，或是关键事件的发生。它们是案例的核心，围绕这些环节，案例的其他部分应进行有力的补充和深入阐述。

转折点是案例中出现的意外事件或决策，通常能够改变情节的方向或增加案例的复杂性。这可能是一项战略性商业决策、突如其来的市场变化，或者是一个关键角色的行动改变。转折点对于维持案例的张力和吸引力至关重要。它们促使学员从不同角度分析情况，挑战他们的思维模式。

在案例中，每个关键环节和转折点都应该得到充分展开，包括详细描述背景信息、涉及的人物、事件发生的环境和可能的后果。此外，还应提供足够的数据和事实支持，使学员能够基于这些信息进行深入分析和讨论。

具体描述：对关键环节和转折点的描述应尽量具体，避免模糊和笼统。详细的场景设置、人物对话和情感描写可以使案例更加生动，帮助学员更好地沉浸在案例中。

情境模拟：尝试从多个角度模拟和展现转折点，包括不同人物的视角、不同的时间节点等。这种多元化的展示方式可以提供更加丰富的讨论素材。

引发思考的问题：在关键环节和转折点的描述后，可以设置一些开放式问题，引导学员思考可能的替代方案、潜在影响和决策背后的逻辑。

6.3　撰写案例正文

撰写教学案例正文是一项烦琐而至关重要的任务。在这一过程中，作者需要在保持客观中立的前提下，提供充分准确的信息，通过生动的情景和描述吸引学员。

6.3.1　描述背景与情境：保持客观和中立

（1）深入调研。教学案例的背景与情境撰写过程中，深入调研是至关重要的第一步。这一阶段的目的在于全面了解企业的历史发展、企业文化、市场定位以及面临的主要挑战。除了分析企业过去的决策和转折点，还需了解其在行业中的竞争态势。详细的历史回顾有助于揭示企业的成长轨迹和关键问题。此外，深入了解企业内部文化可揭示影响决策和业务运作的隐性因素。这种调研除了依赖于公开资料如年报、新闻报道、市场分析报告，还可能涉及与公司负责人、员工或行业专家的交流，以确保信息全面深刻。

（2）展现全景。在描述案例背景与情境时，应提供一个宏观视角——不仅包括对单一企业的关注，还需考虑整个行业的背景、市场发展趋势以及相关的政策环境。例如，若案例涉及科技公司，应包括技术发展趋势、市场需求变化以及可能影响该行业的政策变动等方面。这种宏观视角有助于学员理解企业运营的外部环境，为案例中的具体问题和决策提供更广泛的背景理解。同时，这样的背景描述有助于学员识别和理解企业所面临的外部机遇和威胁。

（3）避免偏见。在案例撰写过程中，保持客观和中立至关重要。在描述企业决策和面临挑战时，作者应避免表达个人观点或偏见。案例应基于事实和数据，而非作者个人主观判断或推测。例如，在描述企业的争议性决策时，不应提供主观的好坏评价，而应客观展示决策的背景、过程以及可能的结果。这种客观叙述方式有助于维护案例的学术和专业性，也为教学讨论提供了一个开放和多元的基础。

（4）多角度展示。在描述背景与情境时，采用多角度的展示方法非常有效。要从不同利益相关者的角度出发,展现问题的多维度性。例如,可以从员工的角度探讨他们对企业决策的反应和感受;可以从管理层的视角分析决策背后的逻辑和挑战;从客户的角度评估产品或服务的接受度;可以从竞争对手的角度分析市场竞争态势。通过这种多角度的展示,案例不仅能够提供更全面的信息,还能激发学员从不同视角思考问题,增强案例的教学效果。

6.3.2 展示数据和事实:确保信息的准确性和充分性

确保数据的准确性和充分性是撰写高质量教学案例的关键环节,不仅涉及案例的可信度,还直接影响学员的学习体验和教学效果。

(1)**确保数据准确**。案例正文中提供的数据,必须是经过验证的,来源应当是可靠的。例如,若案例涉及一家公司的财务状况,财务报表的数据应当来自公司公布的官方报告或经过审核的财务数据。市场数据应来源于公认的市场研究机构或政府公布的统计信息。用户统计数据也应来自信誉良好的数据源。错误的数据不仅会误导学员,还可能影响到案例的整体可信度。

(2)**引用权威来源**。当案例涉及特定行业的数据或某项研究的结果时,引用的来源应该是行业内公认的权威机构或经过同行评议的研究成果。同时,明确标注数据的来源也是非常必要的,这不仅是学术诚信的体现,也方便学员在需要时回溯和查证信息。

(3)**平衡信息量**。案例应提供足够的信息支持分析和讨论,但也需避免信息过度冗杂。过多的信息可能使学员感到困扰,难以集中注意力在案例的关键点上。因此,选择与案例讨论直接相关的信息是关键。例如,若案例讨论公司的市场扩张决策,那么与该决策相关的市场分析、竞争对手情况以及潜在风险的信息就是必要的,而公司的其他不相关业务信息则可简化或省略。

(4)**视觉辅助**。图表、流程图和时间线等工具不仅可以使数据和信息更加直观，还能帮助学员更好地理解复杂的概念或过程。例如，在讨论公司的财务状况时，使用图表展示收入、支出和利润的趋势，会比单纯的数字更容易理解。在描述一个复杂的项目进程时，流程图或时间线可以帮助学员清晰地看到各个阶段和关键节点。

6.3.3　构建情景和对话：提升案例的可读性和互动性

（1）**情景模拟**。情景模拟的目的是让学员沉浸在案例的环境中，仿佛他们亲身经历了所描述的事件。例如，在撰写关于企业战略调整的案例时，可以构建一个详细的会议室场景：描述会议室的布置、参会人员及其排座。如果是市场调研，可以描绘市场的具体情况，如顾客的反应、竞争对手的行为、市场的声音等。这种细致的场景设置不仅能帮助学员更好地理解情境，还能增强他们对案例的感知和记忆。

（2）**生动对话**。对话是案例中最具生命力的部分，它能让情景变得更加真实和生动。在撰写对话时，要注意反映说话者的性格特征和情感状态。例如，在描述管理层的战略讨论时，可以展示他们在讨论中的思考过程、决策的依据以及他们对不同观点的反应。员工的日常对话可以揭示公司文化和工作氛围。

（3）**情绪渲染**。通过描绘情绪和氛围，案例的叙述可以变得更加引人入胜——可以描述人物面对挑战时的紧张感、达成共识时的兴奋、面对困难决策时的犹豫和困惑。这种情绪的描绘不仅能够帮助学员更好地理解案例中的人物，还能够增强故事的吸引力，使学员能够更加投入。

（4）**互动性提问**。在案例中穿插开放性问题或反思点，是提高案例互动性的有效方法。这些问题可以是关于案例中的关键决策、策略选择或道德困境的，旨在引导学员深入思考，挑战他们的观点。例如，在案例的关键转折点后问："如果你是公司的 CEO，你会如何决策？"或者在描述一个道德困境时问："这种情况下坚持原则和追求效益之间应该如何平衡？"这样的问题不仅能够激发学员的思考，也能够为课堂讨论提供丰富的素材。

6.4 引发思考和讨论

6.4.1 增加复杂性和争议性

（1）**识别多维问题**。在开发教学案例时，一个关键步骤是确保案例覆盖多个层面的问题——不仅应包括经济层面，如成本效益分析、市场趋势、财务健康，还应涉及社会层面，如影响员工福祉、顾客满意度和社会责任。技术方面可能涉及创新的应用、技术挑战和安全性问题。伦理方面的考量可能包括道德困境、法律合规性及其对企业声誉的影响。通过融入这些多维的元素，案例不仅提供了一个情景模拟，更成了一个复杂的现实世界问题的缩影，促使学员必须综合考虑多方面的因素，从而提升他们的综合分析能力。

（2）**引入不同观点**。为了增加案例的真实性和深度，引入来自不同背景和立场的关键人物的观点非常重要。例如，管理层的观点可能与基层员工的看法截然不同，供应商和消费者的需求可能也大相径庭。通过展现这些多元化的视角，学员被鼓励去思考和理解不同利益相关者的需求和动机。这不仅增加了案例的复杂性，还为学员提供了从多个视角分析和解决问题的机会。在这种情境下，学员可以学会在解决问题时考虑到不同人的观点和需求，从而做出更全面和均衡的决策。

（3）**构建情境冲突**。案例中的冲突是提升其复杂性和争议性的关键。内部冲突，如管理层之间的意见分歧或不同部门之间的目标冲突，为案例增添了内在的动态性和不确定性。外部挑战，如市场的快速变化、竞争对手的新策略或法规的变动，也为案例带来了额外的复杂层面。通过这些内部和外部的冲突，学员可以从多个角度来分析问题，并寻找解决这些冲突的策略。这样的设置不仅增加了案例的真实感，而且促使学员在寻找解决方案时进行更深入和创造性的思考。通过这种方式，案例不仅能成为一个学习工具，而且能成为一个激发创新和批判性思维的平台。

6.4.2 设计开放式问题和讨论点

（1）提出探索性问题。在教学案例的结尾部分，提出一系列开放式问题是至关重要的。这些问题的关键在于，没有固定的"正确"或"错误"答案。相反，它们应该鼓励学员运用课程中学到的理论、方法和框架，对案例中的情况进行全面和深入的分析。例如，可以提出问题，如："如果你是公司 CEO，你会如何解决这个问题？"或"你认为哪种策略最有效，为什么？"这样的问题不仅促使学员将理论与实践相结合，而且还鼓励他们考虑多种可能的解决方案。

（2）鼓励批判性思维。设计问题时，应特别强调批判性思维的重要性。鼓励学员不仅要接收案例中的信息，还要质疑其中的假设、逻辑和结论。例如，可以提出问题如："案例中的哪些假设可能不成立？"或"这种情况下还有哪些其他可能的解释？"通过这样的问题，学员被鼓励去探索案例的不同层面，挑战现有的观点，从而培养他们从多个角度分析和解决问题的能力。

（3）促进多元视角交流。一个有效的教学案例应该能够激发来自不同背景的学员之间的交流和讨论。设计问题时，可以有意识地鼓励学员从他们自己独特的文化背景、专业领域或职业角色的角度来考虑问题。可以提出问题："不同行业的专业人士可能如何看待这个问题？"或"不同文化背景下，可能有哪些不同的解决策略？"这种方法不仅增加了讨论的深度和广度，而且还促进了学员之间的相互理解和尊重，为他们提供一个从多元视角看待问题和解决方案的机会。

6.4.3　避免提供直接答案或倾向性观点

（1）**保持中立性**。案例作者在撰写案例时必须保持客观和中立的态度。在描述事件、人物或业务决策时，作者应避免加入个人的偏见或倾向性观点。例如，在描述一家公司的市场策略时，应避免使用带有评价性的语言，如"非常成功的策略"或"错误的决定"。应该以事实为基础，如提供市场数据、业务结果，让学员自行分析和评价。这种中立的叙述方式有助于避免在学员心中形成预设的结论，从而激发他们自己的思考和分析。

（2）**避免明示或暗示答案**。在案例的叙述中，应避免使用任何可能直接或间接指向某一"正确答案"的语言。案例的目的是促进学员的批判性思维、分析能力和创新思考，而不是引导他们得出预设的结论。因此，案例中的问题和情境应设计得开放而有挑战性，鼓励学员从多个角度进行思考和讨论。例如，可以问："这家公司面临的主要市场挑战是什么，有哪些潜在的应对策略？"这样的开放式问题促使学员探索多种可能的答案，而不是寻找单一的"正确"解决方案。

（3）**提供多元解释的可能**。确保案例中的信息和数据支持多种合理的解释和分析。这种开放性的设计使得学员可以在讨论和分析时自由地探索不同的可能性，而不受限于单一视角或答案。例如，如果案例涉及一个公司的财务危机，应提供足够的背景信息，如经济环境、公司历史、管理决策等，以便学员可以从多个角度分析危机的原因和可能的解决方案。这种多元解释的可能性不仅增加了案例的教育价值，还能培养学员在复杂情境下进行综合性思考的能力。

6.5 案例的格式与风格

6.5.1 符合写作规范的语言和风格

在撰写教学案例时，采用恰当的语言和风格对于确保案例的有效性和可接受性至关重要。

（1）**简洁明了**。在撰写教学案例时，案例作者应当采用简洁而清晰的语言。避免使用复杂的行业术语或专业词汇，以确保不同学术和专业背景的学员都能轻松理解案例内容。此外，简单直接的句子结构有助于避免误解，使信息传递更加高效。例如，可以用易于理解的日常语言解释复杂的经济理论，而不是过度依赖专业术语。

（2）**客观中立**。案例的语言应保持客观和中立。在描述事件、情况或数据时，作者应避免加入个人意见或偏见，以免影响学员的独立思考和分析。例如，在描述商业决策时，应避免使用带有倾向性的用词，如"明智的"或"错误的"，而应坚持事实陈述，如"根据市场分析"或"面对竞争压力"。

（3）**遵循事实**。案例应严格遵循事实。所有提供的信息和数据都应基于可靠的来源，避免任何形式的虚构或夸张。这一点对于维持案例的真实性和教育价值尤为关键。例如，使用真实公司的财务报表数据而非假设的或模拟的数据。

（4）**适度描述**。案例的描述应适度，既要提供足够的背景信息以构建场景和上下文，又要避免不必要的细节，以保持案例的焦点和紧凑性。作者应在详细描述关键事件和背景的同时，避免引入与案例讨论目标无关的信息。在商业案例中，详细描述公司的历史可能是重要的，但过分深入无关的产品细节则可能会分散注意力。

6.5.2　控制字数和页数

在编写高质量的教学案例时，需要严格控制字数和页数，因为它直接影响到案例的清晰度和可读性。

（1）建议篇幅。对于中文案例，建议的字数上限是 10 000 字，而对于英文案例，则建议不超过 6 000 个单词。这种限制有助于保持内容的精炼和焦点集中，同时也考虑到了学员的阅读负担。在页数方面，包括附录在内，中文案例的总页数不宜超过 12 页，英文案例则不宜超过 15 页。这样的页数限制旨在促使案例作者集中于最关键的信息，同时保持文档的紧凑和高效。

（2）关键信息优先。在撰写案例时，作者应优先考虑包含所有必要和关键的信息，确保每个部分都对学习目标和讨论焦点有直接的贡献。避免冗余，这可能会分散学员的注意力，或使案例的主要论点变得模糊。作者应聚焦于案例的核心议题，尽量精简边缘或次要的信息。

（3）有效编辑。撰写案例的过程中，应该不断审视文本，以确保内容的紧凑和相关性。删除重复的信息，重组段落以提高逻辑流畅性，或者精简不必要的文字，使案例更加清晰和有力。

（4）附录使用。附录用于处理那些对于理解案例有帮助但不是正文核心部分的辅助性或背景性信息。例如，详细的数据表格、参考文献列表或者补充阅读材料都可以放入附录。这样做的好处是，它允许主文保持紧凑和集中，同时为感兴趣的学员提供了深入探究的机会。通过这种方式，附录成了增强案例内容而不是分散注意力的工具。

6.5.3　格式和排版要求

良好的格式和排版是教学案例编写中不可忽视的重要方面，它不仅能提高文档的可读性，还能展现作者的专业性。为了实现这一目标，必须注意以下几个关键点：

（1）**统一的字体与字号**。在整个文档中使用统一的字体和字号。推荐选择易于阅读的标准字体，如中文的宋体或英文的 Times New Roman。这些字体因其清晰度和可读性而广受欢迎。同时，确保全文的字号保持一致，通常正文可以选择 12 号字体，这既确保了文档的整洁性，又便于阅读。

（2）**清晰的段落分隔**。段落分隔的清晰性对于增强文档的结构和流畅度至关重要。每个新的观点或主题应该开始一个新段落，这有助于学员更好地理解和跟踪案例的进展。段落的开头应适当缩进，或者通过留出空行来明确区分，这样可以帮助学员视觉上区分不同的部分。

（3）**使用分级标题**。为了帮助学员快速定位和理解案例的不同部分，使用不同级别的标题是非常有效的。主标题应该更加突出，可以通过加粗或使用更大的字号来实现。小标题或子标题则用于区分文档内的各个部分或小节，它们应该比主标题小，但仍足以引起注意。合理运用标题和小标题可以极大地提高案例的组织性和易读性。

（4）**运用列表和项目符号**。当涉及要点、步骤或任何需要强调的元素时，使用列表和项目符号是一种有效的方法。它们不仅使文档看起来更加整洁，也使信息的传递更加清晰。无论是使用项目符号列表还是编号列表，都应保持一致的格式，以便于学员理解和记忆。

（5）**利用图片和表格**。在某些情况下，图片和表格可以大大增强文本的解释性和吸引力。它们应该用来辅助说明复杂的概念或数据。所有的图片和表格都应该是高质量的，并且直接与案例的内容相关。重要的是，每个图片和表格都应有清晰的标题和必要的说明文字，以便学员可以轻松理解它们的含义。

6.6 案例的审核与修改

案例初稿完成后，可以邀请专业人士参与审稿。

6.6.1 审核案例的结构和内容

在审稿阶段，重点是评估案例的结构和内容是否符合教学目标和学术标准。这一过程对确保教学案例的有效性和专业性至关重要。以下是审稿过程中应遵循的几个关键步骤：

（1）核对结构完整性。一个高质量的教学案例应具备完整的结构，包括清晰的背景介绍、事件发展历程、重要数据的展示以及关键的决策点。这种结构有助于学员理解案例的上下文，并更好地参与案例讨论。要检查案例是否按照逻辑顺序组织，确保信息流畅传达。一个良好构建的案例能够引导学员沿着预定的思路进行分析和讨论，同时避免混乱和误解。

（2）内容准确性审查。在审核过程中，对案例中提供的事实、数据和引用的准确性进行严格审查。这些信息必须基于可靠和权威的来源，以确保案例的真实性和可信度。所有数据和事实应与案例的主题紧密相关，且必须确保信息是最新的，特别是在快速变化的行业和领域中。这样不仅有助于增强案例的教育价值，而且能够提升学员的学习体验。

（3）评估教学价值。一个有效的教学案例应包含足够的复杂性和争议性，以激发学员的思考和讨论。案例应该促使学员运用所学的分析方法、工具、概念、框架或理论来解决实际问题。案例中的问题和挑战应既不过于简单，也不应无解，以保证学员在讨论和分析过程中既感到挑战也能得出有意义的结论。

（4）检查客观性和中立性。在审查案例正文时，确保其保持客观和中立非常关键。应该避免任何可能引导学员得出预设答案的语言或表述，避免主观的描述、对企业决策的解释或确认，以及对主人公的心理活动的肯定。

6.6.2 反馈和修改建议

（1）**提供详细反馈**。在审稿过程中，遇到需要改进的地方，重要的是要提供具体、明确且有针对性的反馈。例如，如果在案例的背景描述部分缺乏必要的行业背景信息，审稿人可以具体指出需要补充哪些行业数据、历史背景或市场趋势，以增强案例的深度和实用性。如果某个关键事件的描述不够详尽，建议指明需要添加的具体细节，如事件发生的时间、地点、涉及的主要人物及其作用。

（2）**建议具体修改**。审稿人在指出问题的同时，提供具体的修改建议是非常重要的——不仅能帮助作者理解如何改进案例，还能节省他们修改的时间和努力。例如，如果案例的某个部分组织结构混乱，审稿人可以具体建议重新安排段落顺序或合并相关内容，以提高逻辑性和流畅性。如果案例中的数据分析部分过于复杂，审稿人可以建议使用图表或简化的说明来增强其清晰度和易于理解性。

（3）**鼓励多轮修订**。优秀的教学案例往往不是一蹴而就的，它们需要经过多次的修订和完善，鼓励作者根据反馈进行多轮修改。在这个过程中，作者可以从不同角度审视案例，逐渐提炼和完善其内容。审稿人应该强调持续改进的重要性，并鼓励作者保持开放的心态，接受不同的意见和建议。

6.6.3 最终稿件的确认

在经历了多轮的审稿和修改之后，最终稿件的确认需要确保几个重要标准得到满足：

（1）**满足评审标准**。需要确保在初稿审查中提出的所有问题都已经得到妥善解决。无论是关于案例内容的准确性、数据的可靠性，还是结构和逻辑的清晰性，所有这些方面都需要再次审视，确保没有遗漏。

（2）**清晰且专业的呈现**。最终稿件应该使用简洁明了的语言，避免不必要的复杂表达。专业术语的使用应当恰当，既能准确传达专业概念，又不至于过于晦涩难懂。此外，格式的规范性也是不可忽视的，包括字体大小、标题层级、段落排版等，这些都直接影响到案例的可读性和专业性。

（3）**适宜的案例长度**。根据教学案例的写作规范，最终稿件的长度也是一个需要注意的点。过长或过短的案例都可能影响其教学效果。因此，要根据规定的字数和页数要求进行最后的调整，确保案例既充实又精炼。

（4）**确认最终版本**。在作者和审稿人之间达成共识后，确认案例的最终版本，这一版本将作为教学资源使用。

6.7　本章小结

本章探讨了撰写高质量教学案例正文的核心要素和技巧。优秀的教学案例远超过简单的事件描述。它们是精心设计的教育工具，旨在激发学员的思考、促进深入的课堂讨论，并帮助他们对所学知识有更深的理解。在撰写案例时，选择一个合适且引人入胜的讨论焦点至关重要。这个焦点不仅要具有教育意义，还要能够引发学员的兴趣，使他们愿意投入时间和精力进行分析。

构建一个清晰、逻辑性强的案例结构是另一个关键要素。一个好的结构不仅能帮助学员更好地理解案例内容，还能引导他们沿着合理的路径进行思考。此外，确保提供的信息既准确又充分也是至关重要的。信息应该基于可靠的数据和事实，旨在支持案例中的论点和分析。同时，保持语言的简洁和客观性是必不可少的。这不仅有助于提高案例的可读性，也保证了信息的准确传递，避免了任何可能的误解或偏见。

案例的复杂性和争议性是其生命力所在。这些特点不仅为学员提供了丰富的讨论素材，还挑战了他们的思维模式，促使他们从多个角度审视问题。这种多维度的思考对于培养批判性思维和解决问题的能力至关重要。在此过程中，维持客观和中立的立场是非常重要的。案例写作应避免任何形式的主观引导，避免预设"正确"的答案。相反，它应该鼓励学员自由探索，基于案例提供的信息来形成和表达自己的观点。

综上所述，一篇高质量的教学案例正文不仅要信息严谨、结构清晰，还要具有挑战性和启发性，能够引导学员进入一个真实的商业环境，利用他们所学的理论和方法来分析情境、做出判断。

案例的目标不仅是撰写一个故事，而且是创造一个能够激发学习者思考和讨论的教学工具。以下是给读者的一些建议：

（1）深入研究主题。在撰写案例之前，需要对主题进行深入研究。不仅要收集和理解案例中的基本事实和数据，还要深入了解相关行业的背景、参与企业的文化和历史。例如，如果案例涉及一个技术创新公司，案例作者要了解该公司的成立历程、核心技术、市场定位以及面临的行业挑战等。这种深入的了解不仅可以增强案例的真实性，提供更丰富的教学内容和讨论点，而且可以帮助作者更准确地把握案例的关键元素。

（2）与实践者交流。与案例中涉及的企业或行业的实践者交流，可以获得宝贵的第一手信息，使案例更加生动和真实。这种交流可以通过访谈、观察或参与相关活动进行。通过与实践者的对话，可以了解到案例背后的故事，包括决策过程中的考虑因素、企业文化对策略的影响以及行业内的动态变化。这些信息是书面资料无法提供的，它们不仅使案例内容更加丰富，还能帮助学员在学习过程中形成更深刻的认识。

（3）保持中立和客观。在撰写案例的过程中，保持中立和客观是非常重要的。案例作者的任务是提供一个场景，让学员自己分析和讨论，而不是给出答案。因此，确保案例中的信息、描述和呈现方式都尽可能公正和中立，避免使用可能引导学员形成特定观点的语言或描述。这样做不仅保证了教学案例的质量，也为学员提供了一个开放的平台，让他们能够自由地探索和表达自己的看法。

（4）**集思广益**。完成案例初稿后，征求同事或行业专家的反馈是一个很好的做法。他们可能会提出不同的视角，指出可能忽视的重要细节或提供改进案例的建议。这一过程不仅有助于提高案例的质量，还可以确保案例内容的准确性和适用性。有时候，一个外部观点可以揭示案例的新方面或潜在的教学点，这对于提升案例的整体效果是非常有价值的。

（5）**持续学习和改进**。撰写教学案例是一个不断学习和进步的过程。每一次的写作和反馈都是一个学习的机会。通过不断地实践、反馈和修订，可提高自己的写作技巧和对教学内容的理解。不断地反思和评估您的案例，考虑如何使其更加有效地促进学习和讨论。记住，没有完美的案例，总有改进的空间。

锦囊13

起承转合设计叙事逻辑

内容结构上，案例正文应包括开篇、中间及结尾三部分。开篇用来设定背景和引入主题，通过设置情景、介绍主角，达到吸引注意力、引出问题的目的。中间通过有序的信息展示、平衡细节与清晰度、展示数据和证据、探讨不同视角等技巧来详细叙述发展过程。结尾主要总结事件，并通过设置开放式结局保留讨论空间并与教学目标相关联。逻辑结构上，应遵循确定时间线框架、安排事件顺序、构建事件流、安排高潮和低潮、审视和调整五个步骤编排时间线和事件流。准确识别并生动描绘关键节点和转折点对撰写案例正文至关重要。

锦囊14

走深向实呈现有效信息

在撰写正文时需要走深向实、避免偏见、多角度展示以期对背景和情境的描述能够保持客观和中立；需要确保数据准确、引用权威来源、平衡信息量、使用视觉辅助来展示数据和事实以确保信息的准确性和充分性；需要通过情景模拟、生动对话、情绪渲染、互动性提问等技巧来构建情景和对话，来提升案例的可读性和互动性。

锦囊15

创建思考和讨论空间

开发者可以通过识别多维问题、引入不同观点、构建情境冲突增加案例的复杂性和争议性；可以通过提出探索性问题、鼓励批判性思维、促进多元视角交流等设计开放式问题和讨论点。开发者还需要通过保持中立性、避免明示或暗示答案、提供多元解释可能等措施来避免提供直接答案或倾向性观点。

锦囊16

严格遵守规范性要求

案例正文应采用简洁明了、客观中立的语言风格，并严格遵循事实、适度描述。案例正文需要严格控制字数（建议中文不超过 10 000 字、英文不超过 6 000 词）和页数（建议中文不超过 12 页、英文不超过 15 页）来兼顾案例的清晰度和可读性，为此，开发者可善用附录、有效编辑，并确保关键信息优先。案例正文应采用统一的字体与字号并进行清晰的段落分割，开发者可使用分级标题、运用列表和项目符号、利用图标和插图来以使案例易于阅读。

教学笔记开发 [1]

    教学笔记是教学案例的重要组成部分，能够帮助教学案例被其他授课者在课堂上使用。案例作者通过教学笔记将案例正文中的现象与学科中的一般理论、原则或框架相联系。教学笔记的开发是一个归纳推理的过程，作者通过对案例中具体现象的讨论和分析，帮助学员学到学科领域内的知识和结论。

    教学笔记需要仔细的筹划和充分的准备，它通常有以下三个方面的作用：一是通过科学设计的讨论问题，能够帮助授课者有效引导课堂上的相关讨论，提高案例教学的效果。二是帮助其他授课者迅速掌握相关知识点，在教学笔记的指导下，大大提升他们的备课效率。三是加强传播，通过案例正文和教学笔记的配套出版，有助于传播案例写作者的智慧，也能体现课堂过程中学生的讨论结果。

    案例正文和教学笔记的写作和互动是一个迭代的过程。通常情况下，教学笔记通常由案例摘要、教学目标、教学对象与适用课程、推荐阅读材料、思考题、教学计划、课堂问题讨论与分析、案例后续进展、讨论总结、板书设计等

---

1 本章作者：陈炳亮、赵玲。陈炳亮，博士，中欧案例研究员，主要关注战略管理、案例教学领域，多篇案例被中国工商管理国际案例库收录。赵玲，博士，中欧案例研究员，主要关注战略、营销、金融等领域，多篇案例被国际主流案例库收录。

十个部分组成。

下面我们以中国工商管理国际案例库（ChinaCases.Org）中的《洽洽食品：纵横零食市场》（案例编号：STR-23-065）为例，对教学笔记的各个部分展开讨论。

7.1 案例摘要

案例摘要是对案例内容的简要概括，通过约半页的内容来总结案例内容和案例的主要问题。案例摘要通常在教学笔记的第一部分予以呈现，它的目的是为讲师提供一个案例的简要概述，从而帮助其他授课者在正式阅读案例前，能够快速了解案例内容，以选择适合他们教学课程的案例。需要明确的是，案例摘要与案例正文的开篇不同。通常情况下，案例使用者对案例正文更为熟悉，因为公开发行的只是案例正文，而教学笔记通常被设定为教师使用。如果案例通过案例出版商出版，各大案例出版商通常会在网页上提供搜索功能，将案例摘要与案例正文一同在网页上转载，以帮助案例使用者通过快速阅读摘要进而确认是否使用该篇案例。案例作者需要重视案例摘要的写作，这对案例的未来使用情况具有重要影响。

案例摘要通常包含的要素如表 7-1 所示。

表 7-1　案例摘要主要构成要素

要　　素	主　要　内　容
案例组织及背景介绍	简要介绍案例涉及的行业、公司或组织背景，提供基本的情境信息，让读者迅速了解案例发生的环境和背景
关键人物和主题	列出案例中的关键人物或相关方，描述他们在案例中的角色和作用。明确案例所探讨的主题或核心问题，指出案例所要解决的关键挑战或议题

要　　素	主　要　内　容
主要情况和事件描述	简要概括案例中发生的主要事件或情况，不需深入细节，重点是突出关键事件的发展
主要挑战或争议	概述案例中涉及的主要挑战、争议或难题，突出可能影响决策或解决方案的因素

案例摘要应简洁明了、突出重点，能够让读者迅速了解案例的核心内容和可供讨论的重点议题。例如，《洽洽食品：纵横零食市场》的案例摘要内容为：

陈先保是洽洽食品的创始人，一次乘火车长途出行的经历，让他意识到瓜子这一零食品类还有很大的提升空间。瓜子业务的壁垒并不高，竞争一直很激烈。洽洽采取了很多创新的做法，包括生产工艺由"炒"变"煮"，开发专门的煮制设备和生产线，大手笔投入营销推广等。洽洽很快在瓜子品类上脱颖而出，市占率不断提高。在瓜子大获成功后，洽洽又尝试进入薯片、果冻等休闲食品品类。果冻业务虽经多年努力，但增长有限，已被剥离。最近几年新拓展的混合坚果业务增长很快，陈先保希望把它打造成像瓜子一样的头部大单品，这个品类是正确的选择吗？洽洽正在朝百亿元销售目标迈进，但中国瓜子市场逐渐饱和。休闲食品行业是一个万亿元规模的大市场，洽洽未来增长之路该如何走呢？

摘要中描述了案例组织及背景（洽洽食品是休闲食品行业的龙头企业）、关键人物（陈先保）、主要情况（在激烈的竞争中，洽洽通过一系列措施脱颖而出）、主要挑战和争议（未来如何继续增长）。通过短短几百字的介绍，使得案例使用者能迅速了解案例的核心内容和可讨论的重点议题，同时也帮助授课者迅速判断该篇案例是否与其授课内容相匹配。

7.2　教学目标

对于大多数新案例作者来说，确定教学目标是最具挑战性的，因为它要求作者从学习者的角度清楚地阐明案例的目的和价值。清晰的教学目标是写出一篇好案例的前提，恰恰是教学目标才驱使作者去写这篇案例。一个没有教学目标的案例无法将理论与实践联系起来，这样的案例仅仅是一个故事。

案例的教学目标是教学案例的基石，教学目标决定了案例的内容和教学过程的设计。清晰的教学目标帮助案例使用者明确案例教学的焦点问题。含糊不清的教学目标容易造成歧义，混淆教学方向。在写作案例前，我们必须明确我们为什么要教授这个案例、我们希望学生通过这个案例学到什么。因此，在写作教学目标时，比较好的表达方式是陈述学生在完成案例分析后能够做到的目标。例如，在一个战略管理的案例中，学生学习波特的五力模型，可以说"在学习这个案例后，学生将能够将波特的五力模型应用到目标案例行业"。[1]

案例教学通常希望培养学员的三大类能力：技能、知识和态度。技能培养主要是指关键管理技能的培养，如问题或机会识别、战略制定和实施、具体功能的分析技术，以及更通用的分析能力。知识增强包括理论、框架、概念和信息，是指在学完案例后，学员能学到从案例事实中抽象出来的相关概念、理论、框架等。态度发展包括价值观、信仰、智力开放和接受改变等，比如在学完 ESG 主题的案例后，改变了学生对于社会责任、环境保护等理念的看法。当然，首要的教学目标是培养分析问题、决策、实施和领导组织的能力。教学笔记的目标应该精确地说明案例教学最终希望学生掌握的技能、知识或态度发展，并提升教育的整体效能。

此外，我们需要区分案例的聚焦问题和学习目标之间的差异。聚焦问题

1　Austin J E, Heskett J L, & Bartlett C A. Key elements for excellence in classroom cases and teaching notes. Harvard Business Publishing, Product Number: 915417-PDF-ENG, 2015.

代表案例讨论可以聚焦的主题，而教学目标则明确了从案例中学到的知识的类型和性质。例如，在一个案例中，聚焦问题涉及"对全球化的消费者、经济、技术和竞争力量的战略和组织反应"。在这之前简单地加上"检查"并不能创造一个有用的学习目标。而换一种说法可能更能说明教学目标是什么。例如，"说明全球学习是跨国公司竞争优势的重要来源""提高分析推动全球化的各种环境力量及其局限性的技能"。

总之，教学目标应当清晰，应该尽可能具体地解释这些目标为什么重要，为什么与正在教授的课程相关。撰写教学目标时，应明确指出学生在学习这个案例或课程时应达到的预期目标。需要注意的是，教学目标不宜过多，不宜超过 4 个。如果某些目标比其他目标更重要，则可以将这些目标确定优先次序。教学目标应该是具体、可衡量和可实现的。

一般而言，教学目标应包括的要素如表 7-2 所示。

表 7-2　教学目标主要构成要素

要　　素	主　要　内　容
动作或行为	教学目标的阐述通常以类似的动作动词开始：了解、理解、识别、掌握等
内容或主题	指明教学目标涉及的具体主题或内容领域，突出案例中的核心议题
标准或程度	确定学生所期望达到的标准或程度，可能是在特定条件下做出准确的判断、提出合理的解决方案等

《洽洽食品：纵横零食市场》的教学目标为：

当学生完成本案例的学习，能够达到以下学习目标：

（1）理解纵向一体化在企业成长与竞争中的作用，以及纵向一体化的必要条件。

（2）理解范围经济在企业多元化经营中的作用，当企业扩大经营的品类范围时，能形成多少协同效应是成败的关键。范围经济是协同效应的主要来源，而范围经济的大小取决于多项经营活动能共享的资源的程度。

（3）理解企业扩大业务范围所面临的挑战。扩大经营的边界会增加组织协调的成本，这可能会抵消其带来的好处。企业需要在业务单位的自治性与彼此间的协调性之间找到恰当的组织结构。

具体来看，该案例的教学目标清晰列明了对每个知识点要求的学习程度，并以某个具体的动词开头，比如"理解"。同时，也说明了学习的内容或主题，比如"一体化战略""多元化经营"等。此外，还具体列明了学生学完案例后期望达到的标准或程度。比如，在一体化战略中期望学生能够理解纵向一体化的必要条件。

7.3　教学对象与适用课程

案例作者在撰写案例时，应明确案例适用的课程以及预期的学生水平。案例通常适用于单一学科的单一主题，明确的适用课程或主题使得案例可以成为更为有效的教学工具。除此之外，不同的案例可能适用于不同水平的学生。本科一年级学生和有多年工作经验的高管在使用案例时，具备的知识和经验完全不同。因此，作者需要根据案例拟适用的目标对象来设计教学笔记的内容和难度。此外，案例也可以被用于课程的不同阶段，比如：案例可以作为热身案例在课程早期适用，也可以作为总结性的案例在课程结束时使用。总之，作者应该在这一部分对案例的使用做出合理的建议。[1]

1　Schnarr K & Woodwark M J. How to write great business cases[M]. Edward Elgar Publishing, 2023.

具体而言，在确定教学对象和适用课程时，案例作者需要明确识别目标受众和课程适用范围，包括以下要素。

7.3.1　教学对象

案例需要根据不同的课程、不同的学员进行差异化的设计。不同的课程要求学习掌握的知识不同。此外，不同难度的案例要求学员掌握的先验知识也不同。这就需要根据案例拟使用的课程、难度等级和特定的先决条件（假设学生在讲授案例之前掌握了什么）对案例拟匹配的教学对象进行界定，使得案例在课堂上能更好地使用。如果有多个目标受众，则需要考虑制定不同的教学策略。

描述教学对象，主要包括以下几方面：① 描述学生群体，包括描述受众学生的特点，例如年级、专业背景、学术水平等；② 描述先修知识或技能要求，包括指明学生在学习这门课程之前需要具备的先修知识或技能，以确保他们能够顺利理解课程内容；③ 学习目标适配，强调课程如何符合受众学生的学习需求和目标，以及如何促进他们的专业发展或能力提升。

7.3.2　适用课程

需要列明本案例适用的课程，包括以下几方面：① 课程类型：描述课程的性质，例如基础课程、选修课程、高级课程等；② 相关专业或领域：指明这门课程与哪些专业或领域相关，以便学生了解该课程对他们未来专业发展的重要性；③ 跨学科性质：如果适用于多个学科或领域，可以说明课程的跨学科特点，强调其普适性和应用广泛性。

《洽洽食品：纵横零食市场》的教学对象和适用课程为：

本案例适用于战略管理课程中讨论公司战略的相关章节。在公司层面，纵向一体化和多元化是两种最主要的战略决策，影响企业在这两种战略上做出选择的因素有很多，教师通常也会花费较多时间讨论这部分内容。本案例涉及的决策情境，同时要考虑纵向一体化和多元化，有助于学生对相关概念的理解和掌握。另外，休闲食品行业对于大多数同学来说都很熟悉，不同品类也都消费过，本案例对涉及的几个品类的价值链进行了细颗粒度的描述，学生们理解案例材料的难度不大，因而本案例适用范围较广，在 MBA、EMBA 和高层管理人员的教学中均可使用。教师若要用于本科生教学，比较适合放在课程结束阶段，进行综合型案例分析。

该段内容明确了案例适用的课程及相应的教学内容，同时也明确了适配的教学对象，使学生和其他相关人士能够清晰了解该课程的目标群体和适用情况。

7.4　推荐阅读材料

在该部分，案例作者可以推荐相关的书籍、期刊文献以及视频等其他相关学习材料，供学员在上课前学习了解。在为其他案例使用者推荐阅读材料时，总体目标是帮助教师在使用该案例时可以轻松备课，而无须在教学笔记之外进行其他的研究。编写推荐阅读材料时，应该考虑以下要素，包括但不限于：① 书籍或资料名称：列出推荐阅读的书籍、文章、论文或资料的名称；② 作者和出版信息：提供作者姓名、出版社、出版日期等信息，以便读者能够准确找到推荐内容；③ 简要描述或摘要：简述推荐阅读材料的主题、内容概要或重点观点；④ 与课程关联：指明推荐材料与课程内容的关联性，以及如何帮助学生更好地理解课程内容或拓展相关知识领域；⑤ 适用对象：指明推荐阅读材料适用的读者对象或受众，例如学生、教师或研究人员；
⑥ 理由或意义：说明为何推荐这些材料，它们对于学习、研究或专业发展的
重要性和价值。

例如，在《洽洽食品：纵横零食市场》教学笔记中讨论了交易成本对纵向
一体化的影响，为了帮助授课者更好地了解相关知识，作者推荐了 Williamson
关于交易成本经济学的一篇文章，以帮助授课者更深入地理解（请见该篇案例
的推荐阅读材料 1）。其他推荐阅读材料请详见该篇案例。

7.5 思考题

思考题是教学笔记中最核心的一部分，教师需要提供一套建议的讨论问题
分配给学员。通常情况下，作者需要根据本案例的教学目标设计相应的思考问
题，数量从 3 到 8 个不等，大多数案例的讨论问题为 4 至 6 个。在设计思考题
时，通常以一个介绍性问题或预热问题来启动案例，最后一个问题通常是要求
学生就案例主角正在关心的决策问题给出解决方案以及详细的理由。

教学笔记一般包括两组问题。第一种是事先分配给学生的作业问题，帮助
他们在课前准备对案例的阅读和分析。第二种是由老师在课堂上提出的讨论问
题。这里先讨论第一种思考题。

设计思考题时，需要考虑的要点方面如表 7-3 所示。

表 7-3 设计思考题的要点

要　　点	主　要　内　容
开放性和启发性	问题应该具有一定的开放性，能够激发学生的思考和讨论，引导他们深入思考课程内容
相关性和适切性	问题应与课程内容或案例紧密相关，与学习目标和教学重点一致，确保学生通过回答问题能够加深对课程知识的理解和应用

要　　点	主　要　内　容
多层次和多样性	可以设置多个层次或多个方面的问题，让学生有不同深度的思考选择，包括知识性问题、分析性问题、应用性问题等
启发思考和探索深度	设计问题时应该考虑如何引导学生思考更深层次的问题，激发他们的探索欲望，鼓励他们超越表面知识进行思考和探讨
具有引导性质	问题应该有足够的引导性，但也要给予学生一定的自由度，让他们能够展开思考，提出个人见解或观点

《洽洽食品：纵横零食市场》围绕着教学目标设计了三个讨论问题，分别是：

（1）洽洽能从竞争激烈的瓜子品类中脱颖而出，其优势来自哪里？

（2）洽洽是否应该进入薯片、果冻和混合坚果这些休闲食品品类？你认为哪一个更有可能成为洽洽的下一个大单品？后续该如何做？

（3）假如你是陈先保，面对洽洽要快速增长实现百亿营收的目标，你认为三个选项该如何选择？

可以看到，讨论问题 1 引导学生思考洽洽竞争优势的来源，从案例正文可以看到洽洽通过向上游延伸，采用订单农业的方式，在种植前就与农户签订长期合同，进而引导学员关于纵向一体化的思考。讨论问题 2 通过提问洽洽是否应该进入薯片、果冻等品类，引发学员关于横向一体化的思考。讨论问题 3 采取开放式提问的方式，建议学员站在案例主人公的立场，结合企业目前面临的内外环境和条件，思考洽洽下一步应该采取的战略选择。案例问题紧紧围绕教学目标，逐层递进，启发学员展开广泛的讨论和思考。

7.6 教学计划的设计

在商学院中，采用案例教学需要一份周密而全面的教学计划，以指导教师和学生深入探讨真实商业场景的复杂性。这份教学计划，如同一份路线图，告诉案例使用者，案例材料与抽象概念是如何结合的，课堂讨论该如何展开，以及每个教学时段要完成的教学目标是什么。

表 7-4 是《洽洽食品：纵横零食市场》对应的一个案例教学计划。

表 7-4　一个具体的教学计划示例

内容	建议时间	课堂教学中的互动问题	与教学目标对应的理论概念
案例导入	10 分钟	1. 同学们都喜欢吃哪个品类的零食？ 2. 什么牌子的？ 3. 为什么喜欢这家企业的零食？	
讨论问题 1	25 分钟	1. 洽洽能够脱颖而出的原因是什么？ 2. 如果你现在融了一大笔钱，要去模仿洽洽创办一家瓜子企业，你认为洽洽的这些做法被模仿的难度有多大？ 3. 洽洽瓜子从种植到销售，主要环节好像都不难模仿，可为什么洽洽瓜子能一直遥遥领先？	1. 市场交易成本过高是纵向一体化重要原因； 2. 资产专有性越高的环节，越应该实施纵向一体化； 3. 与创新有关的互补性资产，应该纵向一体化； 4. 不确定性越高的环节，越应该纵向一体化
讨论问题 2	25 分钟	1. 你认为洽洽应该进入别的休闲食品品类么？ 2. 薯片、果冻和坚果，哪一个品类更适合洽洽进入，做成大单品？为什么？ 3. 与洽洽主业相关的品类还有很多，洽洽是不是都要进入？	1. 多元化折价是一个普遍存在的现象； 2. 企业要不要多元化，需要具体情况具体分析； 3. 外部市场规模和内部企业能力，影响多元化的具体方向； 4. 是否存在规模经济和范围经济，是多元化成败的关键

内容	建议时间	课堂教学中的互动问题	与教学目标对应的理论概念
讨论问题 3	25 分钟	面对当下的三个选项，应该优先选择哪一个？	1. 一家企业要通吃高、中、低各类市场，要避免"两难境地"； 2. 由于品牌具有专有性，品牌推广的工作要由企业去做，而不是经销商； 3. "多市场接触"有助于降低综合型竞争者的竞争强度
课程总结	5 分钟	案例的后续进展	

教学计划开发的时点，通常是在案例实际使用至少两次后才开始的。案例正文撰写完成后，开发者可以首先进行一次小范围的测试，了解学员对不同讨论问题的看法和反应，以及学员给出的回答要点，在此基础上进行调整。之后，开发者应将案例用于正式课堂，在更大范围检验教学计划的可行性，然后根据课堂教学效果再次进行调整。

需要特别提醒的一点是，尽管案例配套的教学计划经过多轮测试，但对于实际使用案例的教师来说，教学计划只是一个参考，真正在课堂上进行案例教学时，并不一定要严格执行，教师可以根据学生的特点和整个项目的大目标，灵活调整案例课堂讨论过程。

7.7　课堂问题讨论与分析

7.7.1　课堂讨论的必要性

课堂上师生间密集的讨论，是案例教学的一个典型特征，学生发言时间通常要占据整堂课的很大比例。案例教学之所以依赖课堂讨论这一形式，主要由于以下几方面原因：

首先，讨论是管理者在实际工作中最常采用的沟通形式。当管理者面对复杂问题做管理决策时，需要与各相关方讨论，他们有可能基于不同的信息和视角，给出不同的观点，需要管理者与其讨论后做出取舍。案例教学能最大程度模拟管理者的实际工作，便于学生将学到的知识和技能，更好地迁移到工作场景中。

其次，课堂讨论能让学生不再被动地接收信息，而是通过表达自己的观点、分享见解，并挑战彼此的观点来积极参与。这种教学方式能促使学生学会分析信息，质疑假设，并考虑不同的观点。课堂共同讨论的环境下还有助于激发批判性思维，通过与他人的互动来完善自己的理解，提高学生解决问题的能力。

最后，课堂讨论为学生和教师提供了即时反馈。课堂讨论将拥有不同背景、经验和观点的学生聚集在一起。学生不仅从教师那里学到知识，还能从同学身上学到很多。通过师生之间以及同学之间的密集互动，误解可以被澄清，不同的观点可以被考虑，这将促使学生对自己的思考过程和决策进行反思。这种反思实践有助于提高元认知水平和自我意识。

7.7.2 如何设计问题推动讨论

在案例教学中，教师的提问是推动讨论不断向前推进和走向深入的关键抓手。在设计讨论问题时，案例开发者需要明确一点，案例讨论不是"一问一答"的测验或考试，并非要寻求某个确定的答案，而是要激发学生的思考和参与讨论的兴趣。

教师在设计讨论问题时，可以先从大的方面入手。案例讨论的结构，通常包含问题识别、因果分析、方案（选项）提出，以及行动建议四个部分。[1]

1　Austin J E. Teaching notes: communicating the teacher's wisdom. Harvard Business Publishing, Product Number: 793105-PDF-ENG, 1993.

7.7.2.1　问题识别

教师引导同学们围绕问题识别进行讨论时，可以问信息获取类问题（information-seeking questions）。

这类问题通常以谁（who）、何时（when）、何地（where）、做了什么（what）为关键词。教师问这类问题，其主要目的是让学生关注特定的信息或数据，为后续的讨论建立共同的基础。由于这类问题旨在引出案例中已有的细节，本身并没有很大的争议性和讨论空间，因而此类问题不宜设置过多，否则会让学生在课堂上感觉无聊，难以激发讨论兴趣。

例如："案例中提到了公司的哪些关键要素？""产品 A 在功能和定价方面与产品 B 有什么区别？""案例中提出的两种备选方案有什么差异？"

7.7.2.2　因果分析

就案例情景中描述的问题，教师应进一步引导学生讨论背后的原因，可以问以下两类问题：

（1）分析类问题（analytical questions）。这类问题通常以为什么（why）为关键词。分析类问题鼓励学生从所掌握的信息中进行分析、评估，并得出有意义的结论，需要学生深思熟虑和系统性地审视信息和数据，进而识别趋势和规律、理解复杂概念，以及形成深层次的见解。教师问分析类问题，会比较容易激发学生围绕关键决策进行前因后果分析，对案例描述的问题做出诊断，理清事件的来龙去脉，加深对案例情景的理解。

例如："案例企业碰到的某一现象或问题的根本原因是什么？""某一事件为何会发生，产生的后果是什么？""案例企业某种做法的优势和劣势是什么？"

（2）挑战类问题（challenge questions）。这类问题通常以为什么不（why not）为关键词。相比分析类问题，这类问题要求学生进行更深入的思考和批判性思维。教师问这一类问题，主要目的是促进学生延展分析的宽度和深度，提供更多的论据来支撑自己的观点，或者用以反驳对立的观点。

例如："案例的主人公为什么不那么做？"

7.7.2.3 方案（选项）提出及行动建议

案例中提到的关键问题该如何解决，教师引导学生围绕解决方案筛选和执行进行讨论时，可以问行动类问题（action questions）。通常以"案例主人公应该做什么？如何去做？先做什么以及后做什么"（What would the case protagonist do, how and when）等问题切入。要回答这类问题，学生需要提出一些方案，并做出选择，以及给出具体行动的过程或步骤建议。这类问题适合放在课堂讨论的后半程，用于收敛学生的思考方向，特别是当讨论有些天马行空或者围绕抽象的概念打转时，行动类问题有助于聚焦学生们的思考方向，导向切实的、实际的答案，推动讨论朝着特定的结果前进。另外，行动类问题比较容易激发起学生的讨论兴趣，特别是对于有实际管理经验的学生，这类问题与他们的工作联系更紧密，因而更容易引发深度讨论。

例如："案例主人公需要做出哪些决策，您建议采取什么方式来做出这些决策？""当下应采取哪些行动来解决当前的挑战？"

除了以上三大类讨论问题之外，在实际的案例教学中，教师还可以根据课堂讨论的进程，增加一些追问问题（follow-up questions），以使教学目标更容易达成。推动讨论转场的常用问题有：

（1）假设性问题（hypothetical questions）。这类问题通常以"如果……会怎样"（what if）切入。这类问题会改变学生讨论的背景，引入新的变量，或者弥补原有案例中缺失的信息，目的是通过对新场景的讨论，并与原有场景进行比较，促使学生辨识和理解案例中的关键要素。

例如，"如果公司有足够的资金储备，CEO 应该选择哪一个方案？""如果这家公司的 CEO 是你，你会如何做？""如果公司能重新设计整个商业模式，应该做出哪些改变？"。

（2）预测性问题（predictive questions）。这类问题通常以"应该选择哪一个""……会导致何种结果"（what will happen）切入。此类问题可以促使学生跳出针对某种决策或行动本身的讨论，特别是一些模棱两可的、有得有失的选项，转而关注其产生的结果，这比围绕选项本身的优缺点，更容易将讨论向前推进。特别是当教师知道实际的结果是什么，并告知同学们在他们预测后会公布答案时，这类问题更能激发讨论的热度。

例如："为应对顾客偏好的变化，案例企业最终选择了哪一个产品战略？""根据对当前情况的分析，您预测案例企业未来三年的利润有多少？"

（3）归纳性问题（generalization questions）。这类问题通常以"得出什么样的普遍规律或经验"（what general lessons）切入。教师询问此类问题，可以促使学生从具体事件的讨论中跳脱出来，总结案例背后更抽象、可一般化的理论概念。这些概念通常构成案例的学习目标。归纳性问题适合放在案例讨论的中后期，在学生对案例细节以及事件之间彼此关联有了充分认识的基础上，这类问题能促发学生深度反思，并将讨论引向更高的维度。

例如："基于大家对案例的讨论，可以得出哪些关于有效领导的普遍原则？""从对案例中某些具体事件的分析，可以识别出哪些普遍的规律或模式？"

根据以上对讨论问题的分类，接下来结合一个具体案例，看这些问题是如何在教学笔记中体现的。以《洽洽食品：纵横零食市场》为例：

在讨论一开场，教师可以问一个信息获取类问题："大家都喜欢吃哪个品类的零食？什么牌子的？"接下来，请同学们解释："为什么喜欢这家企业？"

围绕讨论问题 1：洽洽能从竞争激烈的瓜子品类中脱颖而出，其优势来自哪里？教师可以先以一个信息获取类的问题开始，检验学生对案例事实的掌握："根据案例提供的事实，瓜子市场的进入壁垒高吗？"同学们能从案例中了解到，在洽洽创立时，中国上规模的瓜子企业达几百家，仅在洽洽所在地安徽合肥及周边地区，就有多个地方性强势品牌。由此可见，瓜子市场的进入壁垒并不高。教师接下来可以问一个分析类问题："洽洽能够脱颖而出的原因是什么？"同学们给出的答案通常是关注案例企业的一些特色做法，聚焦单个职能点，合理化这些做法。教师可以先不用着急反驳学生，讨论每个做法到底是不是洽洽能胜出的根本原因，而是顺着学生的思路，先分析这些做法本身的优点和缺点，然后教师可以追问一个假设性问题："如果你现在融了一大笔钱，要去模仿洽洽创办一家瓜子企业，你认为洽洽的这些做法被模仿的难度有多大？"同学们会意识到，尽管洽洽的一些做法很有特色，但模仿的难度并不大，因而并不是洽洽脱颖而出的关键原因。接下来，教师可以问学生一个挑战类问题："洽洽瓜子从种植到销售，主要环节好像都不难模仿，可为什么洽洽瓜子能一直遥遥领先？"在围绕这些问题讨论的基础上，教师再引导同学们深入分析。

围绕讨论问题 2：假如你是陈先保，面对洽洽要快速增长实现百亿元营收的目标，你认为三个选项（抢占低端市场、开发新的大单品、做综合型零食企业）该如何选择？先做哪一个，后做哪一个？这是一个行动类问题，教师可以分别请支持每一个选项的同学发表意见、陈述理由，在此基础上，教师可以请同学们进一步反思和归纳，"决定每一个策略成功与否的规律是什么"，然后再做出分析和判断。

7.7.3 如何筛选答案，推动实质性分析

在案例教学过程中，对于教师抛出的问题，学生的答案会呈现出发散性，教师需要将讨论引导到同一个方向，使同学们沿着相同的道路向前走，最终到达设定的学习目标，这一过程就是案例分析。

案例分析应具有实质性（substantive analysis），即通过师生之间的相互讨论，能让学生获取具有启发性的洞见，增加某些领域的知识或者技能。实质性分析涉及对案例中呈现的相关事实、问题和解决方案的系统而深入的探讨，以及对相关概念、框架和理论的应用。

有效的案例分析，应该具备以下特点。

（1）全面理解： 展现对案例中关键事实和细节的深刻理解，超越表面的观察，捕捉情境中的微妙差异。

（2）应用相关概念： 运用相关理论概念、框架和模型来分析案例，将具体情况连接到更广泛的理论规律中。

（3）清晰简明： 清晰而简明地引导分析，避免不必要的术语，确保分析对各种受众都易于理解。

（4）批判性思考： 通过评估不同论点、解决方案或观点的优缺点，进行批判性思考。考虑替代观点和可能的影响。

（5）整合课程材料： 将课程或相关背景信息的知识整合起来，为分析提供上下文和理论支持。展示将理论概念与实际情况联系起来的能力。

（6）清晰的逻辑结构： 以有条理和逻辑的方式呈现分析，遵循清晰的结构，使读者或听众能够轻松地理解推理过程。

（7）基于证据的分析： 用案例中的证据支持论点和结论，引用具体的例子、数据或引文来验证分析中提出的观点。

（8）建议的合理性： 针对案例中确定的问题，应提供经过充分论证和合理推理的建议。建议应该切实可行，与分析一致。

我们还以《洽洽食品：纵横零食市场》为例，说明实质性分析的特点是如何体现的。

"洽洽能从竞争激烈的瓜子品类中脱颖而出，其优势来自哪里？"针对这一问题，由于同学们的分析一开始很容易关注到具体的职能点上，教师可以顺着学生的思路，分析这些做法本身的优点和缺点，然后请同学们分析这些做法的模仿难度，在黑板上记录学生们的答案（见图 7-1）。

煮制方法	专用设备产线	广告促销投入	经销商关系	原材料控制
优点： 缺点：	优点： 缺点：	优点： 缺点：	优点： 缺点：	优点： 缺点：
模仿难度：★	★★	★	★★★★	★★

图 7-1   洽洽在瓜子品类上的特色做法及其优缺点

在学生的回答中，通常有人会提到，洽洽的优势不在于某一个环节，而是整个系统。教师可以请此类答案的同学给出更具体的解释。在此基础上，教师可以给出理论化的解释。企业之所以要将某些价值链环节放到内部，而不通过市场交易，是因为有些情况下，市场交易的成本很高，容易发生纠纷，如果把这样的环节放到内部，能更好发挥出协同效应。然后，教师再引导同学们分析洽洽瓜子的案例。教师可以在黑板上先画出整个瓜子生产的主要价值链活动（见图 7-2），接下来从左向右分析洽洽纵向一体化的必要性。

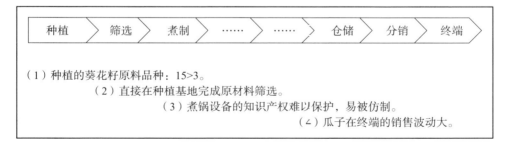

（1）种植的葵花籽原料品种：15>3。
　　（2）直接在种植基地完成原材料筛选。
　　　　（3）煮锅设备的知识产权难以保护，易被仿制。
　　　　　　（4）瓜子在终端的销售波动大。

图 7-2   洽洽的纵向一体化布局及其优势

分析洽洽需要多个品种的葵花籽原料，可以借用"资产专用性"的理论概念，所谓的资产专用性，指的是资产转换使用的难易程度，当资产被用于特定用途后，具有"锁定"的效应，很难改作他用，即使改作他用，资产的效用也将大大缩减。在洽洽的案例中，如果农民种植了一些适合生产洽洽瓜子的非主流葵花籽，在市场交易过程中，很容易被洽洽压低价格。由于这一原因，理性的农民不会去种只有洽洽才需要的品种，久而久之，市场上的原料还将是有限几种。洽洽通过向上游延伸，采用订单农业的方式，在种植前就与农户签订长期合同，减少了农户的价格风险。在一些洽洽自有的种植基地，可以雇佣农民按照要求种植一些在市场上很难买到的葵花籽品种。这种将种植环节纳入体系内部的方式，能很好地解决市场需求多元化与原材料供给品种有限之间的矛盾，实现二者之间的协同（关于该案例的更多分析，请登录中国工商管理国际案例库网站 www.chinacases.org，正式用户可下载《洽洽食品：纵横零食市场》案例配套的教学笔记）。

7.7.4 提示讨论与分析中的难点

对于案例讨论中不同学生之间容易产生矛盾或者"张力"的部分，开发者在教学笔记中应当予以提醒，并给出对应的处理方法。针对讨论中的难点，开发者通常采用的处理方法是告诉授课教师此处同学们可能提出的观点有哪些，以及教师应该如何回应这些观点，并将学生的讨论引向教学目标。

有时候，一个案例的素材很丰富，可以有不同的讨论方向和主题，为了使课堂讨论聚焦，案例开发者可以在教学笔记中标注不同的讨论路径，以及如何在不同的讨论问题之间过渡，这会提高案例的适用范围。

7.8 案例后续进展

案例的后续进展（what happened）通常出现在教学笔记的后半部分，但并非所有的教学笔记都提供了这部分的内容。案例的后续进展通常交代了主人公围绕关键的决策点，做了哪些事情，选择了哪个方案，取得了何种结果。教师可以利用这些信息引导课堂讨论，构建分析的逻辑。

在《洽洽食品：纵横零食市场》案例的教学笔记中，作者针对案例的决策问题，提供了如下的后续进展。

> 针对综合型零食企业的竞争，洽洽针锋相对推出了一系列的休闲食品，进军零食全品类。这些产品并不由洽洽生产，而是采用综合型企业的做法，由外包厂家生产。这些产品也都不采用洽洽品牌，只是在包装上会说明由"洽洽荣誉出品"。洽洽专门在线上推出了一款每日坚果品牌"味来质造"，定价也明显低于主要竞争者三只松鼠。但这些产品只局限于在线销售，并没有通过经销商进入线下渠道，主要扮演防御的角色。洽洽开始在海外进行纵向一体化布局。2019年底，洽洽首个海外工厂在泰国正式落成投产，这是公司旗下全球"第一座"海外工厂。总投资额5亿元人民币，一期已建成两条葵花籽类产品的自动化生产线，二期正在建设中，将引进国际先进的坚果类产品生产线，开拓坚果加工、贸易、品牌、分销业务。另外，洽洽也在寻找海外原料种植基地，目前已在泰国、土耳其、哈萨克斯坦等国试种葵花籽和树坚果。

开发者需要注意的是，案例后续进展涉及的内容，都是在案例设定的决策点之后发生的事情，与决策本身密切相关，是对案例企业围绕决策问题所作所为的信息归集。学生们通常对这部分内容很感兴趣，教师也可用之吊足学生胃口，促使他们给出自己的答案。教师可以在讨论结束后告知学生这部分内容，把大家的想法与企业后续的决策或做法进行比较，让同学们对自己的分析建议进行反思。理想情况下，教师也应结合理论概念对企业的实际做法进行点评。

有一点需要提醒学生，公司做出的特定决策，并不意味着它是最好的决策。明确这一点非常重要，有助于消除提出不同建议学生的沮丧心理，使他们不会觉得自己的解决方案一定是"错误的"。[1]

7.9　讨论总结

教学笔记中的讨论要点总结（take-aways），也是教学笔记的关键部分，用来强调从案例讨论中得出的关键见解、教训或结论。这一部分对教师和学生都很有价值。对于教师而言，它有助于构建他们在课堂讨论中希望传达的关键信息。对学生来说，这部分内容简洁地总结了案例背后的重要理论逻辑，有助于学生更深入地理解，并将复杂的分析整合起来，以期为未来的决策提供参考。

讨论总结这部分的内容，通常与教学目标相呼应，是对教学目标的进一步强调，以及对相关理论作用机制的归纳总结。

7.10　板书设计

教学笔记中的板书设计（board plan）指的是教师在向学生呈现案例讨论时可以使用的建议大纲或结构，这也是教学笔记中的一个可选项，不是所有的教学笔记中都提供了板书设计。好的板书设计，能指导教师有效使用教室白板或其他视觉辅助工具，在课堂讨论时向学生传达关键信息，促进师生以及同学之间更有效地沟通，并引导课堂会话流程。

还以《洽洽食品：纵横零食市场》为例，除了之前提到了两张表，给教师的板书做参考外，该教学笔记还提供了另外三张板书计划，用于支持相关问题的讨论，如图 7-3～图 7-5 所示。

1　Schnarr K & Woodwark M J. How to write great business cases［M］. Edward Elgar Publishing, 2023.

反对	支持
① 从实际结果看，薯片和果冻不成功； ② 其他品类拖累了洽洽的股价； ③ 增加了管理的复杂性。	① 瓜子品类总需求接近饱和； ② 洽洽近几年股价上涨得益于混合坚果； ③ 分散经营风险，不要把鸡蛋放到一个篮子里。

图7-3 板书计划——洽洽应该进入别的休闲食品品类吗

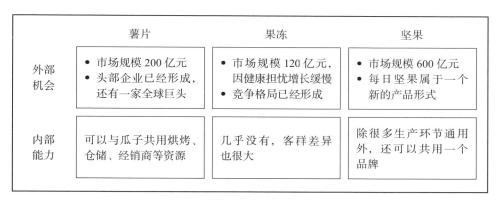

图7-4 板书计划——哪一个品类更适合洽洽做成下一个大单品

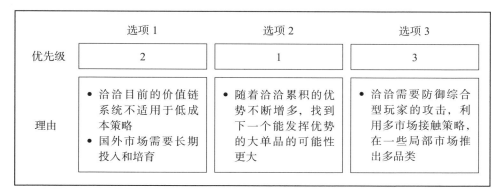

图7-5 板书计划——洽洽要快速增长，面对三个选项该如何选择

7.11　本章小结

教学笔记是高质量教学案例的重要组成部分，它帮助教师将案例与学科理论相联系，有效引导课堂讨论，提升教学效果。教学笔记通常包含案例摘要、教学目标、教学对象与适用课程、推荐阅读材料、思考题、教学计划、课堂问题讨论与分析、案例后续进展、讨论总结、板书设计等十个部分。撰写教学笔记的关键在于设定清晰的教学目标，围绕教学目标设计讨论问题，链接问题讨论与学科知识，设计教学计划，提供讨论分析指导，并提示讨论难点。

教学目标明确了学生通过案例分析能够达到的学习目标，例如掌握相关理论、概念、框架等。围绕教学目标设计讨论问题，需要考虑问题的开放性、启发性、相关性、多层次和引导性，引导学生逐层深入思考，激发讨论兴趣。高质量的教学笔记应将案例现象与学科理论相联系，引导学生在案例研讨过程中，逐步进行归纳推理，运用相关理论分析案例，并最终达到学习目标。教学笔记应展现设计周密的教学计划，指导教师和学生在课堂中有效探讨案例。此外，教学笔记还应提供讨论分析指导，帮助教师筛选学生的答案，推动实质性分析，引导学生全面理解案例，以及提醒教师案例讨论中可能出现的难点，并提供应对策略，引导讨论聚焦，达成教学目标。

总而言之，教学笔记的开发需要作者充分考虑教学目标、学生特点、课程内容等因素，精心设计讨论问题，并引导教师有效运用案例进行教学，最终帮助学生掌握相关知识和技能。

锦囊17

深刻认知教学笔记的重要性

教学笔记是完整的教学案例产品的重要组成部分。通过教学笔记将案例正文中的现象与教学中的一般理论、原则或框架相联系，并为其他案例授课者提供了引导案例讨论的技巧、思路和注意事项等内容，可以有效提升授课者的备课效率。教学笔记对案例在案例库的传播至关重要。

锦囊18

设定清晰的教学目标

教学案例的主旨是通过对案例现象的讨论，归纳总结出与现象相关的理论、概念、框架等帮助学员掌握。教学目标是教学案例的基石，因此，在写作教学案例及教学笔记之前，首要任务是明确本案例的教学目标是什么，进而紧紧围绕教学目标来设计案例内容以及教学过程。

锦囊19

围绕教学目标设计讨论问题

设计讨论问题时，需要明确每个讨论问题计划实现哪个教学目标，以教学目标为指向针来构思讨论问题。同时，要注重引导学员展开充分讨论，从知识性问题、分析性问题、应用性问题等多个层次设计讨论问题引导学员逐层深入，激发学员思考并提出个人见解或观点。

链接问题讨论与学科知识

讨论问题分析不能仅仅停留在案例企业的现象层面，需要通过讨论将现象与学科中的概念、原则、理论、框架等知识点相联系。讨论问题分析是一个归纳推理的过程，也可以采用演绎分析的方法，授课者通过带领学员对案例中具体现象的讨论和分析，逐步进行归纳、推理、总结，或者在已有理论框架讲授的基础上，对案例进行具体的机制分析，目的是帮助学员学到学科领域内的普遍性知识。

教学案例创新 [1]

　　在商学院的教学实践中，案例教学法一直是培养学生批判性思维、决策能力和应用知识的重要工具。随着技术的进步和教育需求的演变，传统案例教学正面临一次革新的机遇。在这个变革的十字路口，我们回顾商学院教育的初心：通过剖析现实生活中的复杂问题，引导学生深入思考、策略分析并做出明智决策。正是在这样的背景下，新型案例的兴起，如视频案例、多媒体案例、VR/AR 技术案例等，不仅增强了案例的现实感和沉浸式体验，而且更加生动地反映了复杂的商业现实，为案例教学注入了新的活力，使学生能将理论与实践紧密结合，增强对复杂现实世界的理解和洞察力，也为学生们提供了更丰富、更互动、更真实、更沉浸的学习体验。我们通过这些新型案例，不仅仅是传递知识，更是在培育未来的商业领袖，让他们在面对不断变化的商业环境时，能够洞察先机，应变不惧。

1　本章作者：刘耿。刘耿，博士，中欧案例研究员。主要关注人工智能及数字化转型、医药健康行业及 ESG 领域，多篇案例被国际主流案例库收录，曾荣获"中国工商管理国际最佳案例奖"最佳奖、一等奖和二等奖。

8.1 什么是"新型案例"

新型案例是指在教学和研究中使用的，采用创新方法和技术手段来呈现和分析现实世界问题的案例。

新型案例之"新"，是相对于传统案例而言。传统商学院案例通常是基于纸质材料的文字形式，描述真实或虚构的商业问题、公司情况、管理挑战或领导决策。这些案例往往包括背景信息、关键数据、相关利益相关者的观点以及具体的问题或决策点。新型案例则采用创新方法和技术手段来呈现和分析现实世界问题。与传统案例相比，新型案例往往更加多元化和互动性强，可能包括视频、模拟、多媒体元素，甚至虚拟现实（VR）和增强现实（AR）技术。

"新型"案例这一概念需要随着时间和技术发展而动态理解。所谓的"新型"并不是一个固定的标准，而是相对于其时代背景下的传统方法而言。例如，21世纪初期，视频案例被视为一种创新形式，而在当今，随着虚拟现实、增强现实等技术的兴起，视频案例可能已经不再是最前沿的形式。

有学者用"多媒体案例"（multimedia cases）来指称新型案例。多媒体案例是传统文本案例的扩展和丰富。它们通过包含视频、音频、动画或交互式元素，增强了案例的现实感和沉浸式体验。虽然"多媒体案例"这一术语更有具体性，但"新型案例"这一概念强调的是不断的创新和演变，而不仅仅局限于当前的多媒体技术。它涵盖了从视频、音频到最新的数字技术，甚至未来可能出现的其他形式。

从文字描述到多媒体呈现，案例研究的媒介载体经历了显著的演变（见表8-1）。这种演变反映了技术进步和教学方法的创新，使得案例研究方法能够更加生动地反映复杂的商业现实，提高学习者的参与度和体验感。无论案例的形式如何，其核心目的是一致的：真实地呈现现实，准确地传达情境中的种种交织和挑战。通过这种方式，案例研究帮助学生或研究者将理论与实践相结合，增强对复杂现实世界的理解和洞察力。[1]

表 8-1　传统案例与新型案例的区别

维度	传统案例	新型案例
媒介载体	纸质文本，主要是文字描述	包括视频、音频、多媒体元素，以及 VR、AR 等技术
互动性	主要是书面阅读和讨论	增加了在线互动、实时反馈、模拟决策等环节
技术应用	限于文本分析和面对面讨论	利用最新技术如数据分析、云计算、人工智能等
学习体验	侧重于理论和分析的传授	提供更生动、实际的学习体验，增强感官参与和实践操作能力
内容更新频率	一般较低，更新周期较长	可快速更新，更容易与时事和最新商业趋势保持同步
教学目的和焦点	侧重于分析和解决特定问题或决策场景	除了问题分析，还强调技能培养、创新思维和技术应用的学习
可定制性	通常为标准化案例，适用于不同学习环境但调整空间有限	更高的可定制性，可以根据教学目的和学生背景进行调整

8.2　新型案例的常见类型及使用场景

在现代商学教育中，除了传统的文字型案例外，其余都可视为"新型案例"——因为案例创新形式多样，难以给出具有明确边界的定义，所以，我们暂且用排除法定义新型案例。Karin Schnarr 和 Meredith J. Woodwark 总结出 7 种不同于常规文字型案例的特殊案例：短案例和微案例（short and micro cases）、视频案例（video cases）、多媒体案例（multi-media cases）、绘图案例（graphic cases）、翻转课堂案例（flipped classroom cases）、实时案例（live

---

[1]　Ellet W. The case study handbook: a student's guide. Harvard Business Review Press, 2018: 13.

cases）、学生编写、教师引导的案例（student-written instructor-facilitated, SWIF cases）、播客或音频案例（podcast or audio cases）。[1] 本章主要参考该分类的方法。最后，我们再说一说商学院的案例开发团队的一项区别于案例却又与案例关系紧密的任务：商业模拟（simulation）。

8.2.1　短案例和微案例

短案例和微案例通过简化的形式，使案例教学变得更加高效和便捷，从而适应了快节奏的现代教育环境。这些案例能够快速传达核心教学内容，让学生在短时间内抓住问题的本质，促进课堂互动和讨论。

8.2.1.1　体例介绍

"短案例"和"微案例"是就案例的长度而言的，主要文档长度通常不超过 4 页文本叙述和有限的附件页数；微案例更短，一般限于两页。通常情况下，"标准"案例格式为 8 到 10 页的叙述性文字，另外 4 到 5 页附录（总页数不超过 15 页），并附有详尽的教学笔记。或许你会质疑：只是把案例改短了，这算什么创新。有时，创新就是这么奇妙，比如从"博客"到"微博"，只是将文本限制在 140 个字符之内，就带来了传播力的革命性突破和全民沉浸体验，还带来了社交属性。

短案例的目的是能在 15 分钟内阅读完毕。微案例则可在 5 分钟内阅读完毕。因此，也有人称"短案例"和"微案例"为"快案例"（quick case）。由于学生阅读长案例的意愿下降，短案例近来变得更受欢迎。短案例的优势在于，学生更可能完成阅读。短案例也为教师提供了灵活性，可以实时将案例引

1　Schnarr K & Woodwark M J. How to write great business cases［M］. Edward Elgar Publishing Publishing, 2023.

入课堂，当即讨论和分析。

这两类案例都可以基于第一手资料或第二手资料。尽管撰写短案例和"微案例"有挑战，但它被视为案例教学的未来趋势之一。案例期刊和出版商经常针对短案例发布特别征稿，但每个案例机构对其认为的短案例有不同的页数或字数规定。

8.2.1.2　适用场景

(1) 快速课堂讨论。短案例和微案例适合用于快速引入主题和激发课堂讨论，可以作为课堂开始时的活动，迅速吸引学生的注意力并引导他们进入学习状态。

(2) 在线学习平台。短案例和微案例特别运用于在线教学环境，因为它们可以适应学生自主学习的节奏，并提供快速的学习体验。

(3) 实时案例分析。教师可以在课堂上实时介绍这些案例，让学生现场分析和讨论，提高课堂互动性。

(4) 作业或者考试。短案例和微案例可以作为学生作业的一部分，让学生分析并撰写对策，也可以用于入学考试等评估。

8.2.1.3　开发要点

撰写短案例和微案例需要精确地平衡信息量和深度，以在有限的空间内最大化教学效果。最好采用单一主题结构，集中讨论一个核心主题或问题，避免引入过多背景信息或多余细节。有些主题适合该类型案例所要求的极度聚焦，不是所有主题都适合开发成短案例和微案例。寻找适合于短案例和微案例的主题，是最难的工作。语言应简洁、直接，避免复杂的叙述和专业术语，保持高标准的写作质量，清晰表达，逻辑严谨。尽管简短，但要确保提供足够的情境信息，包含关键数据和事实，使学生能够理解案例背景，支持分析和决策。即使篇幅短，也应设计问题或决策情景，激发学生的思考和讨论。

"短"和"微"是就案例正文而言的，教学笔记应该保持翔实，有明确的教学目的和预期学习成果。详细讲解案例中的关键分析点，提供深入的背景知识和理论框架，帮助教师引导课堂讨论。若有必要，可提供额外的阅读材料或数据，支持更深入的理解。

8.2.2　视频案例

视频案例作为一种生动的教学工具，通过视听内容将复杂的商业理论和实际情境相结合，为学生提供了仿佛身临其境的学习体验。

8.2.2.1　体例介绍

视频案例通过视听媒介展现真实或模拟的商业情境，将案例内容生动化。它们通常包含对公司、行业或特定商业问题的访谈、纪录片段或重现场景。视频案例的主要优势在于其直观性和情境感，使得学生可以更深入地体验和理解案例中的情境、人物和动态。视频案例的另一个优势是，它们能够呈现复杂的商业情境，尤其适用于展现非语言沟通、组织文化和领导风格等方面。

为了明确区分，我们将视频案例的支撑素材分为两类：一类是辅助书面案例，增加案例教学的吸引力和数据的丰富性；另一类则能够完全独立于书面案例，单独支撑一堂课的教学内容。

大多数视频案例是在课堂上用于支持书面案例叙述，比如，学生在课堂开始时观看视频，迅速集中兴趣。有些视频案例与书面案例的结合很紧密，如果没有视频，案例学习目标就无法正常实现，比如，教师可以在案例讨论结束时向学生播放"发生了什么"（what happened）的尾声视频，升华主题，引发更深思考。以上两种，无论视频内容是否重要，书面案例通常都会缩短，因为在课堂上使用了视频信息作为补充。

极小部分视频案例的设计和内容全面而深入，以至于它们能够完全独立于书面材料，单独支撑起一整节课的教学活动。这类视频案例通常融合了详细的背景介绍、关键人物访谈以及情境分析，为学生提供了一个完整的学习体验。它们使得学生能够仅通过视频就获得案例的全貌，进行深入讨论和分析。

8.2.2.2　适用场景

虽然视频案例在多个学科中都有应用，但并非所有商学院学科都广泛采用。特别是在需要精确数据和复杂计算的财务案例教学中，视频案例的应用可能受到限制。视频案例能生动地展示组织内部的互动、不同的领导风格、沟通方式和工作环境，还可以有效展现肢体语言、面部表情等非言语元素，因此特别适用于组织行为和人力资源管理（OBHR）相关学科。

（1）组织行为与领导力：直观展示领导风格、团队互动和决策过程。

（2）市场营销和广告：展现广告策略的实施、消费者行为研究以及品牌传播的效果。

（3）企业社会责任和伦理：增强学生对社会责任和伦理决策的理解和批判性思考。

（4）人力资源管理：展示人力资源管理中的实际问题，如员工动机、绩效评估和员工关系。

（5）实时案例分析：视频案例可以在课堂上实时引入和讨论，提高课堂互动。

8.2.2.3　开发要点

视频案例种类多样，每种视频有不同的开发要点。每种形式都有其特定的优势和短板，重要的是根据教学目标和资源选择最合适的视频案例形式。

（1）**简单访谈视频**：确保清晰的音频质量，选择安静的环境进行拍摄，使用合适的设备以保证画面稳定。访谈内容应专注于核心话题，确保对话自然流畅。

（2）**纪录片式视频案例**：需要高质量的视频制作，包括专业的拍摄、剪辑和后期制作。剧本和场景设计需详尽，确保故事情节吸引人且符合教学目标。

（3）**情景重现视频**：通过演员重现真实或假设的商业情景，需要合理的剧本和场景设计。确保重现的情景真实可信，避免过度戏剧化。

（4）**动画或图形视频**：使用动画软件制作，适合解释复杂概念或数据。动画需简洁明了，避免过于复杂或分散注意力的元素。

无论哪种视频形式，都遵循一些共性的要求：首先，要有明确的教学目标，确定视频案例旨在传达的关键概念和学习目标。其次，选择合适的主题和内容，在确定与教学目标紧密相关的主题之后，确保内容既具有教育价值又吸引人。再次，精心编写脚本，确保叙述清晰、连贯且能够引发学生的兴趣和思考。确保视频包含案例讨论所需的所有关键信息和学习点，可以考虑在视频中加入互动元素，如问题、调查或讨论点，在视频播放的中途让学生参与。最后，还有两点注意事项：第一，视频案例追求的是真实感，而不是艺术感，创造真实的商业情景，使学生能够更好地与案例内容产生共鸣；第二，注意版权和隐私问题，确保视频中的所有内容合法使用。

8.2.3 多媒体案例

多媒体案例，通过融合视频、文本、音频和互动元素，为学生营造了一个立体的学习环境，使得商业理论和实践的边界变得模糊，让学习过程变得更加生动和深刻。

8.2.3.1 体例介绍

多媒体案例可以看作是视频案例的扩展，因为它们通常包括与公司或决策相关的个人的视频采访，并包含书面案例以及指向支持案例的在线资源和展示品的链接，如财务数据（如资产负债表、损益表）、商店布局和位置、组织结构图和市场营销材料。[1] 多媒体案例不属于某种特定的案例，本质上是不同媒介形式的组合，通过结合不同的媒介，如文字描述、视频片段、音频讲解、图表和互动模拟等，提供一个多维度的学习体验。这种案例能够更全面地展现商业问题和情境，提高学生的参与度和理解深度。

多媒体案例对出版机构的要求较高。之所以将视频案例与多媒体案例区分开来，是因为虽然许多案例期刊和出版商都有能力将包括视频、PowerPoint 演示文稿、Excel 电子表格和演示幻灯片在内的可下载文件整合在一起，以便进行更广泛的传播，但只有少数期刊和出版商能够提供真正的多媒体案例，例如哈佛商学院出版（Harvard Business Publishing，被国内老师广泛称为"哈佛案例库"）。

8.2.3.2 适用场景

多媒体案例因其能够提供丰富和多维度的信息，特别适用于这些需要深入分析和直观展示的学科，尤其适合于需要展示复杂商业过程或需要多角度分析的主题。多媒体案例的适用场景包括：

（1）复杂商业问题分析。多媒体案例能够深入展现复杂的商业问题和决策过程，适用于高级商学课程或专题研讨会。

（2）跨学科教学。多媒体案例适合跨学科教学，如结合市场营销、财务分析和运营管理。

（3）多角度主题探讨。适合于需要从多个角度分析主题的情况，如市场趋

1　Schnarr K & Woodwark M J. How to write great business cases［M］. Edward Elgar Publishing, 2023.

势分析、组织文化研究、战略决策过程和供应链管理等。

8.2.3.3 开发要点

从实操角度来看，多媒体案例更适合团队合作开发，而不是个人单独完成。这主要是因为多媒体案例的开发涉及多方面技能，包括内容撰写、多媒体制作、技术实现等。团队成员可以根据各自的专长共同贡献，确保案例的质量和专业性。

从开发者的角度，要确立清晰的教学目标来统筹多媒体案例的各组成部分。合理选择和融合视频、音频、图表等多媒体元素，确保它们能有效支持教学目标。确保各种媒介之间的内容一致，逻辑连贯。设计有效的互动元素，如模拟练习、决策点和自测题目，以提高学生的参与度。

从使用者的角度，应该考虑案例的技术兼容性，确保学生可以轻松访问和使用。确保多媒体案例的界面直观易用，注重用户界面设计和用户互动体验，确保案例易于导航和理解。在正式使用前对案例进行测试，根据反馈进行调整。由于商业环境和技术不断变化，多媒体案例应易于更新和修改。

最后，还有两点注意事项：第一，多媒体案例的制作可能涉及较高成本和资源投入，需要有效项目管理；第二，若有发表计划，应该在制作前与出版机构联系，以了解他们的技术格式和要求。

8.2.4 绘图案例

绘图案例将艺术与教育融合，通过视觉叙事的力量，将抽象的商业概念转化为易于理解和引人入胜的故事，为传统的案例教学注入新的活力和创意。

8.2.4.1 体例介绍

绘图案例通常以连环画或漫画形式呈现，用故事化和视觉化手法展现商业问题和概念。这种案例由一系列插图和对话框组成，旨在以叙事性的插图讲述商业故事。绘图案例通过艺术化的手法和叙事性的插图来讲述商业故事，结合文字和视觉元素，使复杂的概念更易于理解，并增加教学的趣味性和吸引力。

虽然绘图案例在增加学生参与度和学习兴趣方面非常有效，但它们可能无法提供深入的数据分析或复杂问题的详细讨论。此外，对于那些需要严谨分析和数据支持的主题，绘图案例可能不足以完全替代传统文本案例。它们更适用于概念引入和讨论启动，而不是深入分析。在欧洲案例中心（The Case Center）的案例库中有 30 多个图解和漫画格式的案例，完全可以取代文字案例，成为该案例机构的一个特色。例如，《解雇英雄？道德与合规的图文案例研究》（*Firing a Hero?: A Graphic Case Study in Ethics and Compliance*），基于北美某银行发生的真实事件，为了适应漫画书格式，将事件虚构化。这种有趣的卡通案例吸引学生自主探索管理规定和程序管理、伦理和合规以及人力资源管理中的概念、问题和挑战（例如纪律处分、终止服务等），非常适合用于高管教育。该案例与另一个漫画案例研究《这是银行规定！道德与合规的图解案例研究》（*"It"s Bank Policy!: A Graphic Case Study in Ethics and Compliance*）结合使用效果很好。

8.2.4.2　适用场景

绘图案例的多样性和易于理解的特点，使其成为多种教学场景下的有效教学工具。

（1）概念引入：作为新概念或主题的引入工具，绘图案例可以帮助学生迅速理解核心概念并激发兴趣。

（2）情景分析和讨论：利用绘图案例中的情景和故事，激发学生对特定商业问题的讨论和分析。

（3）**案例研究的补充：**作为传统文字案例的补充，通过视觉故事讲述增加案例的深度和维度。

（4）**团队协作和角色扮演：**在小组活动中使用，鼓励学生团队合作，进行角色扮演和情景模拟。

（5）**批判性思维训练：**通过绘图案例中的复杂情境和角色冲突，锻炼学生的批判性思维能力。

（6）**互动学习活动：**在研讨会或工作坊中使用，作为互动学习的一部分，促进学生主动参与。

8.2.4.3 开发要点

绘图案例的开发是一个跨学科、跨专业领域的合作过程，需要良好的协调和管理。确定案例的核心教学目标和主题后，首先评估是否适合采用绘图案例形式，毕竟绘图案例的信息承载量有限。然后，编写紧凑、引人入胜的故事剧本，确保案例具有清晰的故事线，逻辑连贯，容易跟随。情节应紧密围绕教学目标展开。保证文本和视觉元素之间的一致性和互补性，不能互相抵消读者的注意力。

剧本完成之后，案例作者可能需要找一名插画师。选择具有相关经验和理解教学目标的插画师至关重要，他们的风格应与案例的主题和氛围相匹配。注意插画的清晰度和视觉吸引力，以及版面布局。绘图要创造鲜明的角色，通过对话展现不同的观点和商业决策过程。

将文本内容和插画整合成完整的绘图案例之后，建议先进行内部测试和审阅，收集反馈意见，因为不同的读者面对同样的图画，可能产生不同理解。

最后，还有两点注意事项：第一，绘图案例的开发可能涉及较多资源，需要合理规划预算和时间；第二，考虑到全球化的教学环境，确保案例内容在不同文化背景下都合适。

8.2.5 翻转课堂案例

翻转课堂案例将传统的教学模式进行了创新性的调整，使得学生的学习和参与度达到了新的高度。通过这种模式，学生在课前通过独立学习掌握知识，课堂时间则用于深入探讨和实践，实现了学习方式的有效转变。

8.2.5.1 体例介绍

"翻转课堂"是一种新流行的教学模式，它颠倒了传统教学活动的顺序。在这种模式中，传统课堂上的知识传授（如讲座）转移到了课堂之外，通常通过录制的视频讲座、在线阅读材料等形式进行。与此同时，传统作业或学生独立完成的学习活动则移入了课堂内，让学生在教师的直接指导下进行深入探讨、实践应用和小组合作——传统课堂上的讲授和学生自主学习的环节被交换了位置，这就是为什么称之为"翻转"的原因。

案例教学与翻转课堂的融合就诞生了翻转课堂案例。主流的研究（中国国内已有不少论文）认为案例教学法就是在进行翻转课堂，因为在传统的商学院课堂上，是教师讲、学生听，案例教学使学生的参与度提升，而"翻转课堂"使学生的参与度进一步提升，甚至反客为主。在这种融合模式下，案例教学的传统方法被重新构思和安排，以适应翻转课堂的教学框架。与传统案例教学法相比，学生被鼓励课前在案例信息之外进行研究，探索他们认为对案例至关重要的元素。课堂时间主要用于深入分析案例、小组讨论、问题解决和教师指导。在翻转课堂案例中，教师的角色更多是作为指导者和促进者，而不是单纯的信息传递者。课堂中的案例讨论包括更多样的分析方法，因为它们不像传统案例那样结构化。

教学方式的翻新对应到案例文本上的翻新，就是翻转课堂案例与传统案例在文本处理上差别较大：传统案例往往比较详尽，提供案例分析所需的所有信息，包含丰富的背景信息、数据分析和附加材料；翻转课堂案例更加精简和直接，主要提供启动思考的基本信息和关键问题，可能故意留出信息空白，鼓励学生独立研究和探索。传统案例的讨论问题通常在案例结束时提出，用于引导课堂讨论；翻转课堂案例强调问题的开放性，鼓励学生在课前进行探索和思考。传统案例更侧重于描述性内容，以信息传递为主；翻转课堂案例包含互动性更强的元素，如在线讨论板、互动练习或模拟活动。总体而言，开发既简洁又充分的案例内容，以便在不过分引导的同时提供足够的信息，对案例开发者是一个挑战。

美国的许多商学院和大学在采用翻转课堂模式方面走在前列，例如哈佛商学院、斯坦福大学和麻省理工学院等顶尖学府都在不同程度上应用这种教学方法。欧洲的一些商学院，如英国的伦敦商学院和西班牙的 IE 商学院，也在采用翻转课堂案例教学。Coursera、edX 等在线教育平台提供的许多课程也采用翻转课堂的模式，其中不少是与知名商学院合作开设的。而在中国，翻转课堂案例教学的应用相对较新。

8.2.5.2 适用场景

翻转课堂案例作为一种创新的教学方法，适用于多种商学和管理课程，例如市场营销、财务管理、人力资源管理、战略规划和组织行为等课程。这种教学模式特别强调学生在课前的自主学习，以及课堂上的深入讨论和实际应用。

从教学目标看，这种方法的主要目标是提高学生的主动学习能力、批判性思维、深入理解和知识应用能力。通过这种模式，学生不仅能够更好地理解理论知识，还能学会如何将这些知识应用于实际商业情境中，从而提高其解决复杂商业问题的能力。

从教学场景看，翻转课堂案例非常适合用于小组讨论和互动学习，能够促进学生之间的沟通和团队协作。在课堂上，教师可以引导学生应用他们课前学习的理论，通过案例分析、批判性思维练习和实际问题解决来加深理解。

8.2.5.3　开发要点

翻转课堂案例的开发，需要在保留案例教学法核心精神的同时，适应翻转课堂的特点。这意味着案例内容不再是详尽无遗的信息堆砌，而是更加聚焦于触发思考和讨论的关键点，留出空间让学生进行自我探索和研究。具体来说，案例开发应该：突出关键问题和冲突点，激发学生的兴趣和好奇心；故意留出一些信息空白，鼓励学生进行独立研究；提供多样的分析路径和讨论点，以适应不同学生的探索方向。

翻转课堂案例的教学笔记撰写更富挑战性。鉴于案例信息更加精简，教学笔记需要包含更多关于如何引导学生进行自主学习和探索的建议。由于学生可能从不同角度探索案例，教学笔记应该包含多种可能的分析路径和讨论点。教学笔记中还特别需要增加互动活动设计，包含具体的课堂互动和小组活动设计，以促进学生之间的讨论和合作，并提供课堂管理策略和技巧，帮助教师有效地管理更加以学生为中心的课堂活动。

8.2.6　实时案例

实时案例让学生与时俱进，深入了解并参与分析当下正在发生的商业挑战和行业动态。它们突破了传统案例分析的时间界限，为学生提供了一个实时的学习和互动平台。

8.2.6.1　体例介绍

如果说传统案例是"过去完成时"，实时案例则是"现在进行时"。实时案例围绕当前发生的商业事件或行业趋势构建，在撰写案例时，焦点问题尚未解决，它能提供最新的信息和数据，使学生能够直接参与实时的商业决策和分析。与传统案例相比，实时案例通常不会有一个固定的结构或预定的结局，它们随着事件的发展而更新，提供动态变化的学习环境。鉴于案例内容的即时性，学生被鼓励积极参与，提出自己的见解和解决方案，与实际商业环境的决策过程相类似。

在实践中，还有一种实境教学案例，就是走进案例企业，在案例发生的现场讲解。实境案例的核心是实地体验和观察，使学生能够直接观察和了解企业运作的具体情况。实境案例提供了更深层次的沉浸式学习体验，强调现场体验和直接观察。实时案例主要特点是学生参与解决或分析正在发生的实际商业问题。案例的内容、数据和情境是实时发展的，学生的参与通常通过课堂讨论、在线平台或其他远程方式进行。因此，实时案例与实境案例存在着本质的区别。

与实时案例在参与性上相似度较高的是行动学习案例，这是国内很多关注案例教学的学者在关注的一类案例。行动学习涉及通过在小组内解决实际问题的"做和反思"循环，以促进学习，其中关键的内置反思时刻确保从所采取的行动中学习。[1] 行动学习案例通常指的是在真实或模拟的工作环境中，通过实际行动和反思来学习和解决问题的过程。与实时案例相比，行动学习案例更加注重参与者的互动、实践和反思过程，旨在促进个人和团队的学习与发展。而实时案例通常指的是在真实时间内发生、需要立即解决的实际问题或挑战，强调的是对当前情况的快速响应和决策能力。两者之间的主要区别在于行动学习案例更侧重于学习过程和长期能力的培养，而实时案例则侧重于解决具体问题的效率和效果。

实时案例还容易与咨询项目混淆。学生在实时案例学习中有机会与案例企

1　Sahni S. Action learning with impact［OL］. 2015-03-30［2024-01-28］. https://www.harvardbusiness.org/action-learning-with-impact/.

业建立直接联系，还有机会对案例组织产生真正的影响，甚至获得公司聘用，从这些结果看，确实很像咨询项目。但是，实时案例与咨询项目在目的、结构和学生的角色上存在显著区别。实时案例主要是教学工具，用于在课堂环境中分析和讨论实时发生的商业问题。它通常有一个更明确的教学目标和结构，旨在促进学生对特定问题的理解和分析。学生的角色是分析者，他们的任务是提出见解和可能的解决方案。咨询项目更偏向于实际的商业咨询工作。学生在项目中的角色类似于咨询师，直接与企业合作，帮助解决实际问题或提出具体的商业策略。咨询项目通常更长期、更深入，涉及现实世界的业务挑战和决策过程。

8.2.6.2　适用场景

实时案例提供的动态、实际和及时的情境为学生提供了将理论知识应用于实践的机会，尤其适用于需要学生不仅理解理论知识，还要能够快速适应并分析实际商业环境中的复杂问题的课程，市场营销、战略管理、组织行为、国际商务、创新创业等课程，比如，市场营销领域经常涉及快速变化的消费者趋势、竞争策略和新兴渠道，实时案例使学生能够分析和应对当前市场的实际问题，理解市场动态，应用最新的营销理论和工具。

从培养学生能力的角度，实时案例适用于培养学生的问题解决能力和决策技能，学生通过分析和提出解决方案，学习如何应对实际商业挑战。在小组讨论和项目中，学生需要合作分析案例，还有助于培养团队合作和领导力。

与企业的紧密合作是实时案例最大的特色，在商学院与企业的合作项目中，实时案例提供了学生与企业互动、了解实际商业环境的机会。

8.2.6.3　开发要点

开发实时案例，难在开头、难在过程、难在后续。在项目的启动阶段，首先要挑选当前正在发生并且具有学术和实践价值的商业事件作为案例主题，通常在快速变化的行业，如科技、金融和消费品，开发实时案例的机会比较多。还要找到一家高度配合的案例企业，与之建立合作关系，以获取第一手的信息和洞见。

在开发过程中，需要持续收集和更新与案例相关的最新信息和数据，以保持案例的实时性和相关性。由于实时案例涉及正在发展的情境，开发时需要具备一定的灵活性和适应性，以应对可能的变化。虽然案例内容是实时的，但仍需设计一个清晰的结构和框架，以引导学生的学习和讨论。在处理敏感信息和商业秘密时需遵守法律规定、合作协议，尊重企业的隐私和保密要求。

在开发完成后，对实时案例进行持续关注并进行适时迭代，可以确保其教学有效性和学术价值。实时案例通常涉及正在进行的商业事件或快速变化的行业情境，因此，随着情况的发展，原有案例的某些方面可能需要更新或调整，持续更新案例可以帮助学生更好地理解现实世界的动态。特别建议对实时案例建立评估和反馈机制，包含对学生参与度和案例分析质量的评估机制以及提供反馈的途径，以随时矫正实时案例可能出现的偏差。

实时案例的教学笔记也有别于常规案例，最大的区别有两点：一是，鉴于实时案例的动态性，教学笔记应提供灵活的教学策略，以适应案例内容和情境的实时变化；二是，鉴于实时案例可能涉及多个方面和视角，教学笔记应包含多角度的分析和讨论，以促进全面理解。

实时案例通常基于教师或商学院与案例企业的私交而开发，也就是 1 对 1 的关系，所以通常不太适合投稿，变成 N 对 1 的关系。与案例企业的合作可能基于特定的合作协议，这也可能限制案例的共享和广泛使用。此外，由于实时案例需要根据案例企业的最新发展进行持续更新，这种持续性的迭代可能难以适应广泛发布和共享。因此，在考虑将实时案例投稿到案例库或出版时，需要考虑这些限制因素。在某些情况下，将实时案例改编成更通用的格式或在保护敏感信息的前提下进行投稿可能是一个可行的选择。

8.2.7 学生编写、教师引导的案例

学生编写、教师引导的案例学习，是一个双向的学习旅程，既锻炼了学生的能力，也丰富了教学的深度。

8.2.7.1 体例介绍

在案例学习中，"写案例"比"读案例"对案例的理解更深刻，从这一个角度出发，学生编写、教师引导的案例（student-written, instructor-facilitated, SWIF）应需而生。这类案例的主要特点是学生在案例的撰写和开发过程中扮演核心角色，包括选择主题、收集数据、撰写案例叙述和分析，而教师则作为引导者，帮助学生理解案例编写的关键步骤和结构，确保案例内容的教学价值和质量。

撰写案例是一种主动学习的过程。学生不仅被动接收信息，而且积极参与知识的创建和应用，这让学生同时锻炼研究、分析、写作和批判性思维等多项技能，相较而言，阅读案例主要集中于分析和理解。自己撰写案例的过程和最终成果可以给学生带来更大的参与感和成就感。优秀的案例还有可能被公开发表或在竞赛中展示，为学生的简历增添亮点。

8.2.7.2 适用场景

SWIF 案例重在培养主动学习和批判性思维，还鼓励学生将理论概念直接应用于实践，特别适合于以下教学场景：

（1）研究型课程：特别适用于要求学生进行深入思考和复杂问题分析的课程，强调批判性思维的培养，如商业战略、市场研究、行业分析等课程。

（2）**领导力和管理技能培养**：在小组案例撰写中，学生需要协作并可能承担领导角色，可以锻炼决策制定和领导技能，促进协作和项目管理技能的发展。

（3）**创新和创业教育**：创新创业教育强调创新和解决问题的思维方式。SWIF 案例要求学生从零开始创造案例，这个过程本身就是一种创新实践。通过研究和撰写关于创业企业或创新项目的案例，学生能够更好地理解创业过程，培养创业精神。

（4）**实践导向课程**：撰写案例使学生将理论知识应用于解决实际问题，加深对商业概念的理解和应用，适合于强调实际应用和实践操作的课程，如运营管理、财务分析等课程。

8.2.7.3　开发要点

SWIF 案例与常规案例在形态上没有区别，主要是开发者和开发过程的区别。鉴于 SWIF 案例的特殊性在于由学生主导撰写，开发过程应特别强调培养学生的自主性和主动性。提供的指导应更多地聚焦于激发学生的创造力和独立思考，而不仅是传授案例写作的技巧。在 SWIF 案例中，教师的角色从传统案例中的主导者变为辅导者和顾问。这要求教师在指导过程中更加注重引导学生探索，而不是直接提供答案。

与传统案例相比，SWIF 案例应允许更大的选题灵活性和开放性，鼓励学生根据自己的兴趣和课程内容选择或创造案例主题。学生可以选择使用原始数据或二手数据。如果是作为课堂小组练习，通常推荐使用二手资料案例方法。因为学生可能缺乏撰写案例的经验，教师需要提供详细的过程指导和撰写模板，帮助学生理解案例的结构和重要组成部分。在 SWIF 案例的开发过程中，教师应提供定期和及时的反馈，帮助学生不断改进和深化他们的案例。这种迭代过程对于学生理解案例的深层次内容至关重要。

学生通常不具备教师的理论专业知识（博士生除外），因此，对教学笔记的要求可以更加灵活，以适应学生的写作水平和理解程度。可以更注重指导和学习过程，而不是完美的结果，即重点关注学生在撰写过程中的学习和发展，而不仅是内容的准确性和完整性。激励学生展现创新思维和创造性，而不仅仅是重述事实，鼓励他们探索新颖的角度和解决方案。

8.2.8　播客或音频案例

播客或音频案例在当代教育中占据了独特而重要的地位。通过声音，它们为我们提供了一个全新的视角来探索商业世界的复杂性和多样性。

8.2.8.1　体例介绍

播客或音频案例利用音频媒介来讲述和探讨商业案例和管理问题，包括访谈、讨论、故事讲述等方式，为听众提供了一种沉浸式的学习体验。音频案例可以包括各种主题，如企业观察、行业分析、领导力讨论等，内容形式更为灵活和多样。播客案例还可以通过提问、观点探讨等方式鼓励听众参与，促进深入思考和讨论。作为一种便携的学习媒介，播客和音频案例可以在不同环境下被接收，如通勤路上、健身时等，方便听众随时学习。虽然主要是音频形式，但播客和音频案例也可以结合视觉材料，如幻灯片、图表，来增强理解。

播客或音频在我们的印象中，就像是广播一样古老的传统媒体，而事实上，多媒体的兴起，非但没有削弱广播和音频，反而很多音频播客获得了更广泛的受众和更高的受欢迎度。这主要得益于音频和播客独特的便捷性、个性化、深度和社交互动性。播客还提供了广泛的主题选择，满足不同听众的兴趣和需求，用户可以根据自己的偏好选择内容，享受更加个性化的信息获取体验。与其他媒体形式相比，音频和播客能够提供更深入的内容和叙事性体验，使听众能够更加投入地聆听和思考。在信息过载的时代，音频和播客提供了一种更轻松的信息消化方式，听众可以在做其他事情的同时学习和获取信息。

目前，出版播客和音频案例的机构数量相对有限。一些注重创新教学方法的教育机构和商学院开始探索使用播客和音频案例，如哈佛案例库。一些专业播客平台和独立内容创作者走得更快，通过播客和音频平台发布自己的案例研究和分析，尽管这些可能不总是经过正式出版机构的审核和发布。

8.2.8.2　适用场景

播客和音频案例作为一种新型的教学工具，利用其独特的音频叙事方式，为传统的案例教学方法提供了有趣、灵活且富有吸引力的补充。

（1）案例讨论预热：在课堂案例讨论前，教师可以使用播客和音频案例作为预习材料，帮助学生提前熟悉案例背景和关键议题，激发他们的兴趣和思考。

（2）移动学习和灵活教育：适用于忙碌的学生或专业人士，需要在通勤或间隙时间进行学习的情况。播客和音频案例提供了一种方便的随时随地学习的方式。播客和音频案例还可以作为课外学习材料，鼓励学生自主探索特定主题或深入了解行业动态。

（3）专家访谈和行业洞察：在需要提供行业专家见解或深入探讨特定行业趋势的课程中，如投资分析、经济形势、科技趋势分析等课程，播客和音频案例能够带来专家级的洞察和分析。

（4）情境模拟与角色扮演：播客和音频案例可以模拟商业会议、谈判或客户互动的场景，提供了一种更加真实的听觉体验，帮助学生在虚拟环境中练习和学习。

（5）沟通技巧训练：在商学课程中，尤其是强调口头沟通和演讲技巧的课程里，播客和音频案例可以作为学习良好语言表达和沟通方式的示范。

8.2.8.3　开发要点

音频案例很挑主题，特别适合讲述具有强烈故事性的内容，通常包含有趣的情节、吸引人的人物和富有戏剧性的冲突。也很适合通过对话和访谈来展现的案例，例如专家访谈、领导讲话。

在叙述方式与结构安排上，考虑到是音频形式，案例的叙述应流畅、引人入胜。合理安排结构，如引入、问题展示、分析讨论和结论，确保听众能够清晰地跟随案例的发展。注重利用故事化技巧来增强案例的吸引力和教育效果，通过构建情景、人物和情感元素，创造出强烈的情境沉浸感。通过声音的力量，听众能够在心理上"置身"于案例的环境之中，感受更加真实的情境体验。

如果追求高质量和专业水平的音频体验，聘请专业播音员可以提升案例的听感质量。但这主要根据案例的内容和风格决定。对于需要更多情感表达和叙事技巧的案例，专业播音员可能更合适。对于更侧重于技术或学术内容的案例，教师或学者自己的声音可能更具说服力。在某些情境下，听众可能更青睐于从实际教师或专家那里直接听到内容，这样可以增加信息的权威性和真实感。

考虑到听众的注意力和时间限制，要合理控制播客和音频案例的时长，确保内容紧凑且充实。如果需要，提供配套的书面材料或视觉辅助内容，帮助听众更好地理解和吸收案例信息。

8.2.9　商业模拟

商业模拟产品是案例出版机构提供的一种教学工具，旨在通过模拟的商业环境，加深学生对商业决策和操作的理解。

8.2.9.1　体例介绍

案例出版机构除了提供案例之外，有的还会提供商业模拟产品。模拟和案例是两种不同的教学工具。模拟通常是交互式的，允许学生在虚拟环境中根据不同情景做出决策并看到结果，而案例研究则是对真实或虚构情境的描述性分析，旨在让学生讨论和分析。模拟强调动态决策制定和结果的即时反馈，而案例则侧重于深入分析和讨论特定情境下的决策。因此，模拟并不是案例，它们提供了不同类型的学习体验。[1]

模拟案例可分为广义模拟和狭义模拟两大类。广义模拟包括多种类型，每种类型都侧重于特定的学习目标和技能发展，常见类型包括：

（1）计算机模拟：利用计算机软件模拟各种商业环境。允许参与者在虚拟环境中进行决策，并观察这些决策的潜在影响。

（2）沙盘模拟：通过实物模型模拟特定的业务或管理场景。适用于战略规划和军事训练，也可应用于商业教育。强调团队合作和策略规划。

（3）角色扮演：参与者扮演不同角色，例如公司不同职能部门的负责人，在特定情境下模拟决策过程和人际互动。有助于理解不同角色的观点和面临的挑战。

（4）经营游戏：以游戏化的方式模拟商业运作。可以是桌面游戏或计算机游戏。包含市场竞争、财务管理、团队合作等元素。

（5）虚拟现实（VR）和增强现实（AR）模拟：使用 VR 或 AR 技术创造沉浸式学习环境。模拟复杂的商业场景，例如零售环境或生产线。

狭义模拟专指计算机模拟，使用先进的计算机软件来创建、分析并展现复杂的商业情景，提供一个接近现实商业环境的模拟平台，允许学生在控制和可重复的环境中进行决策实践，来测试假设和理论，是理解复杂系统和学习新技能的有效手段。

计算机模拟通常包括多个变量和参数，这些参数紧密模拟现实世界的商业

1　The Case Centre. Simulations and multimedia［OL］.［2024-01-28］. https://www.thecasecentre.org/buy/products/multimedia.

环境，其真实感有助于学生更好地理解和预测实际商业决策的后果。计算机模拟允许教师根据课程目标和学生的学习需求调整场景和参数，这种灵活性使得模拟可以针对不同的教学内容进行定制。

8.2.9.2　适用场景

计算机模拟的主要教学目的是帮助学生在没有实际风险的情况下，理解和应用商业理论，发展关键的商业技能，如分析思维、决策制定、战略规划等。此外，这种模拟也鼓励学生进行团队协作，提高沟通和领导能力。以下是一些主要的适用场景：

（1）战略规划与决策训练。学生可以使用模拟软件来测试不同的商业战略，评估决策对公司未来发展的长期影响。模拟可包括市场扩张、新产品发展、合并与收购等场景。

（2）市场营销和消费者行为分析。模拟市场环境，让学生实践不同的营销策略，如定价、广告、产品定位等。学生可以理解消费者行为如何影响市场动态。

（3）财务管理和投资决策。学生可以在模拟的财务环境中进行资产配置、预算规划和风险管理；可以模拟不同的经济情景，如利率变动、市场波动等，来看到决策的长期和短期影响。

（4）供应链管理和运营优化。模拟不同的供应链和运营管理场景，如物流规划、库存管理、生产流程优化。学生可以体验如何在多变的市场需求和供应条件下作出有效的运营决策。

（5）危机管理和应急规划。通过模拟突发事件（如经济危机、自然灾害、政治变动）来训练学生的应急反应能力。学生学习如何在压力下作出快速而有效的决策。

（6）领导力和团队管理。利用模拟案例来培养学生的领导能力和团队合作技能。学生在模拟中扮演不同的领导角色，管理虚拟团队，应对各种管理挑战。

（7）国际商务和全球市场分析。模拟不同国家和地区的商业环境，让学生体验跨国经营和文化差异。学生可以理解全球市场的复杂性和国际商业操作的挑战。

8.2.9.3　开发要点

计算机模拟能够成为商学院教育中一种强有力的教学工具，但其开发是一项复杂且专业的大工程，通常需要商学院与专业软件开发公司的紧密合作。

在计算机模拟案例的开发中，脚本策划是至关重要的一环。脚本不仅是整个模拟的基础架构，还确定了学习者的参与方式和学习体验。计算机模拟的脚本策划与常规案例写作在多个方面存在显著差异：

首先，常规案例通常是静态的单线叙事，提供固定的情境和问题，不会因读者决策而改变。计算机模拟强调高度的互动性和动态性，需要考虑多种决策路径和结果，以及这些决策如何实时影响模拟的走向，即分支式叙事，允许不同的故事线和结局根据用户决策而变化。

其次，常规案例主要侧重于文字描述和分析，不涉及技术集成。计算机模拟需要考虑如何将故事内容、教学目标与技术元素有效地结合。脚本写作者应了解所用技术平台的功能和限制，包括数据处理能力、用户界面特性、交互能力等，在创作脚本时考虑技术的实际应用，确保故事线和活动的可实现性。在脚本开发过程中，应该与软件开发团队保持紧密合作和持续沟通，确保脚本内容和技术实现之间的同步。

再次，大数据在构建具有更强真实感的商业环境模拟中扮演着关键角色，脚本应反映这些复杂的数据关系，以提高模拟的真实性和教育价值。脚本写作者可能需要与数据分析师或 IT 专家合作，以获取和理解相关的大数据。这可能包括市场数据、消费者行为数据、财务报表等，这些数据可以帮助构建更加丰富和复杂的商业模拟场景。写作者还要考虑如何将大数据有效地整合到脚本中，数据应与脚本中的情境、角色和事件紧密相连，以提供一种连贯和沉浸式的学习体验，还要展示这些数据如何影响商业环境和决策，即利用大数据来支持和加强故事叙述，例如，使用实际市场趋势数据来构建市场营销策略挑战。数据不仅提供背景信息，还可以成为推动故事发展的关键因素。

写完脚本之后，只成功了一半，因为计算机模拟最终是以软件的形式呈现的，找一家靠谱的软件公司决定着另一半的成功。软件公司必须深入理解商学院的教育目标和具体的学习成果需求，能够将技术解决方案与教育目标紧密结合是最重要的。软件公司需要提供高度定制化的解决方案，能够根据脚本内容和教学需求进行调整，适应未来的教学内容更新和技术升级。在设计中，应该特别强调用户界面（UI）和用户体验（UX）的重要性，界面应直观、吸引人，易于导航，设计应促进学习，而不是成为障碍。项目交付之后，需要软件公司提供持续的、全面的技术支持和培训，以确保教师和学生能够有效使用软件。软件公司应能够快速响应用户的反馈，进行必要的调整和更新。最后，建立有效的用户反馈机制，以便不断优化和改进模拟软件也是很重要的。

8.3　前沿探索与实践

在新型案例开发的领域中，顶尖商学院始终走在前列。它们通过不断地实验和引入新技术、新媒体和新理念，推动了传统商业案例教学的演变。

8.3.1　哈佛商学院的创新实践

哈佛商学院（Harvard Business School, HBS）长期以来一直是传统案例教学法的先驱，而在新型案例的开发上，学院同样展现了其不断探索和创新的能力。哈佛商学院在案例创新中最突出的特征是综合性强，对各种新型案例形式进行了广泛探索。另外，哈佛商学院在新型案例开发上注重时新性，紧跟最新技术应用，引领商学教育前沿。

哈佛商学院在模拟案例教学方面的创新实践是业界的佼佼者。其在商业模拟案例方面的实践集中在融合技术、叙事艺术和 HBS 案例教学法。HBS 信息技术部的多媒体和模拟团队与教师紧密合作，不仅涉及技术设计，而且深刻理解HBS 案例方法的教学理念，还与 HBS 的全球研究中心和哈佛商学院出版教育事业部（Harvard Business Publishing Education）进行合作，帮助推动这些项目从开发到教学、出版和全球分发的整个产品生命周期。该团队自 1995 年以来为 100多位 HBS 教师制作了 250 多个多媒体案例、补充材料和模拟。这些作品包含强大的视频、照片、图形和互动元素，扩展了传统 HBS 案例研究的范围，使教师和学生能够更深入地探讨当今商业领域的挑战。

多媒体案例和模拟的开发始于 20 世纪 90 年代中期院长金·克拉克（KimClark）的一项倡议，目的是将技术融入 HBS 案例教学法。当时，HBS 是流媒体视频技术和基础设施的先驱。例如，第一个多媒体案例只是一个简单的网页，带有指向流媒体视频的链接，尽管按今天的标准来看很原始，但这仍早于YouTube 普及流媒体视频 10 年之前。这些早期的多媒体案例虽然相对简单，但为后来的发展奠定了基础。

进入 21 世纪初，HBS 信息技术部门开始将基于纸质的练习转换为在线模拟，使学生体验变得更加互动，并便于快速汇总学生数据以供课堂讨论之用。这些多媒体和模拟产品每年约占 HBS 教授的所有案例的 16%。在外部受众方面，哈佛商学院出版教学资源平台在 2007 年至 2017 年间向客户销售了超过365 000 个多媒体和模拟产品。[1]

1　Church S. Multimedia cases and simulations blend technology, storytelling, and the HBS case method ［OL］. 2020-02-14［2024-01-28］. https://www.hbs.edu/news/articles/Pages/multimedia-cases-simulations.aspx.

其中一些备受欢迎的多媒体案例包括探索 2003 年哥伦比亚航天飞机悲剧前 NASA 事件的《哥伦比亚的最后任务》。这个案例通过模拟 NASA 管理者和工程师的桌面环境，让用户以第一人称体验组织功能失调，学习避免类似事件的发生。

哈佛商学院的多媒体团队还获得了三项泰利奖（Telly Awards），这是对教育媒体制作卓越性的认可。而模拟团队每年开发数个模拟案例，并提供学习工具和课堂支持。这些沉浸式、实践性强的体验使学习者置身于解决真实世界领导挑战的主角位置，他们在竞争环境中做出战略决策并见证其效果。

例如，模拟团队与迈克尔·托菲尔（Michael Toffel）教授合作开发的"啤酒游戏"（The Beer Game and Shad Universe）模拟，分别旨在展示供应链管理的综合方法的优势，以及设计最佳生产线流程和方法的挑战。此外，与拉蒙·卡萨德斯－马萨内尔（Ramon Casadesus-Masanell）教授合作开发的"战略酿造"（Strategic Brew）模拟，学生作为团队运营一家啤酒厂，开发产品（啤酒），将其推向市场，并制定竞争优势。这种模拟不仅展现了战略思维，而且通过实践暴露学生于产品开发、定价、包装、制造和营销等选择中。

总的来说，哈佛商学院在商业模拟案例方面的实践通过结合最新技术和创新的教学方法，为学生提供了深入理解和解决现实商业问题的机会，进一步强化了其在案例教学领域的领先地位。

8.3.2　IE 商学院的创新实践

IE 商学院以其在教育技术方面的创新而著称。该院在案例教学中运用了沉浸式学习体验，特别是在虚拟现实（VR）、增强现实（AR）及元宇宙技术的应用上。学院为所有学生配备了 VR 和 AR 头盔，学生可以在完全沉浸式的 3D 环境中探索学术概念，或者通过 AR 技术将虚拟元素融入他们的现实世界中。

学院与 Meta 的合作进一步深化了这种沉浸式学习体验。双方在马德里 IE Tower 和 María de Molina）和塞戈维亚校区建立了沉浸式 XR 实验室，并使用 Meta Quest 2 等最新 VR 设备。这些实验室不仅增强了学生对复杂商业概念的理解，也提供了实际的策略分析和决策制定练习的平台。学院还通过与 Meta、Bodyswaps 和 Virtualspeech 等公司的合作，开发了各种培训应用程序和沉浸式体验。这些合作不仅提升了教学质量，也为学生提供了与行业领先技术互动的机会。此外，学院计划在其马德里（及塞戈维亚的校园中设置特殊的 VR 教室和沉浸式角落，使学生能够通过使用沉浸式 AR、VR 和全息技术来学习如何将其应用于商业。[1]

在案例开发方面，IE 商学院利用 VR 和 AR 技术，特别是在技术、可持续性、商务谈判、市场营销和沟通等领域设计了一系列新型案例。这些案例通过深化学习体验和鼓励课堂上的决策和讨论，提升了学生的参与度和理解。

此外，IE 商学院对元宇宙的探索表现出其对未来教育趋势的洞察。学院于 2023 年在 Roblox 和 Descentraland 等多个元宇宙平台中开设虚拟校区。这不仅为学生提供了创新的数字学习环境，也让他们能够参与到虚拟活动和互动体验中。IE 商学院还建立了元宇宙中心，这是一个专注于研究和创新元宇宙技术应用的研究中心，突显了学院在这一前沿技术领域的领导地位。[2]

IE 商学院在 VR、AR 和元宇宙技术的应用，是超越案例教学的基础环境搭建，旨在为学生整体性地提供一个丰富、互动和现代化的学习环境，新型案

1　ON CAMPUS. IE University's commitment to immersive education methodologies［OL］. 2022-06-06［2024-01-28］. https://www.ie.edu/university/news-events/news/committing-immersive-education-ie-university-provide-virtual-reality-headsets-students/.

2　Uncover IE. Virtual reality and the metaverse: a new world of innovative education.［OL］. 2023-02-24［2024-01-28］. https://www.ie.edu/uncover-ie/virtual-reality-and-the-metaverse-a-new-world-of-innovative-education/.

例的开发和运营也必然受惠于此。这些创新环境不仅扩展了教学空间的界限，还为案例教学提供了新的维度和可能性：在元宇宙中创建的虚拟校区使新型案例的教学和学习更加生动和真实；沉浸式 XR 实验室配备了最新的 VR 和 AR 技术，特别适合于开发和呈现那些需要高度互动性和沉浸感的复杂案例。通过这些技术和环境的结合，IE 商学院能够在案例的设计和执行中采用更加创新和高效的方法。这种基础条件的提供，势必成为 IE 商学院在新型案例开发方面走在前沿的关键因素之一。

8.3.3　中欧国际工商学院的创新实践

中欧国际工商学院（以下简称"中欧"）自 1994 年开始出版案例，并在 2001 年建立了专业案例写作团队，重点开发与中国主题相关的教学案例。中欧案例中心通过严格的案例录入标准和审查流程，显著提高了案例的质量，还通过哈佛案例库、毅伟案例库和欧洲案例交流中心等全球分销渠道发布案例。中欧的案例研究团队主要由拥有博士学位并有学术论文发表经验的研究人员组成，他们与中欧教授合作编写案例正文和教学笔记。

中欧案例中心不仅致力于传统案例教学的持续发展，还大力推进新型案例的开发与应用，特别是在视频案例和模拟案例领域。

在视频案例的探索中，中欧着重于利用视频的直观性和新时代受众的偏好来增强教学效果。中欧的视频案例主要分为三种类型：第一是替代型，可以在一定程度上或者完全替代文字案例。学员看了视频案例就可参加课堂讨论，纸质案例只是作为备用细节检索用。话题完整，基本是部"故事片"。第二是特写型，超出案例的原有框架，舍弃非核心内容，抽取部分关键要素，深入展开。目标是不仅仅比纸质案例更生动，开掘也更深入。可以替代复杂案例中的某个侧面，或者完全替代聚焦型案例。第三是辅助型，作为文字案例的补充，在拍摄与简单剪辑后可以丰富课堂体验。一般是把访谈对象的回答，用视频方式记录，加字幕表现。对于需要表现案例主角性格特征的案例，可以起到辅助作用。

中欧还与 CNEX、二更等专业的纪录片制作商合作，开发了勤拓制衣、蔚来汽车等制作精良的视频案例。以勤拓制衣公司的视频案例为例，制作组对勤拓制衣及其产业链的深入调研，包括对公司创始人的长时间访谈和对企业内部从管理者到一线员工的求证，调研对象多达 35 人，调研足迹遍布上海、南通、亳州、嘉兴、盐城等地。在视频案例项目的实施过程中，案例开发小组注重与专业的纪录片制作人沟通，以确保视频的质量。制作过程中考虑到了各种管理和创作上的因素，如项目管理、关系管理、信息载量的选择以及创作介入程度等。

案例实境教学也是中欧一大特色。这个独创性和多样化的教学模块，旨在通过实地考察和亲身体验深化学生对商业知识和管理实践的理解。在家族企业和传承主题中，中欧 MBA 学员有机会深入家族企业进行学习，探讨家族企业的传承与管理，通过实地访问和与企业创始人直接对话，学习家族企业的创业故事、人生智慧和接班管理经验。在战略行动领导力主题中，学员在远离城市的戈壁中进行为期三天的徒步，体验团队合作和领导力，通过与 EMBA 前辈的交流，深刻体会在逆境和不确定性环境中的领导力，以及自我认知和改变的力量。在中国企业的全球化主题中，通过参访不同行业的中国企业，如泉峰集团、朗诗绿色集团、苏宁集团及研华科技等，学员能够了解这些企业如何实现全球化，分享其在国内外市场建立品牌的经验，以及探索管理创新的途径。这些实境教学模块不仅帮助学员们将理论知识与实际商业实践相结合，而且通过亲身体验和实地考察，加深了对中国以及全球商业环境的理解和认识。

商业模拟的开发和使用展现了明显的创新和实践导向。中欧除了使用自家IT 部门的开发能力外，还与多家商业模拟软件供应商合作，设计出具有实际商业背景的模拟产品："商战模拟系统"，专注于特定行业（如房地产和托育）中的商业决策模拟，这类模拟帮助学生深入理解特定行业的动态，以及如何在这些行业内进行有效的商业谈判和决策；"模拟卖 AR/VR 公司"，着重于技术驱动的市场和产品策略决策，通过角色扮演和工作坊，学生被引导探索在技术快速发展背景下的产品与服务决策；"角色扮演类的模拟谈判"，重点在于培养学生的谈判技能。在模拟销售鞋和自行车等产品的过程中，学生能够实践和提升谈判、沟通以及决策制定能力。

"征程"是中欧开发的一款大型商战模拟，旨在让学生团队在模拟环境中共同运营一家汽车企业。在这个模拟世界里，学生们将面临六年的经营挑战，竞争环境被划分为东部、南部和西北三个不同的市场，每个市场都有其特定的经济状况和消费者需求。学生们需要深入了解每个市场的特性，如东部市场的高消费能力和对高档车的偏好，南部山区市场对操控性能的需求，以及西北市场的迅速成长和对耐用性的重视。

学生们的任务是全面管理这家企业，从产品研发、市场定位到销售策略的制定。他们要决定哪些车型推向市场、如何定价，以及如何通过 4S 店网络进行销售。每个决策都需要考虑到市场需求、技术性能、价格敏感度、品牌知晓度和消费者服务等多方面因素。此外，广告和促销策略在塑造品牌形象和吸引消费者方面扮演重要角色。学生们还需要关注财务管理，确保企业资金流的健康，以避免因资金短缺而导致的经营困难。

在"征程"这个大型模拟中，学生们不仅要掌握汽车行业的基本知识，还要运用战略思维和团队合作来制定和执行企业策略。这种模拟教学方式旨在通过实践体验提升学生们的商业决策能力、市场分析能力和团队协作能力，为他们未来在复杂的商业环境中的职业发展打下坚实的基础。

中欧在案例教学的创新实践中，不仅在内容的深度和广度上进行了拓展，而且在呈现方式上进行了大胆的创新。尤其是在引入视频案例和模拟案例方面的探索，成功将复杂的商业故事转化为生动的视觉叙事和沉浸式体验，从而极大地增强了学习的吸引力和教学的效果。这些实践不仅拓宽了商学教育的边界，更重要的是，它们为培养具有深刻市场洞察力和实战决策能力的商业领袖设立了新的标准。

8.4 关键挑战和应对

在商学院教育中，案例教学法作为一种历史悠久且高度实用的教学方式，一直受到重视和推崇。哈佛商学院自 20 世纪初开始使用案例教学法以来，这种方法已经成为商业教育的一个重要组成部分。然而，尽管案例教学法具有深厚的历史背景和广泛的应用潜力，但是它在全球范围内的商学院中并未得到普遍和系统性的应用和发展。许多机构仍然依赖传统的讲授式教学，对案例教学的有效性和实施方式缺乏深入理解。这主要是由于缺乏对案例教学理念的充分认同和支持，以及在教学实践中面临的多种挑战。为此，商学院在推广和发展案例教学法的过程中，首先需要在理念上进行更新，强化对这种教学方法的认同和支持。在此基础上，商学院可以进一步探索和发展新型案例教学法，以适应不断变化的教育需求和技术进步，提高教学效果和学生参与度。接下来将详细讨论在新型案例教学法的开发和应用中面临的主要挑战以及相应的应对策略。

8.4.1 技术基础与资源配置

在新型案例教学法的开发和应用中，技术和资源的挑战是一个不可回避的问题。新型案例，特别是涉及先进技术如虚拟现实（VR）、增强现实（AR）、云计算以及大数据分析的案例，对技术基础设施的要求较高。这不仅需要先进的硬件设施，还涉及相应软件的开发和维护，以及专业人员的技术支持。这些技术要求往往伴随着显著的资金投入和持续的资源消耗。对于很多商学院来说，尤其是资源有限的机构，这些技术和资源的需求可能构成了一个重要的制约因素。

应对这一挑战的首要步骤是增加对新型案例教学法的资金和资源投入。商学院可以通过多种方式来实现这一点，包括寻求政府和行业的资助、与企业建立合作伙伴关系，或利用校友网络和捐赠来筹集资金。此外，商学院还可以通过优化现有资源的使用，如共享设施、合理分配技术资源，以及采用成本效益较高的技术解决方案来降低成本。

在技术应用方面，商学院需要建立或强化与技术供应商的合作，以确保所使用的技术既先进又适用于教学需求。此外，通过建立专业的技术支持团队，商学院可以确保教学中使用的技术平台稳定可靠，同时也为教师和学生提供必要的技术培训和支持，以提高他们使用新型教学工具的能力和效率。

8.4.2 教学方法的创新适应

随着教育技术的快速发展，新型案例教学法要求教师不仅要掌握传统的案例分析技能，还需要适应使用多媒体、虚拟现实、互动平台等新型教学工具。这一转变不仅涉及技术层面的适应，更包括教学理念和方法的更新。例如，教师需要学会如何有效地整合视频、模拟和传统案例分析，以创造一个多元且互动的学习环境。

为了应对这一挑战，商学院需要为教师提供持续的专业发展和培训机会，比如内部研讨会、工作坊以及外部培训课程，以提升教师对新型教学工具的理解和应用能力。此外，商学院还应鼓励教师进行教学实践的创新，比如开设小规模的试点项目，让教师在安全的环境中尝试和评估新的教学方法。通过这种方式，教师可以探索不同的教学策略，找到最适合自己课程和学生的方法。商学院还可以创建一个支持和分享的平台，让教师之间相互学习，分享成功的经验和面临的挑战。

教学方法的适应性和灵活性不仅是教师个人技能的提升，也是整个教育机构文化和理念的体现。通过对教师的支持和鼓励，商学院可以构建一个开放、创新的教学环境，促进新型案例教学法的有效实施和持续发展。

8.4.3 内容更新的持续挑战

内容更新和维护是新型案例教学法的重要特征，尤其是在快速变化的商业环境中。新型案例，如那些涉及最新商业趋势、技术进展或当前事件的案例，需要定期更新以保持其相关性和教育价值。然而，这一过程往往需要投入大量的时间和资源，包括对最新商业动态的持续跟踪、案例材料的定期修订，以及与行业专家和企业的持续互动。

为了有效应对这一挑战，商学院需要建立一个系统的案例更新和维护机制。首先，可以设立一个专门的案例开发团队，负责监测相关行业和市场的最新动态，并定期审查和更新案例库。教授和研究助理可以协助这项工作，他们能够结合自身专业知识和实时市场信息，确保案例内容的及时性和准确性。

此外，还可以利用技术工具来优化内容更新过程。例如，使用数据分析工具来跟踪和预测行业趋势，或者利用云计算平台来存储和管理大量的案例材料。这些技术工具不仅可以提高更新过程的效率，还能降低相关成本。

积极调动校友资源，通过定期组织行业研讨会、访谈和企业访问，可以获取第一手的行业信息和见解，从而更好地指导案例的更新和修订。

最后，可以定期征求学生和教师的反馈，以指导案例内容的更新和改进。

通过收集和分析这些反馈，可以了解哪些案例最受欢迎，哪些内容需要改进，从而做出更加精准和有效的调整。

8.4.4　知识产权与隐私保护

在新型案例教学法的开发和应用中，知识产权和隐私问题是一个复杂且关键的挑战。尤其是在制作涉及真实商业情境的视频案例、多媒体案例或其他涉及第三方内容的案例时，必须严格遵守相关的法律法规，以保护知识产权并尊重隐私权。

首先，需要确保所有使用的内容，包括文本、图片、视频和音频等，都已获得必要的授权或符合公平使用原则。这可能涉及与内容创作者或版权持有者进行谈判，确保获得适当的使用许可。同时，应确保所有案例和教学材料的使用不侵犯任何第三方的知识产权，尤其是在使用网络和公开来源的资料时。

在处理个人和公司信息方面，尤其是在制作与真实公司和个人有关的案例时，必须严格遵守隐私保护协议。在未获得个人或公司明确同意的情况下，不得泄露任何敏感或保密信息。为此，可以与案例中涉及的公司和个人签署保密协议，确保双方对于信息使用的范围和条件有共同的理解和约定。

此外，参与案例开发的教师和案例作者应该接受相关的法律培训和指导，比如在知识产权法律、版权法、隐私保护法等方面的教育，以提高在开发和使用教学材料时的法律意识。案例开发团队还可以设立一个审查机制，对所有新开发的案例进行法律合规性审查，确保所有教学材料都符合法律法规的要求。

8.5　本章小结

本章全面深入地探讨了"新型案例"的概念、类型、使用场景及其开发要点。新型案例是相对于传统案例的创新形式，强调利用多样化的技术手段和互动元素来呈现和分析真实世界问题。它们包括但不限于视频、音频、多媒体元素，甚至 VR 和 AR 技术。

本章系统地介绍了多种新型案例的形式及其应用，包括短案例和微案例、视频案例、多媒体案例、绘图案例、翻转课堂案例、实时案例、学生编写与教师引导的案例（SWIF 案例）、播客或音频案例，以及模拟案例。每种案例类型都详细介绍了其特点、适用场景和开发要点。例如，短案例和微案例适合于快速课堂讨论和在线学习平台，强调在有限的篇幅内提供丰富的教学内容；视频案例通过视听媒介增强学习的直观性和情境感；多媒体案例则结合不同媒介形式，提供多维度的学习体验。

此外，本章还讨论了新型案例相较于传统案例的优势，如增强互动性、提供丰富的学习体验、便于快速更新以及更高的可定制性等。这些新型案例不仅侧重于问题分析，还强调技能培养、创新思维和技术应用的学习。

然而，新型案例的发展和应用也面临诸多挑战，包括技术资源的配置、教学方法的适应性、内容的持续更新，以及知识产权和隐私的保护等。这些挑战要求商学院在资源配置、教师培训、内容更新机制建立以及法律合规方面采取有效措施。通过这些策略的实施，商学院不仅能够应对新型案例教学中的挑战，也能推动教学方法的创新和发展。

本章的探讨揭示了一个重要的趋势：在快速发展的数字时代，商学院教育正迈向更加开放、创新的未来。这不仅是技术革新的胜利，更是教育理念进步的见证。新型案例的探索性实践和持续发展标志着商学教育在培养具有批判性思维、灵活适应能力和全球视野的未来商业领袖方面迈出了坚实的步伐。这种教学的进步不仅仅在于传授知识，更在于激发创新，塑造能够适应和引领未来商业挑战的领导者。

锦囊21

动态理解新型案例

　　理解什么是新型案例，是新型案例开发的起点。新型案例之"新"，随着商业环境和技术进步而日新月异，必须打破边界，动态理解什么是"新"。固守成见，只能刻舟求剑。更进一步，开发新型案例时，不仅要考虑当前的需求和技术，还要预见未来的趋势和可能的变化，确保案例的长期相关性和有效性。

锦囊22

案例创新的三统一

　　在设计和选用新型教学案例时，秘诀是案例创新形式–教学目标–优化学习体验的三点一线，这才是案例创新的意义所在，缺了任何一点，案例创新的意义都坍塌了，即每个案例的设计都应该围绕如何更有效地实现教学目标展开，同时考虑到如何通过案例的独特性和创新性来最大限度地激发学生的学习兴趣、满足学生的学习需求。

锦囊23

运用管理项目方法

　　开发新型案例时，有效地调动和利用各种资源至关重要。这不仅包括技术和财务资源，还包括人才和时间资源。有效的项目管理技巧能确保资源被合理分配和高效利用。在案例开发过程中，要建立清晰的项目计划，明确各阶段的目标和时间线，同时，要灵活应对可能出现的挑战和调整。善于项目管理，不仅能够加速案例的开发进程，还能确保案例质量和教学效果。

案例定稿与授课 [1]

就像一辆车在研发设计、采购零部件、组装生产、安全检测之后要上路才能体现价值一样，一篇案例在选题设计、收集材料、案例撰写、规划教学等环节之后要投入课堂使用，才能实现教学价值。本章基于案例流程指出了案例定稿可能发生的时点，多重视角介绍了影响案例和教学笔记内容定稿的因素，详细说明了在现场案例开发过程中常用的三个协议文件及相关注意事项，梳理了定稿阶段常见的问题及应对建议，进而阐述了如何让案例授课反哺案例开发。

9.1 案例定稿

图 9-1 展示了一个案例项目完整开发周期的四个阶段——启动、开发、

---

1 本章作者：赵丽缦、吴璠。赵丽缦，博士，中欧资深案例研究员，主要关注创新创业、战略管理、领导力、案例法等领域，多篇案例被国际主流案例库收录，曾荣获 EFMD（欧洲管理发展基金会）案例写作大赛最佳奖、The Case Centre（欧洲案例交流中心）全球案例写作竞赛最佳奖、"中国工商管理国际最佳案例奖"最佳奖、一等奖、提名奖，Financial Times（《金融时报》）"责任教育"案例写作竞赛亚军，案例进入哈佛案例库畅销单。吴璠，博士，中欧案例研究员，主要关注能源经济学、社会创业、ESG 等领域，多篇案例被国际主流案例库收录，曾荣获"中国工商管理国际最佳案例奖"二等奖。

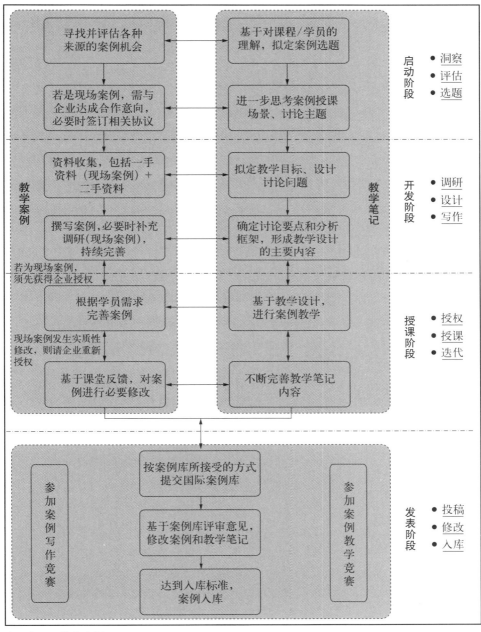

资料来源：作者绘制。

图 9-1　案例开发流程

授课和发表。案例开发阶段结束的标志常常是案例开发者完成了可以投入课堂使用的版本，且完成教学笔记的主要设计。然而真正意义的定稿可能发生在开发、授课和发表的任一阶段。也就是说，案例和教学笔记的内容很可能会根据企业[1]、学员、授课者和评审专家等利益相关者的需求进行必要的调整。在调整的过程中，规范的法律文件可以为现场案例的开发工作保驾护航。

9.1.1　内容验证：案例和教学笔记的匹配

定稿前，案例开发者需要确保，承载着企业实践的案例和承载着授课者教学设计的教学笔记能够匹配，这样学员才能在分析与讨论企业的管理实践时，提升意识、学到知识、锻炼技能及促进行动。如果发现不匹配，则需要持续迭代案例和教学笔记的内容。

9.1.1.1　谨记学员的学习需求（学员视角）

案例和教学笔记是交叉设计、同步开发的。在案例定稿之前，案例开发者需要思考和确认基于案例可以实现的教学目标及对应的讨论思考题。笔者常用的做法是，在请案例企业确认现场案例的相关内容之前，或者在图书馆案例投入课堂使用之前，会站在学员的角度[2]分析设定的几个思考题，列出从多个角度回答思考题的要点：一方面，为撰写教学笔记做准备；另一方面，检查案例是否依然有缺失或有疑问的内容，若有，便需要在最后请企业确认内容的时候一并补充或确认。也就是说，需要时刻兼顾未来学员的分析需求，来确保他们对深入分析某一问题所需要的信息都已经通过恰当的形式提供在案例中。

1　商学院案例主体多为企业，也可以是医院、学校或个人的组织及个体，需视情况而定。本章案例主体多指企业。

2　条件允许时，可以考虑请一两位学员事先阅读并给出分析和建议。

9.1.1.2 案例和教学笔记彼此强化（授课者视角）

一篇情节跌宕起伏、文字行云流水的案例，也许称得上是一篇好文章，但如果与教学目标脱节严重，无法有效地支撑课堂讨论，就绝对称不上是一篇高质量案例。Austin 等（2015）在《卓越的教学案例和教学笔记的核心要素》一文中提出，除了分别关注案例和教学笔记应有的重要元素之外，还应当关注二者的融合，其中非常重要的一点就是案例和教学笔记的彼此强化，即教学笔记对案例内容进行多视角和深层次的分析（而非显而易见的再度呈现），案例的内容反过来能够支撑和激发严谨和深刻的分析。[1]

在案例投入使用之前，撰写教学笔记的过程中，如果真正代入其他授课者的视角，我们会发现，案例中可能存在一些案例开发者"已知"但未来使用者"未知"的信息，如果这些信息对于讨论思考题有帮助，则需在案例或者辅助教学材料中得以体现。案例开发者不能假设未来的学员或者授课者已经知道调研过程中的隐性信息。比如，如果一个案例讨论的是企业文化如何支撑战略转型，仅仅提供"企业做了什么"的信息是不够的，还需对企业文化和战略及其背后的思考或变化等内容进行清晰且恰当的描述。

9.1.1.3 有原则地接纳企业的建议（企业视角）

与图书馆案例不同，现场案例的定稿须完成"案例企业确认与授权"这一关键步骤。案例开发者需要辨别企业的建议或要求，在不影响案例教学目标和案例写作规范性的大前提下，合理接受企业在案例定稿阶段的诉求。除了对信息确认、纠正数据信息不当表达之外，案例企业常常还提出额外的诉求，案例开发者均需要有原则地对待这些诉求——9.1.3 节部分将对此进行详细介绍。

1　Austin J E, Heskett J L, and Bartlett C A. Key elements for excellent in classroom cases and teaching notes. Harvard Business Publishing, Product Number: 915417-PDF-ENG, 2015.

对于图书馆案例，案例开发者不需要征得案例企业的确认。但是不少态度严谨的合作者，会将其开发的某家企业的图书馆案例在授课前给到这家企业的管理者（不一定是一把手）或者熟悉这家企业的人士，请他们提供反馈。这样可以一定程度避免在课堂上受到质疑，还可以考虑作为信息来源。总之，请企业对案例给予反馈并有原则地采纳是非常关键的一步。

9.1.1.4 兼顾更多学员和授课者的需求（评审的视角）

除了案例开发者将案例投入课堂之外，未来可能还会有更多的授课者和学员接触和讨论案例。案例开发者将案例和教学笔记投稿至一些发表平台的过程中会得到评审建议。为了服务案例教学而制订的评审标准常常代表着"上帝"的视角（代入更广泛的未来的授课者和学员的视角）。

参与开发案例的授课者和未来可能采用该案例的其他授课者最大的区别是，对于案例企业的信息或一些教学讨论设计，有很多前者知道而后者不知道的"隐秘区"，这些内容需要案例通过"点到但不说破"的方式来呈现，激发学员的潜能；而在评审过程中，那些前者不知道而后者知道的"盲目区"可能会浮现出来。合格的评审专家常常是有着丰富案例教学经验和案例开发经验的人士，他们可以有效帮助缩小"盲目区"，为案例和教学笔记进一步提升提供建议，进而使其能够服务更多受众——这也是约哈里窗理论[1]所揭示的道理。因此，高质量的评审建议可以助力案例的教学价值实现，让案例有更好的定稿状态。

---

1 "约哈里窗理论"（Johan's Window Theory）是由美国著名社会心理学家约瑟夫·勒夫特（Joseph Luft）和哈林顿·英格拉姆（Harrington Ingram）对如何提高人际交往成功的效率提出，用来解释自我和公众沟通关系的动态变化。此理论被引入心理学、管理学、人力资源、传播学等领域。该理论中，"盲目区"代表关于自我的他人知道而自己不知道的信息；"隐秘区"代表自己知道而他人不知道的信息，这些信息有的是知识性的、经验性的，甚至是创造性思维的结果。

9.1.2 现场案例：三个常见的案例开发协议

在现场案例进行定稿的过程中，有三类常见的协议文件可以为其提供助力。

9.1.2.1 案例内容确认书

在投入课堂使用前，现场案例须征得案例企业的授权，即案例开发者须将案例提交给案例企业[1]，请其签订《案例内容确认书》[2]，来确认案例企业的有关内容和案例开发者及其所在单位的相应权利。图 9-2 展示了中欧国际工商学院目前使用的《案例内容确认书》的核心内容，各大案例库也会提供相应的模板文件供投稿作者使用。此文件是案例企业对于案例全部内容的确认，以及对内部信息（如照片、商标等）在案例中使用的正式授权。在案例开发者中，此文件有时被案例开发者简称为"授权书"。现场案例的投稿和发表中，《案例内容确认书》是入库及参赛必需的文件之一。

9.1.2.2 案例项目合作协议书

为了确保案例企业和案例开发者双方在整个案例开发过程中目标一致、沟通顺畅，双方须在项目启动阶段通过口头或书面的形式就案例开发项目达成一致且明确的合作意向。法务人员常常建议双方应签订《案例项目合作协议书》，以明确各方权责利的具体条款。有些企业在最终签署《案例内容确认书》时，按照其内部流程要求，必须首先签订双方合同性文件，那么《案例项目合作协

1　案例开发者只需请企业确认案例正文，无需将教学笔记分享给企业。本章重点说明开发企业案例的情况，因为在商学院使用的案例，案例主体通常是企业；若案例主体是其他类型组织（医院或院校）或个人，则请相应组织或个人签字 / 章授权即可；若涉及多个主体，则需要多个主体就其提供的相关信息进行内容确认。另外，对于中国企业，通常需要加盖法人章，且有一定职务的经办人签字，而外资企业，由跟案例主题相关的重要决策者签字即可。

2　即哈佛案例库（Harvard Business Publishing Cases）和毅伟案例库（Ivey Publishing）等案例库要求的 Consent Form 或 Release Form。

案例内容确认书

致：（案例开发者单位）

关于：（案例的名称、案例作者、编号、附属文件等）

我们同意以上案例作者编写与本机构（包括附属机构）有关的上述案例及其附属材料（以下简称为"案例"）。我们已阅读案例，并在审核后确认：

1. 案例的内容中不涉及本机构的商业秘密或其他保密信息；

2. 案例的内容不包含对本机构不利的内容，包括但不限于损害机构名誉的情形；

3. 案例中如涉及对于本机构（包括附属机构）的商标、logo 等商业标识的使用，已取得本机构的授权；

4. 案例中如涉及与本机构或本机构人员相关的照片和视频的使用，已取得本机构的授权，特别是照片和视频中如涉及本机构人员肖像的，本机构已负责征得肖像权人同意授权使用；

5. 案例编写中本机构提供的图片、视频、数据等素材已授权案例作者使用，且不涉及侵害他人权利的情形。

......

基于上述审核和确认，我们对案例的内容无异议。为免歧义，本确认书确认的事项以我们向（案例开发者单位）提供的内容为限，（案例开发者单位）引用的第三方内容不在确认范围之内。

　　我们同意并认可（案例开发者单位）对案例及其附属材料拥有完全的著作权有权以任何方式充分使用案例，包括但不限于在国内外的案例库发表案例，向案例库用户提供在线阅读服务、有形载体或数字版本的案例。

......

机构名称（签章）：

联系人、职务、签字、日期等

资料来源：中欧国际工商学院案例中心。

图 9-2 《案例内容确认书》核心要素示例

议书》又会成为双方必须考虑的文件。

　　图 9-3 列示了目前中欧国际工商学院在案例项目启动前与案例主体签署的《案例项目合作协议书》的核心元素，仅供参考，具体条款应视实际情况而定，必要时可请双方法务人员确认。

　　在以上示例中，尤其需要案例开发者、案例企业双方关注的是"甲乙方权利义务"和"作品著作权归属及使用"。

案例项目合作协议书

甲方：案例开发者所在单位名称

乙方：案例企业名称

甲乙双方就案例撰写项目相关事宜经平等自愿协商、达成以下协议：

第一条　合作内容

1.1　甲乙方合作撰写案例，案例主题为"_____"。

1.2　甲乙双方具体分工为：

1.2.1　甲方负责案例的撰写并承担因案例撰写而支付的费用。

1.2.2　乙方负责帮助甲方搜集相关信息，根据乙方同意以及乙方实际情况安排采访与案例有关的人士，审阅和授权发表撰写完成的案例。

1.3　案例创作周期

第二条　甲乙方权利义务

2.1　……

第三条　作品著作权归属及使用

3.1　……

第四条　保密责任

4.1　……

第五条　违约责任

5.1　……

第六条　协议变更、转让及终止

第七条　争议解决

第八条　其他事项

甲方（签章）　　　　　　　　　　　　　　乙方（签章）

资料来源：中欧国际工商学院案例中心。

图9-3　《案例项目合作协议书》结构示例

教学案例开发的初衷是基于教学为目的，而非用于案例企业的公关与宣传，案例内容应确保客观中立。这一点需要案例开发者在项目开始前和企业方充分沟通，取得企业方的信任和理解；尤其需要获得企业方理解的是，案例中涉及的企业困境、管理决策等并非都是结果正面的事件，叙述目的是用来进行课堂讨论，而非说明案例所述公司的管理是否有效。

在案例开发最初阶段与企业对齐案例开发目标的重要性，还体现在接下来的企业调研、访谈中。如本书第 4 章所述，案例开发者对于相关行业及企业的实地调研、访谈是现场案例的核心素材来源。如果没有项目开始前的双向理解，案例开发者对企业的访谈就很难为其带来全面和客观的信息，而有可能被企业视为"例行公事"的媒体采访而已，甚至当成是公关宣传。

比如，在以"传统零售 A 企业的数字化转型"为主题的案例开发中，案例开发者的教学目标之一是传统零售行业在数字化转型中遇到的困难和挑战。只有 A 企业充分了解并支持教学案例开发的背景和目的，在案例调研中才有可能积极配合，而不会对于负面的、有争议性的访谈问题感到惊讶或抵触。

另外，不少案例企业方的一个普遍误解是："这个案例是我们公司授权开发的，最后的作品我们想怎么用都行。"而案例开发双方需要通过类似《案例项目合作协议书》的意向书文件明确，基于本协议创作形成的案例作品的**著作权**归属于案例开发方（即图 9-3 所示的甲方）所有（合作作品除外），而案例企业（乙方）仅可将案例作品用于双方事先同意的特定目的（如内部员工培训）；乙方除前述使用方式外的其他方式使用均需经甲方书面同意。所以，如果乙方希望被授权公开展示、传播或转载，那应该是不被允许的——因为这与案例开发方的教学使用目的是冲突的，国际案例发表平台也不希望案例发表在其他公开渠道。

同时，案例开发者也必须明确自己的责任，不能将案例企业提供的背景资料、公司信息等用于本案例项目之外的任何范围，因为这些信息的**知识产权**仍然归属于案例企业。这也是有些案例开发者可能无意中会犯的错误，需要注意。

9.1.2.3　案例开发保密协议

由于现场案例的开发中需要获取企业内部信息，包括一些敏感信息（比如财务指标、关键数据、战略决策、品牌策略等方法论），企业方可能会有所疑虑。即便在最后的案例作品中做了敏感信息的"脱敏"处理，企业方也会担心案例开发者作为外部人员掌握了这些信息之后的风险。

为了充分获得案例企业的信任和支持，尽可能消除企业方的疑虑，当企业案例开发者意识到企业对分享的内容有所顾虑或企业有相关保密要求时，案例开发者可以在《案例项目合作协议》规定的"保密义务"条款之外，单方面签署经双方确认的《案例开发保密协议》。该协议的主要内容需包含：案例开发的目的、成果形式、保密内容和形式、保密承诺、保密级别、有效期等。

需要提醒的是，基于教学目的的案例开发项目，本就是平等合作的非收费项目。有些案例企业可能请案例开发者签署其常规对外的保密协议模板，其内可能规定了违约责任、连带责任及较大金额的赔偿条款。案例开发者需要注意其条款的合理性，考量潜在风险和举证难度，咨询专业律师之后再考虑是否签署。

9.1.3　内容定稿阶段的常见问题及应对建议

9.1.3.1　如何正确处理"授权"过程中企业的各类诉求

一般情况下，只要案例内容客观、中立、准确地描述了双方同意主题之下的案例故事，不夹带有案例作者的个人感情、价值判断、主观推断等，有关企业的描述来自其陈述或有可靠信息来源，通常企业对于签署最后的《案例内容确认书》都是积极配合的。但是，企业要求修改内容，甚至亲自修改案例的情况时有发生，由于主观或客观原因无法授权的情况也会存在。以下是笔者对不同情况的处理建议：

（1）讲原则。现实中企业委派的案例项目对接人可能来自市场公关、总经办、战略或其他职能业务部门，案例授权过程中也可能会经由市场部、法务部等相关部门对内容进行确认。由于不同人员对教学案例的认识不同，案例开发者需要在"授权"阶段坚守教学案例开发的原则，不宜任由企业加入宣传性质的内容。遇到这种情况应当与其进行合理的解释。企业还会建议案例开发者删除有关竞争对手的内容，或者委婉表示希望案例只强调自身企业。对于此类情况，案例开发者应当合理解释，获得理解和认可；若不被理解，在不影响教学目标实现的情况下，评估是否可以调整竞争对手相关内容出现的位置（比如放至附录）；实在不行，可以考虑将此类公开信息以一个单独的行业笔记进行呈现。

（2）**有技巧**。有些情况下，案例企业在访谈中对于自己企业的财务指标、关键数据、人物名称等敏感信息有所保留，或是不希望出现在最后的案例定稿之中。出于保密需要，案例开发者可以在不影响案例的教学讨论的前提下对这些信息做掩饰处理。比如，如果讨论聚焦点并不是员工保留率，而是领导力的时候，案例并不一定需要具体的员工流失率，作者可以提供大部分员工的工龄以表示其稳定性和追随意愿；对于正在融资期的初创企业，可能不便分享其具体的财务数据，那可以分享其市场份额、（和其他企业相比的）增长率等，以表示其成长性。在企业允许的情况下，可以考虑对数据乘以一定系数，并在案例中进行标注。需要说明的是，经过"脱敏"处理之后的案例，依然需要企业对内容确认，并签署《案例内容确认书》。

（3）**能变通**。极少数情况下，案例主题或案例企业所处行业非常敏感（如，创始人之间股权纷争、商业贿赂、基金行业），案例的发表会对企业或个人造成负面影响。案例开发者可以考虑对案例进行匿名处理。"匿名"的程度需要根据实际情况和对企业的保护进行评估，例如，如果对2014年成立的一家网络安全创业公司匿名，并不会被未来学员精准定位，但如果对互联网巨头企业进行匿名，则难度颇大。另外，需要强调的是，即使匿名，案例开发者仍需要保证案例数据具有"真实性"，而非毫无事实依据进行"虚构"或"编造"。

关于开发匿名案例的争议一直存在。有案例开发者认为，案例主体必须实名出现，匿名就等于虚构或编造；而有的案例开发者则主观希望，通过"匿名"带来更大的发挥空间，比如谈判案例中，可以增加原型公司以外更多谈判场景会遇到的问题，来拓展案例的讨论空间，以实现更多元的教学目标。对此，笔者认为，案例追求的是"真实性"而非"真相"——毕竟绝对的"真相"很难通过数次调研访谈获得，企业内部不同人对同一个决策的看法存在不同的认识，难以穷尽。不论怎样，案例开发者都需要进行大量的调研去获得具有"真实性"的素材。笔者认为，如果因为企业无法授权一些宝贵主题的案例，就放弃案例开发，最终受到损失的很可能是商学院的学员。

9.1.3.2 拿到"授权"之后，案例正文又发生了重大的实质性修改怎么办

鉴于案例开发的周期较长，短则数月，长则跨年，案例企业和授课需求都有可能发生变化。一方面，在签署《案例内容确认书》之后，案例企业的主要经营人员或经营状况会发生重大改变，案例正文内容需要进行相应的更新；另一方面，即使企业经营稳定，案例开发者也可能基于学员反馈或自身对相关话题的持续关注，主观希望对案例进行修改完善。如果案例开发者对案例正文进行了重大修改，严格意义上讲，需要重新获得案列企业的授权确认。

为了减少此类修改带来的确认工作，案例开发者可请企业在最初签订《案例内容确认书》时确认免除其因非实质性修改带来的重新授权义务。一般而言，"非实质性的修改"包括但不限于，对案例措辞、用语的修改，对案例段落、结构的重新编排及修改案例形式，如将文字案例修改为视频案例等（见图9-3）。

9.1.3.3 如果一直拿不到企业的"授权"，案例项目该何去何从

这对于现场案例的开发者来说并非新鲜事。比如，有的案例企业一直很配合案例开发项目的推进，但在案例"授权"时恰好进入了关键的企业发展阶段

（比如外部融资，准备上市，企业关键决策者变动等），暂时不希望有本企业的案例公开发表，于是无法签署《案例内容确认书》。

对于此类情况，我们建议：① 案例开发者可先认真了解企业的顾虑，评估是否能够通过调整内容（如 9.1.3.1 节所述）排除其顾虑；② 如果只是时间原因，案例开发者可耐心等待，与企业协商是否授权其进行自身课堂内部使用[1]，待时机合适再对外发布；③ 若案例开发者评估图书馆案例基本可以实现主要的授课目标，可以在与企业充分沟通之后去掉所有在调研过程中获得的一手数据之后开发规范的图书馆案例。出于礼貌，案例开发者亦可分享这篇图书馆案例给企业，向其展示案例并未不当使用调研所获数据。

最后，需要提醒案例开发者的是，能够获得企业的开放分享和支持而开发现场案例固然可贵；但是，对于一些案例（比如，涉及两家企业对比的案例、重点分析企业的决策失误、财务案例），若外部存在大量可获信息，即使案例开发者接触过企业，依然可以选择开发规范的图书馆案例。相比只讲述企业的最佳实践的现场案例，能够激发多视角、深层次讨论的图书馆案例或许更有教学价值。

9.2　案例授课对案例开发的有益补充

案例授课是案例开发的试金石。只有案例投入课堂使用，其价值才能得以呈现。本书主要侧重案例开发，因此本节重点关注如何通过案例授课反哺案例开发——这也是为何在图 9-1 中案例授课与案例开发之间是个双向的箭头。需要说明的是，本节的案例授课专指案例开发者将案例投入其自身课堂的情况。

1　这种情况下，比较严谨的做法是，避免发放电子版，而是在课堂现场发放加注使用版权保护和使用说明的纸质版，甚至课后将纸质版收回。

9.2.1　内部试用：MVP 思维同样适用于案例开发

从一定程度上讲，案例开发和软件开发有类似之处，基于需求开发，均需要调试和迭代。有些案例开发者，在定稿之前会创造机会进行试用——避免在首次使用之后发现主题需要进行较大调整。他们会先将类似于最小可行性产品（minimum viable product, MVP）首先投入课堂进行验证。这样做的益处包括，可以得到学员的真实反馈，验证案例是否有效达成预设的教学目标，发现案例依然缺少的信息，寻找新的突破点等。

将试用版用到课堂的案例开发者需要关注以下几个方面：

（1）如果这是一个非常重要的课程，而案例的成熟度较低，则不宜拿来试用，否则会影响授课者的课程评价；如果学员们和授课者互动关系良好，则效果较为理想。

（2）建议授课者在试用某篇案例前向学员明确说明，并邀请他们对案例信息提供宝贵建议或更多相关信息，以帮助案例开发者进一步完善信息。

（3）如果进行案例试用，依然须争取企业邮件或某种形式的书面授权，相比正式对外版本的授权较为宽松。与此同时，建议案例开发者在案例题目后标注"（试用版/试测版）"字样。

9.2.2　学员反馈：课前、课中和课后的持续参与者

在案例授课过程中，案例开发者会主动或被动地接收到来自学员对案例内容或教学方式的反馈和建议。这些对完善案例和教学笔记都有很大的助益。笔者建议进行案例授课的案例开发者可以有意进行如下活动：

（1）设计课前和课后的反馈问卷，收集学员反馈。一般来讲，课程前的问卷通常有利于收集学员对于预读思考题进行的书面分析，课后问卷是对课程学

习的反馈。为了进一步完善案例，授课者可以在问卷中放入对案例正文内容、案例思考题（及逻辑），以及案例讨论形式等方面的反馈和建议。学员们从需求端出发常常可以带来非常具有针对性的好建议。

（2）案例授课过程中，经常遇到的挑战是，学员可以从各种渠道获得案例以外更多有关案例企业的信息，甚至有些信息是与案例内容相悖的，这些信息对案例开发者评估如何进一步取舍信息及完善案例提供了很好的支撑。需要说明的是，包括授课者在内的案例开发者应当对学员的质疑和补充持开放的心态，欢迎他们成为案例的共创者或贡献者。如果这些信息来源并不可靠，那么也可以写入教学笔记，提醒未来案例的采纳者应该如何应对此类质疑。

（3）在信息爆炸的年代，案例开发者常常发现写一篇精炼的短案例比写一篇大而全的长案例更加困难。案例授课可以帮助案例开发者判断信息的有效性。如果有些信息在数次课程中都没有被学员关注到或讨论到，尤其是案例附录信息，那么案例开发者应当考虑这类信息对案例讨论的有效性，并判断是否应当精简或删除。

9.2.3 企业互动：让案例的教学价值惠及企业

高质量的现场案例需要将企业有效纳入案例授课环节，主要体现在以下几个方面：

（1）如果是现场案例，案例开发者可以视情况邀请企业参与案例讨论，与学员进行开放性问答。如果授课者不希望企业的观点影响学员的讨论，可以将企业分享与互动放在学员讨论之后——且不宜让学员知晓企业人士坐在课堂上，当然这需要企业足够开放和包容。通过学员和企业的互动，案例开发者可以进一步评估案例和教学笔记是否有效呈现了学员最关注的内容和与案例主题相关的所有内容。如果学员和企业的互动与案例主题不相关，在时间允许的情况下，授课者或许可以"让子弹飞一会儿"，因为这可能是后续案例线索的来源。

（2）现实中，案例企业不可能每一次都到课堂与学员互动，鼓励案例开发者与案例企业保持持续沟通，请企业分享与案例主题相关的观点和后续进展。案例开发者可以将其梳理成文，放入教学材料及教学笔记中，供未来案例授课使用。

（3）案例授课过程中，除了将学员讨论的观点有效融入教学笔记，还可以整理出对企业思考相关问题或决策有价值的观点或建议，分享给案例企业。根据笔者的实践，很多企业非常认可这样的观点和建议。

9.2.4 迭代与更新：持续发挥案例的生命力

在案例授课的过程中，案例开发者可以对案列和教学笔记不断迭代。即使不是现场案例，案例开发者依然可以在持续案例授课实践的驱动下对案例进行不断地迭代和更新。更新后的案例常以三种形式呈现：

（1）按照时间顺序，开发某一家企业或某一家企业同一主题的后续案例，可以独立案例呈现。比如，笔者和合作者开发的《红领集团：父女接力，战略转型在路上》，在案例 A 和 B 授课及发表之后三年，又开发了案例 C《酷特云蓝：父女接力，战略转型在路上》。最后一篇案例可以和前两个案例同时使用，亦可分开使用。

（2）跟进案例企业的后续决策过程和执行情况，开发后续案例。此类案例在授课过程中通常在前序主案例的分析完成之后发放。案例中可以设计决策点，亦可只是后续进展信息呈现。在哈佛案例库中，有很多此类案例，比如，蚂蚁金服案例（A，B，C，D）。

（3）如果案例主题受时间影响较小，比如一些谈判案例、领导力案例，案例开发者亦可在得到企业允许的情况下，对案例中出现的时间点做相应的更新即可——尤其当学员希望学习近期案例。但需要注意，时间点的更新依然需要确保案例的"真实性"。

9.3 案例是一个生命体：以一篇案例的定稿和授课为例

如果希望案例保持生命力，请案例开发者们一定要相信，案例的定稿是一个持续的过程。让我们用笔者之一赵丽缦和合作者（张文清教授、方睿哲教授）的《深圳信安智能：科创企业的窘境（A，B，C）》的定稿和授课来结束本章内容吧。

2016 年 4 月，案例开发者们接触到一家信息安全公司的联合创始人，在其大力配合之下开发了"颠覆式创新"和"创业团队"两个案例。同年 5 月，案例开发者将案例给到企业。然而，考虑到技术的敏感性，企业只授权在内部课堂使用。直至 2016 年 8 月中旬，案例开发者将"内部使用版本"投入课堂使用三次，企业高管与学员互动了两次。基于课堂反馈与互动，案例开发者迭代了 10 余轮，最终形成了一版，支撑了直至 2018 年底的 20 余次相关主题的内部课程。

2019 年 4 月，案例开发者基于课堂反馈和三年来与企业的持续互动，感知到更有趣的案例主题。在与企业签订《案例开发保密协议》和《案例项目合作协议书》的前提下，案例开发者基于深入访谈，开发了匿名案例。审核数轮修改完善的案例后，企业在《案例内容确认书》上签章。这版定稿案例经过多次授课之后，投稿至中国工商管理国际案例库（ChinaCases.Org）。在"2019 中国工商管理国际最佳案例奖"活动中被提名，此后作者基于初轮意见以及对企业的深入沟通对案例进一步修改数轮，最终成为

"最佳奖案例"。

过去几年，案例开发者收到了不少来自其他授课者对案例的反馈，也对案例企业进行着持续跟踪，案例的版本还在持续更新中。在与学员、授课者、企业不断沟通的过程中，案例的生命正在延续……

9.4　本章小结

本章与案例开发者探讨分享了案例定稿与课堂使用阶段值得关注的各种要素，主要分为两大部分。在第一部分中，笔者首先指明了案例定稿在整个开发流程中可能发生的时点，接下来以多重视角介绍了影响案例正文和教学笔记定稿的要素，并详细说明了在现场案例开发过程中常用的三个协议文件及相关注意事项。其中，《案例内容确认书》是现场案例征得案例企业书面授权的正式文件，通常是现场案例进行投稿和发表的必备文件之一；《案例项目合作协议书》是很多现场案例在开发项目启动阶段由双方签订的合作意向，也可通过口头形式明确；《案例开发保密协议》是案例开发者额外签署的保密文件，可作为前两项文件的补充，旨在进一步保护企业内部的敏感信息。

在定稿阶段，案例开发者常常会遇到"拿企业授权难""企业发生重大变动""授课需求变化"等问题，笔者对此也一一进行了梳理，并依据多年的实操经验提出了应对建议。

案例定稿之后进入课堂授课，本章的第二部分进而阐述了如何让案例授课反哺案例开发，分别从内部试用、学员反馈、企业互动几个角度进行了阐释，表明案例开发是一个持续的、不断迭代的生命体。本章最后以笔者的一篇案例的定稿和授课为例，展现了案例开发者与案例企业长达三年的持续互动，以及基于课堂反馈不断迭代的生命历程。

锦囊24

审慎整合多方建议定稿案例

到了案例定稿阶段，案例开发者应从学员、授课者、企业和评审等多维视角评估案例和教学笔记的匹配性，包括关注：① 支撑学员进行深度思考的信息是否呈现在案例中；② 案例正文和教学笔记是否彼此强化；③ 有原则地接纳企业在该阶段的诉求和输入；④ 借助评审建议缩小"他人知道你不知道"的"盲目区"。

锦囊25

刚柔并济推进案例授权

现场案例须争取案例主体的授权。案例授权的科学性体现在，案例开发者应当适时签订《案例项目合作协议书》《案例开发保密协议》和《案例内容确认书》等有利于"目标对齐、权责利明晰"的法律文件。案例授权的艺术性体现在，讲原则（范式合规、教学目标达成）、有技巧（数据脱敏处理）和能变通（"匿名案例"）。

锦囊26

持续延展案例的生命力

案例定稿可能发生在案例开发、案例授课和案例发表的各个阶段。案例授课是案例的试金石，通过内部试用、学员反馈和企业互动，案例和教学笔记都可以获得新的养分，在与各利益相关者持续互动的过程中，案例可以被持续迭代与更新，进而有在更大范围内创造价值的生命力。

案例全球发表和竞赛[1]

为了在更广范围内创造教学价值、提高影响力，案例开发者常常将案例和教学笔记投稿至国内外案例发表平台，或参加广受认可的案例写作竞赛。本章基于公开资料以及笔者十年来近百篇次案例的发表经验、全球竞赛的获奖经验、案例评审经验，[2]分为两部分来帮助案例开发者了解案例的全球发表和写作竞赛，以进一步理解高质量案例开发。第一部分介绍三个以服务案例教学为目的、具有全球影响力的案例库（含定位和标准），分享需要案例开发者关注的全球发表的注意事项；第二部分介绍三个全球案例写作竞赛，对其进行简要比较分析之后，总结了部分来自中欧国际工商学院获奖作者对案例选题及其案例设计难点的分享，最后梳理了国际评审专家对获奖案例的点评意见。

---

1 本章作者：赵丽缦、吴璠。

2 赵丽缦现任《亚洲案例研究评论》（Asian Case Research Journal）副主编、评审专家，曾任 EFMD 全球案例写作竞赛 "非洲商业案例（African Business Cases）" 类别最佳奖评审，现负责组织中欧国际工商学院案例选送哈佛案例库的评审工作。吴璠现任《亚洲案例研究评论》评审专家。

10.1 案例发表

伴随着案例教学法的普及，国内外涌现出不同的案例发表平台。就受众范围来讲，有的在全球范围内推广和销售案例，有的服务本土的案例使用者，而有的则聚焦于院校内部教师；与供稿源的互动模式亦各有特色，有的广泛吸收个人投稿，有的只在认可某家机构案例标准之后接受其批量供稿，而有的两种方式并存；不同案例库对著作权的转移亦有差异，有的要求持有案例版权，有的要求独家销售权，有的只需分销权；商业运作模式也有区别，有的为作者或作者机构分发版税，有的是一次性激励，而有的只发放证书。这些都需要案例开发者在投稿前有一定了解。本节重点从案例的内容和标准方面选取介绍三家全球范围认可的案例库：中国工商管理国际案例库、哈佛案例库和毅伟案例库。

10.1.1 中国工商管理国际案例库

10.1.1.1 案例库介绍

2013 年在上海市教委、上海市学位委员会办公室和上海工商管理专业学位研究生教育指导委员会的支持下，中欧国际工商学院联合上海其他 12 家 MBA 院校和中国浦东干部学院，承担建设"上海 MBA 课程案例库开发共享平台"项目，运营"中国工商管理国际案例库"（ChinaCases.Org）。中国工商管理国际案例库定位于"聚焦中国问题，坚持国际标准"，在案例建设方面，旨在走本土创新之路，突破单一商学院独立开发案例的模式所带来的局限，打造世界一流的中国主题案例库。

中国工商管理国际案例库通过两种渠道收录案例。一是举办年度"中国工商管理国际最佳案例奖"竞赛，通过多阶段严格评审筛选案例入库，二是通过来自不同国家和地区战略合作伙伴的案例提交。截至 2024 年 8 月，该案例库已收录高质量教学案例 3 000 多篇，覆盖 19 类学科、21 个行业及 5 000 多个关键词。合作伙伴包括毅伟案例库、香港大学经管学院亚洲案例研究中心、瑞士洛桑国际管理发展学院、苏黎世大学欧亚案例中心、中国人民大学商学院、北京理工大学管理学院等 20 多家国内外院校和案例机构。

中国工商管理国际案例库始终聚焦于案例教学的可操作性和学习体验，努力让收录的案例更好地服务课堂教学。截至 2024 年 8 月，中国工商管理国际案例库的院校用户已逾 120 家，其中，AACSB 资质院校、"双一流"院校、985 院校、211 院校等占比显著。用户院校通过采用教学案例引发课堂多维度讨论与分析，引导学员发现具备一定普遍意义的思维框架、洞察与启示，进而让案例教学改变中国管理教育。

10.1.1.2　案例库投稿要求与标准

案例开发者可以通过参加中国工商管理国际案例库每年一度的"中国工商管理国际最佳案例奖"活动投稿。案例主题应围绕中国情境下的工商管理问题，包括中外企业在中国本土遇到的管理问题，或者是中国企业在走向世界的过程中遇到的管理问题。中国工商管理国际案例库鼓励作者根据对企业的实地调研和访谈来编写现场案例（基于公开资料撰写的图书馆案例也可以提交）。中国工商管理国际案例库的投稿周期为每年 5 月至 10 月。

中国工商管理国际案例库在其官网（www.chinacases.org）上详细公布了案例评审标准（见表 10-1），分别对案例正文和教学笔记的入库质量进行了明确的描述。网站还定期发布面向投稿作者的常见问题解答等内容。[1]

1　"2023 中国工商管理国际最佳案例奖"常见问题解答，https://www.chinacases.org/anon/casehelp/anon_casehelp_category/anonCasehelpCategory.do?method=view&fdId=154406abffb4f35c86e08f74417a35a8&mainFdId=18879d4b362c0c2ede6d72b4abb951e0&s_css=default&forward=helpview&vido2=true&_ang=zh-CN.

表 10-1　中国工商管理国际案例库评审标准

	维　度	表　述
案例正文	重要性	- 适用于中国工商管理教育。 - 描述了企业所面临的典型挑战、发展困境、关键决策、热点问题或其他值得关注的重要议题（统称"讨论焦点"），需要学员利用所学分析方法、工具、概念、框架或理论等进行分析与讨论
	复杂与争议性	- 讨论焦点具有复杂性，而不只是对问题表象的简单描述。 - 讨论焦点具有争议性，为学员展开讨论留出足够思考空间，促使学员从不同的视角做出综合判断
	信息严谨充分	- 提供讨论案例问题所必需的、以事实为基础、有可靠来源引用的信息。 - 信息充分但不冗余，具有适当的张力但不过于模糊
	写作规范	- 结构合理，逻辑清晰，语言简练，可读性强，长度符合体例规范——原则上中文案例字数不超过 10 000 字，案例正文长度不超过 12 页（含附录）；英文案例字数不超过 6 000 个单词，案例正文长度不超过 15 页（含附录）。 - 保持客观与中立，避免主观描述、解释或肯定主人公的心理活动或企业决策过程，以引导学员得出所谓的"正确"答案
教学笔记	教学目标及问题设计	- 针对所适用的课程、目标学员设定了明确而恰当的教学目标。 - 围绕教学目标，提出具有针对性的、有逻辑的讨论问题
	教学计划	- 建议的教学计划清晰、切实可行，对需要讨论的问题或主题进行了合理的时间安排。 - 若附上板书计划则更佳
	问题分析	- 运用合适的分析方法、工具、概念、框架或理论对讨论和决策问题进行分析。 - 通过对案例企业的分析，引导学员通过归纳讨论的过程发现超出案例公司的、具备一定普遍意义的思维框架、洞察与启示。 - 尽量展示案例课堂讨论的流程，以助案例教学者管理、引导、响应课堂讨论，从而激发学员参与讨论并达成教学目标
	写作与信息支持	- 架构合理，逻辑清晰，表述准确，叙述的可读性强。 - 如有可能，尽量提供有价值的总结。 - 案例如有后续发展情况，需要尽量提供相关信息。 - 如有可能，为目标学员和案例教学者提供所需的其他必要的支持材料（如视频资料、PPT 或阅读文献等）

资料来源：www.chinacases.org.

10.1.2　哈佛案例库

10.1.2.1　案例库介绍

哈佛商学院出版教育事务部（简称 HBP Education，官方网站：https://hbsp.harvard.edu）运营管理着全球最负盛名的工商管理国际案例库和教学资源平台，提供了极为丰富多样且全面的课程素材，尤其是备受推崇的由哈佛商学院及全球 50 多所合作院校撰写的案例。哈佛商学院出版是隶属于哈佛商学院的非营利独立运营机构。教育事务部是其重要职能部门，致力于为教育者提供全方位的教学法支持、教学建议和课程规划指导，以助力教育者打造出富有活力、包容性且效果显著的学习体验，让学生在走出课堂之后也能久久回味。

哈佛商学院出版教学资源平台涵盖了超过 60 000 份学习资料，不仅包括案例，还有在线模拟、在线课程、《哈佛商业评论》文章等内容。截至 2023 年底，平台提供超过 30 000 篇不同类型的案例，其中 75% 为传统案例。此外，还有多媒体案例（multimedia case）、快案例（quick case）、播客案例（podcases）、角色扮演（role play）、练习（exercise）、短案例（brief case）[1] 等分类。

哈佛商学院教育事务部目前只接受来自合作院校的案例集提交。有意成为合作院校的机构首先须提交一批英文案例（含教学笔记）供审阅。根据教育事务部的反馈意见，提交院校可能需对提交案例进行打磨、重新提交，直至整体案例达到合作院校的标准要求[2]。截至 2023 年底，已有超过 40 所合作院校在哈佛商学院出版教学资源平台的"案例教材"类目下发布了案例。其中，来自中国的有四所院校（清华大学、香港大学、香港科技大学和中欧国际工商学院），四所院校分别提交了 81、547、118 和 111 篇案例，其中畅销

1　短案例多为 10 页左右篇幅，快案例多为 5 页以内。

2　如需了解更多合作院校相关信息，请联系哈佛商学院教育事务部合作院校管理负责人 Stephanie Odiase（stephanie.odiase@harvardbusiness.org）。

案例篇数依次为 3、48、14、8。

10.1.2.2　案例库投稿要求与标准

哈佛案例库在其官网上并没有公布具体的案例评选标准，但收录了多篇来自不同合作机构的有关高质量案例写作的文章。哈佛商学院案例研究员团队在一些交流会中也推荐过几篇文章，其中有关案例开发标准的是 2015 年发表的《卓越的教学案例和教学笔记的核心要素》(Key Elements for Exellence in Classroom Cases and Teaching Notes)。[1] 这篇文章的作者 Austin 等访谈了哈佛商学院多个学科领域的教授——他们都开发过广受学员欢迎的和可持续用于课堂教学的案例——请他们定义"区分优秀和普通案例的几个关键特征"。作者对他们的反馈进行严谨分析的同时，还认真评估了他们在哈佛案例库上的畅销案例。该文章中总结了卓越的教学案例和教学笔记的核心要素。

10.1.3　毅伟案例库

10.1.3.1　案例库介绍

毅伟案例库（Ivey Publishing）由加拿大毅伟商学院建设和运营，也是国际知名的工商管理国际案例库之一。毅伟案例库接受个人全年投稿，并同时接受符合标准要求的合作机构的批量提交。与哈佛案例库不同的是，毅伟商学院除了接受合作机构自主版权的案例之外，还会与一些合作机构推出联名品牌的案例。截至 2023 年底，毅伟案例库网站列示了 37 家院校机构的案例，[2] 其中，

1　Austin J E, Heskett J L & Bartlett C A. Key elements for excellence in classroom cases and teaching notes. Harvard Business Publishing, Product Number: 915417-PDF-ENG, 2015.

2　其中中欧国际工商学院和新加坡南洋理工大学与毅伟商学院均有两种合作模式，一是与 Ivey 的联合品牌的合作模式，二是独自版权和品牌的合作模式。

中国院校机构及案例数量依次为：中欧国际工商学院 180 篇（含其与 Ivey 联合品牌案例 63 篇），Ivey/CMCC（即 Ivey 和中国管理案例共享中心联合品牌）案例 29 篇，Ivey/CUHK（即 Ivey 和香港中文大学联合品牌）案例 10 篇。其他中国高校教授个人投稿多归在 Ivey 类目之下。

截至 2023 年底，毅伟案例库收录案例、线上教学练习、支撑材料、文章等产品共 44 000 多篇，其中案例 26 800 余篇。与哈佛案例库相比，毅伟案例库最大的特点是对案例篇幅的要求非常严格——20 页左右的哈佛案例并不为奇，但毅伟案例库通常要求案例正文篇幅不宜超过 8 页。毅伟案例库中总篇幅为 5 页以下的案例占比 10% 以上。

10.1.3.2　案例库投稿要求及标准

与中国工商管理国际案例库类似，毅伟案例库在其官网上为投稿作者提供了详细的投稿流程介绍，并为其提供了丰富的学习资源支持。投稿作者可至其官网进一步浏览了解具体流程和其他注意事项。[1] 值得关注的是，近些年，毅伟案例的教学笔记多强调线上教学的适用性和使用方法，并鼓励投稿者提供视频或其他形式多样的支撑材料。在其网站上，还专门展示了"可持续发展：ESG 和 SDG"[2] 相关的 20 类案例。

10.1.4　案例国际发表的常见问题及应对策略

本书前面的章节详细介绍了高质量案例开发的各个环节。如果案例开发

---

[1]　毅伟案例库－关于案例写作，https://www.iveypublishing.ca/s/writir g-case-studies；案例作者投稿指南：https://www.iveypublishing.ca/s/blog-article/learn-how-to-answer-a-case-analys s-MCMJMFI6PGABCXPIX6BVILHJMHUY（2024 年 9 月 3 日访问）.

[2]　Sustainability: ESG（environment, society, and governance）and SDG（sustainable development goals），可持续发展："环境、社会和治理"及"可持续发展目标"。

者认真落实，所开发的案例和教学笔记基本能够达到各大国际案例库的投稿要求。在进一步了解以上三个国际案例库的标准和要求之后，下文将总结和强调过去几年了解到的投稿作者易忽视的几个方面。

10.1.4.1　严谨叙事

（1）保持客观和中立性。正文需要提供跟案例主题相关的企业做得好以及不够好的全面信息，呈现决策问题时不宜仅提供只能得出某一特定答案（某一方向性结论）的信息。比如，一篇分析某家企业核心竞争力的案例，正文完全没有提及竞争对手的信息，或者只是主观上说明案例企业某方面处于行业先进水平，这便缺乏了客观和中立性（案例作者需要提供客观事实数据来说明）。

（2）关注过往决策制定过程，而非仅仅对结果进行呈现。在案例叙事的过程中，应当避免维基百科式的介绍。如果案例的一个环节陈述"案例企业遇到了危机，进而选择了某种方式度过了危机"，描述具有一定的张力，但是极有可能需要结合讨论重点来进一步说明危机是什么，当时为什么选择那种方式，是否还有其他方式（是什么、为什么"不"），甚至需要说明度过危机的具体表现。

（3）避免使用副词和主观性较强的形容词。在案例中，应当避免使用"目前""非常""遥遥领先"等词语，需要呈现明确而客观的数据，如果是企业某位人物说的话，则需要使用引言。英文案例常常使用过去式，对于时间的表述，则常常需要明确表明"目前"或"那时"是什么时间。

（4）过去几年，中国的部分案例开发者习惯了文字优美的陈述和讲故事的案例写作风格，然而站在国际案例库的角度，这类案例常常面临多重挑战：一是很多描述信息对教学笔记分析无用，二是很难翻译，三是会被质疑过于主观，四是在篇幅有限且须承载关键信息的情况下，这些描述信息会格外冗余。因此，建议案例开发者无论开发中文还是英文案例均应更关注承载的信息本身，而非文章的艺术性或文字对仗，应避免无效信息和辞藻堆砌。

10.1.4.2　受众导向，兼顾文化敏感性

如果进行全球发布，案例和教学笔记均需照顾国际受众。国际案例库常常要求案例开发者关注如下内容：

（1）教学笔记中的开场设置不宜简单使用中国学生熟悉的场景来进行预热讨论，建议包容性地照顾到未来多类受众群体的预热及案例导入（亦可分不同情况进行引入）。

（2）如果案例和教学笔记中出现了具有中国特色的表达，则需要通过合适的形式进行说明，比如，"本命年""文房四宝""特区"等。案例开发者通常可以通过脚注进行说明。

（3）关注文化差异，尊重特殊群体。在案例内容的表达中，应按照国际惯例关照"平等、多元和包容"，避免冒犯到特殊人群。比如，一篇关于智障群体就业的案例，须避免多次使用"智障群体（mentally disabled people）"等词眼，可考虑在首次客观介绍之后尽多使用"该群体（this population）"或其他表达（比如，喜憨儿洗车中心案例称之为"喜憨儿们"）。又如，在描述一般消费者时，避免使用"he"或者"she"表达，而使用"he/she"或者"they"等表达；在描述企业的董事会主席职位时，避免使用"chairman"表达，而使用"chairperson"或者"president"等中性表达。

10.1.4.3　教学笔记非常关键

不论哪个商业案例库，都十分重视教学笔记的质量。在案例库的投稿过程中，作者需要避免的情况有如下几方面：

（1）教学笔记的讨论思考题本身具有很强的引导性，比如，问题本身存在案例开发者或授课者很强的主观判断或大假设（多数情况为"企业很成功"）——多个讨论问题是请学员分析"为什么企业成功""企业是如何脱颖而出的"，但是这样一边倒的发问本身就限制了学员们的批判性思维和发现问题本质的能力。作者需要检查案例正文是否就已经存在了案例开发者潜意识里对企业的充分认可和类似的大假设。讨论问题本身应当是开放包容的，可以层层递进的。如果需要分析成功要素，比较严谨的做法是在正文有客观数据表明其成功的情况下，对某段时间该企业的成功要素进行分析。

（2）正确处理理论和案例实践的关系。这方面常常存在三类问题：① 教学笔记中大篇幅罗列了理论模型和知识点，但是问题分析和案例正文的关联度不大，甚至严重脱节，形成了"两张皮"；② 教学笔记混淆了研究型案例和教学案例的区别，教学笔记中照搬学术论文中的数理模型、统计回归分析，更像是学术论文的部分摘抄，没有很好地结合企业实践，不适合支持工商管理案例的课堂教学；③ 教学笔记缺乏实质性的讨论分析和精心设计，更像是课件大纲，难以支撑一堂完整的案例教学课。

（3）合理运用归纳逻辑和演绎逻辑。近些年，国内部分案例开发者习惯了在教学笔记中先摆出大量的理论和知识点，再将案例的信息融入这些理论和知识点。这体现了一定的"从一般到个案"的演绎思维。但是，更被哈佛和毅伟等国际案例教学法推崇的是归纳逻辑在案例教学（和教学笔记中）的运用。他们引导学员从案例（企业实践）本身出发，逐层深入讨论，进而不断归纳分析，得出超出案例公司的、具备一定普适价值的思维框架、洞察与启示。正在发生的商业现象、尚未有成熟理论支撑的领域更需要这样的"从个案到一般"的归纳分析思维。正如哈佛商学院院长 Srikant Datar 教授在案例教学法 100 周年的宣传视频中提到的，案例教学法的魅力在于引导学员分析信息、发现问题本质，提出自己观点，倾听他人观点，说服别人接受自己的观点，执行行动计划等，而非仅学习已知的理论。[1]

（4）教学笔记并不是一两次课的简单课堂总结，但课堂上发生的特殊互动有可能成为教学笔记的亮点。一方面，不宜将一两次课的讨论内容简单整理形成教学笔记；另一方面，又应将某次课堂发生的、需要未来授课者关注的潜在问题通过教学笔记传达给未来的授课者。

10.1.4.4　写作的质量：“6C 原则”

在投稿国际案例库时，作者还需要格外关注的是案例内容中的数据质量和写作（翻译）质量。关于数据的可靠性和合法性等注意事项，国际案例库的要求和标准是基本一致的。在英文案例的写作技巧方面，曾担任中欧国际工商学院案例中心资深编辑的 William Clegg 总结了“6C”原则，即 correctness, conciseness, clarity, control, coherence, convention（对应中文为：准确性、简洁性、清晰性、掌控性、逻辑连贯性、表达惯例）。

此外，他还对中国案例开发者提出了另一个“C”原则，即需要避免“Chinglish”（中式英语）等不地道、不准确的表达。如果案例的第一语言是中文，在翻译过程中，需要作者和译者做好充分的沟通，保证翻译质量符合“信、达、雅”的标准，并且在内部尽量做好认真的文字编辑和校对等工作。

10.1.4.5　规范性不可忽视

除关注案例写作和案例定稿等章节所述的规范性之外，在国际案例发表的过程中还需要关注如下方面。

（1）案例库都会有查重系统，作者需要避免大段的互联网资料原文摘

1　Dean Srikant Datar introduces the case method centennial，［2021-11-5］，https://www.hbs.edu/news/articles/Pages/dean-srikant-datar-case-100.aspx.

抄，须规范引用信息，并加注可靠性强的资料来源。不少案例作者在引用公开资料时，习惯通过普通搜索引擎进行关键词搜索。但对于国际案例库来说，Wikipedia（维基百科）、Baidu Baike（百度百科）、Baidu Zhidao（百度知道）等网站资料都不是可信源。案例作者应尽量避免转引文献并设法找到该信息的最初公开来源；若同样信息有国际权威网站来源，写中文版本案例时可以考虑使用。

（2）若案例为图书馆案例，人物引言需要有资料来源，且不应虚拟人物语言、心理活动或场景。

（3）对于企业商标、logo、海报等商业标识的使用，应事先取得该企业的授权，按企业的规范要求使用，且使用中应仅涉及案例评论中的描述性使用。若涉及现场案例的，可以通过《案例内容确认书》予以确认。

（4）对于图表和模型的引用，案例开发者同样需争取版权所有方的授权。国际案例库通常有两个建议，一是争取版权所有方的书面授权，二是结合案例内容进行改编并重新绘制。

（5）国际发表中还需要小心对待的是文本的格式问题，比如，资金说明的国际化处理，当案例中出现人民币金额时，要换算成美元并以脚注形式标明兑换率；案例和教学笔记中的图表（包括附录图表）应采用黑白色，如果第一语言版本中出现了彩色图表，需要作者进行格式统一。

10.2　国际案例写作竞赛

10.2.1　中国工商管理国际最佳案例奖

"中国工商管理国际最佳案例奖（Global Contest for the Best China-Focused Cases）"是由中国工商管理国际案例库（ChinaCases.Org）组织和承办的一年

一度的国际案例写作大赛，自 2015 年举办以来，以国际化、专业化的评审机制著称。截至 2023 年 10 月，该竞赛已连续举办九届，共吸引了来自国内外 460 多所院校和机构的 3 300 多位作者参赛，累计提交案例 2 350 篇。[1] 经过严格评审，截至 2023 年竞赛，累计 1 100 多篇案例达到了 ChinaCases.Org 的入库标准，其中 105 篇案例获奖。ChinaCases.Org 提供了细致的作者服务和说明，以 2023 年竞赛为例，就常见问题进行细致的解答（如为什么要参赛，如何参赛，如何授权及其他共性问题）。[2]

竞赛的评审标准即为中国工商管理国际案例库的入库标准（见表 10-1）。竞赛的案例评审专家委员会由国内外久负盛名的学界专家组成，负责参赛案例的入库评审以及各奖项评选。其中，国际专家委员会的成员有[3]：加拿大毅伟商学院国际商务与管理学教授 P.W.（Paul）Beamish，欧洲工商管理学院市场营销学教授 Pierre Chandon，欧洲案例交流中心首席执行官 Vicky Lester，哈佛商学院罗斯·格雷厄姆·沃克工商管理教席教授 Krishna Palepu，中欧国际工商学院朱晓明会计学教席教授、副教务长兼案例中心主任陈世敏。学科编辑委员会的成员为中国一流高校的教授，他们多从认真负责和评审质量高的盲审专家中产生，覆盖财会金融、市场营销、战略与综合管理、运营与信息技术、人力资源和组织行为等专业学科。

参赛作者可以用中文或英文提交案例作品（案例正文＋教学笔记），评审后将会得到专业、全面的专家评审意见，用来进一步提升案例质量、提高课堂

1 中国工商管理国际案例库，"'2023 中国工商管理国际最佳案例奖'案例征集公告"，2023-05-01，https://www.chinacases.org/anon/casehelp/anon_casehelp_category/anonCasehelpCategory.do?method=view&fdId=154406abffb4f35c86e08f74417a35a8&mainFdId=187ad852d8b2173c54efa414e6ea24b5&s_css=default&forward=helpview&vido2=true&lang=zh-CN.

2 "2023 中国工商管理国际最佳案例奖"常见问题解答，https://www.chinacases.org/anon/casehelp/anon_casehelp_category/anonCasehelpCategory.do?method=view&fdId=154406abffb4f35c85e08f74417a35a8&mainFdId=18879d4b362c0c2ede6d72b4abb951e0&s_css=default&forward=helpview&vido2=true&lang=zh-CN.

3 该名单为截至 2023 年 11 月的信息。

使用效果。根据评审意见修改后达到入库标准的案例，将在"中国工商管理国际案例库"上线，服务各商学院的案例教学；并且，经过进一步选拔后将有机会通过案例库"直通车"提交并收录于毅伟案例库，进入全球商学院的课堂。

该竞赛的投稿周期目前为每年的 5 月至 10 月，第一阶段为入库评审，由盲审专家和学科编辑判断案例是否达到入库标准。第二阶段为一、二等奖评选，一般在次年的 2—3 月。第三阶段为最佳奖评选，通常在次年 4 月。

10.2.2　EFMD 案例写作大赛

欧洲管理发展基金会（European Foundation for Management Development, EFMD），成立于 1972 年，是一家致力于管理发展的全球性非营利性会员制组织，也是管理发展学界最大的国际组织，总部设在比利时首都布鲁塞尔。

截至 2023 年 12 月，EFMD 有 500 多家机构成员，12 000 多名来自不同领域的成员，遍及全球 65 个国家。[1] 它是全球公认的商学院、商学院课程和企业大学的认证机构。EFMD 拥有来自学术界、商业界、公共服务和咨询公司的 30 000 多名管理专业人士的网络，在塑造全球管理教学法方面发挥着核心作用，并为信息、研究、交流和辩论提供了一个关于创新和最佳实践的论坛平台。EFMD 是一个面向学界和业界的网络，旨在培养具有社会责任感的领导者和管理人员。除了强调管理教育的教育标准外，EFMD 的组织宗旨是将企业和学术机构结合在一起，并努力促进和加强两者之间的交流。

EFMD 案例写作大赛（EFMD Case Writing Competition）始于 1988 年，旨在激励案例写作和教学的模式创新。竞赛分 10 余个类别，[2] 每个类别会有一所院校机构作为赞助方支持所有评审工作。每篇案例投稿可以选择两个类

1　本书编者翻译自 EFMD Global，"About EFMD"，https://www.efmdglobal.org/about-efmd-global/.

2　根据管理教育趋势和需要，这些类别历年会发生一些增减。

别。每个类别的评审专家会从该类别所有投稿中选出一篇最佳奖案例。比如 2023 年竞赛包含 11 个类别，分别为：非洲商业案例（African Business Cases）、将技术带入市场（Bring Technology to Market）、持续改进：追求卓越之旅（Continuous Improvement: The Journey to Excellence）、企业社会责任（Corporate Social Responsivity）、创业（Entrepreneurship）、家族企业（Family Business）、金融和银行（Finance and Banking）、拉丁美洲商业案例（Latin American Business Cases）、责任商业（Responsible Business）、责任领导力（Responsible Leadership）和商界女性（Women in Business）。

EFMD 官网上同样公布了其案例评审标准（见表 10-2）。

表 10-2 EFMD 全球案例写作竞赛评审标准

维度（权重）	指 标 描 述
案例正文 （50%）	评判标准包括： - 能够满足教学目标和学生期望； - 研究和数据的正确性； - 数据的呈现方式； - 写作风格、案例的生命周期、使用的多样性； - 案例总结和摘要。 内容将通过以下方面进行评审： - 主题的相关性； - 能够通过有争议的问题和多角度来创造强烈而有趣的学习体验； - 案例作者应从批判的角度来看待主题的不同层面
教学笔记 （30%）	评判的依据包括： - 直接问题、潜在问题、关键点或亮点； - 说明课程水平（研究生、本科生、企业管理人员）； - 建议的学生作业； - 建议的补充读物或参考资料； - 可能的讨论问题； - 案例的潜在用途（营销、战略等）； - 分析； - 建议的教学方法； - 电脑教学支持； - 视听资源支持； - 建议的课程计划

维度（权重）	指 标 描 述
教学笔记 （30%）	教学笔记必须在每次投稿时一起提交，至少应包括以下内容： – 介绍该案例适用的课程和适用的学生背景； – 案例的教学目标； – 课堂讨论问题； – 任何其他可能有帮助的意见
创新（20%）	评委们寻求的是创新资源，不一定是案例的呈现形式，而是新的概念、学习方法，以及和概念相关的各种想法

资料来源：https://www.efmdglobal.org/awards/case-writing-competition/case-evaluation-criteria/.

10.2.3　欧洲案例交流中心案例大赛

欧洲案例交流中心（The Case Centre）成立于 1973 年，总部位于英国克兰菲尔德大学的管理学院（Cranfield University School of Management），前身为大不列颠及爱尔兰案例交流所（Case Clearing House of Great Britain and Ireland）。该组织的成立是欧洲 22 所高等教育机构联合倡议的结果——希望有一个能为商学院课堂提供案例交流的可靠组织。该中心是独立的、教育性的、非营利的、会员制的组织，是一家注册的慈善组织。[1]

欧洲案例交流中心案例大赛（The Case Centre Awards and Competitions）分为按使用量的奖项（awards）和当年投稿评选的竞赛奖项（competition）两个部分。前者奖项自 1991 年以来一直颁发至今，用于表彰过去一年中在全球最多组织中使用的 9 个管理类别和 1 个免费案例类别的案例，总冠军奖也颁发给所有类别中最受欢迎的案例。奖项是根据使用数据匿名评估的，评选范围为

1　本书编者翻译自 The Case Centre, "History and governance", https://www.thecasecentre.org/AboutUs/history.

过去 5 年中被该中心案例库收录的案例作品。[1]

竞赛部分包含五个奖项：案例方法突出贡献奖（Outstanding Contribution to the Case Method），卓越案例教师（Outstanding Case Teacher），卓越案例开发者（Outstanding Case Writer），卓越案例开发者：热点话题（Outstanding Case Writer: Hot Topic）和卓越短案例（Outstanding Compact Case）。针对每个类别，欧洲案例交流中心都简要说明了投稿要求，[2]但是并未在网站上公布评审专家的评估标准。

与哈佛案例库和毅伟案例库类似，欧洲案例交流中心同样收录来自合作机构的案例。截至 2023 年底，其网站上公布了 79 个机构的案例类目，[3]共收录 148 500 多种学习材料，其中包括 75 000 多篇案例，另有模拟和多媒体教学材料、角色扮演、教学材料、管理类文章、书目章节、视频材料等内容。[4]

10.2.4　全球案例写作竞赛比较及获奖经验分享

10.2.4.1　三大竞赛的比较

首先，三个国际竞赛的评价标准有非常强的一致性，与 10.1 节提到的三个案例库的案例标准（见表 10-1、表 10-2 和表 10-3）亦有很多相通之处。这也是为什么我们看到近些年中欧国际工商学院几篇获得 EFMD 和欧洲案例交流中心组织的竞赛奖项的案例，大部分也获得了"中国工商管理国际最佳案例奖"。

其次，三个竞赛均对作者设置了激励。一方面，获奖案例均可以进入相应的案例库，"中国工商管理国际最佳案例奖"的获奖案例均可以进入中国工

1　本书编者翻译自 The Case Centre, "The Case Ceneer Awards and Competitions", https://www.thecasecentre.org/AwardsComps/about.

2　参考网址：https://www.thecasecentre.org/AwardsComps/competitions/outstandingcasewriter.

3　参见网址：https://www.thecasecentre.org/caseCollection/default.

4　参见网址：https://www.thecasecentre.org/buy/products/range.

商管理国际案例库——在入库的过程中,投稿作者还会得到详细的修改完善建议,后期将有机会被推送至毅伟案例库;[1]在 EFMD 全球案例写作竞赛和欧洲案例交流中心的案例竞赛中胜出的案例,也会接到欧洲案例交流中心的入库邀约。另一方面,三个竞赛都设置了奖金激励。"中国工商管理国际最佳案例奖"活动中评选出的最佳奖奖金可高达 10 万元人民币(1 篇),特别奖 8 万元人民币(1 篇),一等奖 5 万元人民币(约 5 篇),二等奖 2 万元人民币(约 10 篇)。EFMD 全球案例写作竞赛的奖金额度大约为 2 000 欧元(每个类别 1 篇)。欧洲案例交流中心的竞赛获奖案例奖金额度大约为 1 000 欧元(每个类别 1 篇)。

除了共同点,各案例竞赛也各有侧重点。EFMD 全球案例写作竞赛中案例和教学笔记的权重并不相等,而是案例占 50%,教学笔记占 30%,概念和方法的创新占 20%。笔者认为,这与中国案例教学法的发展阶段及教师对教学笔记的依赖程度有一定关系。2023 年,"中国工商管理国际最佳案例奖"设置特别奖,鼓励参赛者深入探索前沿管理问题并积极开发创新性的案例,尤其是在案例教学领域尚未被广泛关注或充分讨论的、可能会对未来行业的运作方式或市场格局产生深远影响的前瞻性、引领性的管理问题。EFMD 和欧洲案例交流中心的两个案例写作竞赛还设置专设奖项,以吸引案例开发者针对某些热点话题(如责任教育、循环经济)、特殊领域(如非洲、拉丁美洲和中国主题的案例)、特色形式(如短案例)提供高质量案例,进而赋能到相应主题的案例教学,引领商学院教育和案例开发。中国的案例教学事业还处于相对早期的阶段,需要各个领域、各类话题的服务于案例教学的高质量案例。

10.2.4.2 获奖经验和评审专家点评

获奖案例作者到底有怎样的法宝呢?笔者相信,更多是因为他们做到了本书前面章节所讲述的各项工作。他们又是怎样介绍自己的这些获奖案例呢?

---

1 毅伟案例库已确认,可以免除评审程序,直接接受由中国工商管理国际案例库选拔的案例。

"中国工商管理国际最佳案例奖"每年公布获奖名单时，都会请作者团队从自己的视角介绍每一篇案例。建议感兴趣的读者可以至 www.chinacases.org 的"案例竞赛"类目下进行了解。EFMD 全球案例写作竞赛和欧洲案例交流中心全球案例写作竞赛更加关注案例的选题，因此笔者在表 10-3 总结了中欧国际工商学院在过去五年获得的获奖案例信息，并列示了获奖作者对案例选题及其案例设计难点的分享。

表 10-3　中欧国际工商学院海外案例写作竞赛的获奖案例选题及挑战

奖项名称／类别	案例题目	案例作者	作者感言摘录（选题／亮点／挑战……）
2022 EFMD 案例写作大赛"创业"类别最佳奖	艾优集团：创业新物种	王　高 朱　琼 张　锐	该案例选题具有典型性和独特性，如何在成熟市场创新创业一直被广泛探索，该案例清晰呈现了在成熟市场实现横向差异化的过程和挑战，为创业者提供了相关思考和探索空间
2022 EFMD 案例写作大赛"商界女性"类别最佳奖	理想、行动、坚持——上坤集团创始人朱静	李秀娟 郑　欣 赵丽缦	案例主要的挑战是确定关键的决策点。在我们的初稿中，决策点设定在朱静如何处理美元债券上，这是公司在不确定时期面临的关键财务决策之一……但由于该问题作为上市公司的敏感性，该初稿被公司否定了。之后我们不得不与决策者讨论一个对股票市场不太敏感的替代重大决策点……
2021 EFMD 案例写作大赛"企业社会责任"类别最佳奖	蚂蚁森林：将公益变成共益	芮　萌 朱　琼	案例选题具有全球普适性，如何用商业思路去做环保公益是全球关注的话题；案例选材具有独特性，在蚂蚁森林之前，环保公益在全球都面临高认知度、低践行度的难题，蚂蚁森林通过在社会和商业两个维度的创新，让环保公益实现了共享价值，从而让环保公益可持续，由此也形成了一个独特的创新模式

奖项名称/类别	案例题目	案例作者	作者感言摘录（选题/亮点/挑战……）
2021 EFMD 案例写作大赛"拉丁美洲"类别最佳奖	安蒂嘉尔酒庄：家族企业的战略和传承挑战	露西娅·佩里尼 江昉珂 马丁·罗尔 曹之静	案例对家族企业展开研究，分析了管理家族企业的复杂性，以及如何处理家族企业在拓展不同市场如中国市场时面临的阻力
2020 EFMD 案例写作大赛"责任领导力"类别最佳奖	老爸评测：一家社会企业的两难抉择	庄汉盟 赵丽缦 李尔成 莫　伦 孙鹤鸣	本案例设计的主要挑战之一是提供一个能够解释社会企业的复杂性的概念框架……尤其是在非常看重企业盈利性的商学院，设计能足够吸引学生讨论的教学问题也很有挑战
2019 EFMD 案例写作大赛"责任商业"类别最佳奖	田鼠系统公司的治理之痛	庄汉盟 皮　鑫 赵丽缦	案例选题探讨了新兴市场中的公司治理及责任管理问题，具有独特之处。在商业教育领域，更多的案例在关注跨国公司海外经营如何成功，却鲜少有案例涉及跨国公司在"灰色地带"——尤其是在新兴市场的公司治理
2018 EFMD 案例写作大赛"可持续商业模式"类别最佳奖	盒马：阿里巴巴的新零售平台（A&B）	张文清 朱　琼	教学笔记的独特价值在于，对流行于美国硅谷的从 0-1 创新、再从 1-N 的复制创业模式提出了质疑，盒马是一边迭代它的门店模式，一边进行复制，同时还拓展到其他业态。因此，在教学笔记里，用这样的中国例外可以引发学生进行深度思考，培养学生的思辨能力
2023 欧洲案例交流中心全球案例写作竞赛"卓越案例开发者"最佳奖	五菱宏光 MINIEV：中国造车新物种	王　高 朱　琼	案件的撰写过程非常复杂。我们采访了五菱内外的很多人，包括公司 CEO、副总裁等相关人员，以及经销商、客户，甚至竞争对手。这个案例花了相当长的时间才完成……最重要的是确定一个对潜在学生来说独特而有趣的商业"故事"

奖项名称／类别	案例题目	案例作者	作者感言摘录 （选题／亮点／挑战……）
2023 欧洲案例交流中心全球案例写作竞赛"卓越案例开发者：热点话题"最佳奖	老爸评测：一家社会企业的两难抉择	庄汉盟 赵丽缦 李尔成 莫　伦 孙鹤鸣	首先，一个好的主题对于高质量案例至关重要。我们认为一个好的案例主题应该遵循"cogitate"原则，即具有以下特征——复杂性／冲突性、客观性、普适性、重要性、触发事件，"啊哈"时刻，以及询证支持的……"

资料来源：摘自 EFMD 和欧洲案例交流中心官网公布的信息。

评审专家又是如何评价这些获奖案例的呢？让我们在最后一起学习三个竞赛中评审专家对获奖案例的点评吧：

（1）今年入围案例取自众多不同行业背景，可谓不拘一格，兼容并蓄，但它们有个共同特点，就是耐人寻味、可读性强。最佳奖案例是颇具吸引力的佳作，不仅为管理者提供了实用的经验启示，而且具有深厚的理论内涵。（来自 P.W.（Paul）Beamish，加拿大毅伟商学院，评"2022 中国工商管理国际最佳案例奖"）

（2）所有入围案例都非常出色，每一篇都展现出很强的实力，当然也存在一些不足。就我而言，一篇优秀的案例应该清晰聚焦于可供学员展开辩论的困境或决策。案例中需提供充足的信息，让学员能够对议题展开分析性的探讨。同时，一篇优秀的案例也要为学员留出足够的思考空间，让他们能够运用自己的判断来提出最终建议。案例还应该配备全面详尽的教学笔记，一方面将案例与某些相关的既成框架或理论相联系，另一方面也为授课者提供一套教学计划，帮助其在案例教学中引导学员通过归纳讨论来发现这些理论框架。我在本次案例竞赛的评选中就是基于上述标准提出评选意见的。（Krishna Palepu，哈佛商学院，评"2021 中国工商管理国际最佳案例奖"）

（3）"中国工商管理国际最佳案例奖"再次喜迎强势阵容，为案例写作标准的推广、落地和改进起到了重要作用。从这些强势的队伍中优中选优，是一个充满喜悦而又艰难的过程。所有入围决赛的案例都是有着丰富研究佐证的杰作，每一篇都有理由摘取桂冠。在此，向所有作者表示由衷的祝贺，尤其是最终的胜出者，你们的案例以卓越的学术价值、丰富生动的人物形象和多种多样的场景，打动了我们的评审组，取得了本次案例大赛的胜利。（Richard McCracken，欧洲案例交流中心，评"2020 中国工商管理国际最佳案例奖"）

（4）这是一个结构合理且引人入胜的案例。教学笔记内容广泛，涵盖了多个框架，作者提供了与教学目标相一致的深刻问题；这个案例是当之无愧的赢家。这是一个有趣且写得很好的案例，提供了很有价值的见解：即使在一个成熟的行业中，企业也可以通过打入新市场来避免竞争。（匿名评审专家评 2023 欧洲案例交流中心全球案例写作竞赛"卓越案例开发者"最佳奖案例《五菱宏光 MINIEV：中国造车新物种》）

（5）这是一个关于"商业、社交媒体和社会"热门话题的优秀教学案例。一个明确而棘手的两难困境，把读者紧紧吸引住，并且辅以完美和创新的教学笔记。（匿名评审专家评 2020 EFMD 案例写作大赛"责任领导力"类别最佳奖案例《老爸评测：一家社会企业的两难抉择》）

（6）这个案例的编写、开发和呈现都非常出色，包括提供的视频……该案例解决了一个重要且相关的问题，即在通过商业模式运营具有社会价值的事业时，如何权衡取舍潜在的利益冲突。我很喜欢这个案例，迫不及待地想在自己的课堂上使用它。（匿名评审专家评 2023 欧洲案例交流中心全球案例写作竞赛"卓越案例开发者：热点话题"最佳奖案例《老爸评测：一家社会企业的两难抉择》）

这些评审专家对最佳奖案例的评价，让我们看到了获奖作者对"理论与实践""归纳和演绎""正文与教学笔记""内容和形式""传统与创新""开发和教学"等的权衡与处理可谓恰到好处，也渗透着案例开发标准的影子。

10.3　本章小结

本章分为两部分为案例开发者介绍了解案例的全球发表和写作竞赛。第一部分介绍了三个以服务案例教学为目的、具有全球影响力的案例库（含定位和标准），详尽分享了需要案例开发者关注的注意事项。笔者重点介绍了三大案例库的投稿要求和标准：中国工商管理国际案例库向所有投稿者提供了案例正文和教学笔记的八条评审原则；哈佛案例库虽然没有公布具体的评选标准，但笔者基于哈佛商学院案例研究团队的发表文章总结了"卓越的教学案例与教学笔记的核心要素"；毅伟案例库在官网上提供了详细的投稿指南，其中也包括对于案例正文和教学笔记的撰写要求。

接下来，笔者进一步与案例作者们分享了投稿中常被忽视的一些重要问题，并根据多年的投稿与发表经验分享了应对建议。比如，案例正文中的严谨叙事、保持客观中立、兼顾文化敏感性、写作的规范性等问题，教学笔记中的理论与案例实践的关系、归纳与演绎的关系等问题，笔者都一一进行了阐释，并举实例说明。

本章的第二部分分别介绍了三个具有全球影响力的案例写作竞赛：中国工商管理国际最佳案例奖、EFMD案例写作大赛、欧洲案例交流中心案例大赛。笔者对三大国际案例竞赛进行简要比较分析之后，总结了部分来自中欧国际工商学院获奖作者对案例选题及其案例设计难点的分享，最后梳理了国际评审专家对获奖案例的点评意见，以期让更多投稿作者们体味高质量教学案例的共性与个性，以及案例开发与教学事业在全球影响力的提升。

包容开放，标准引领国际发表

案例开发者进行全球发表是为了在更广范围内提高影响力、创造教学价值。国际案例库对案例开发的质量标准有高度统一性。案例开发者在进行全球发表时，除了关注各家网站公布的标准之外，建议做到严谨叙事、受众导向（兼顾文化敏感性），关注教学笔记的开放性和逻辑层次，坚持写作的"6C"原则（即准确性、简洁性、清晰性、掌控性、逻辑连贯性、表达惯例）。

根基平衡，选题驱动国际获奖

全球案例写作竞赛是教育界吸引热点话题和时代主题的高质量案例，推动案例开发和教学事业发展的有效方法。获奖案例都是在认真推进各环节案例开发工作的基础上，恰当地处理了"理论与实践""归纳和演绎""正文与教学笔记""内容和形式""传统与创新""开发和教学"等平衡关系。

案例的价值创造 [1]

开发教学案例的初心是为了服务管理教育，案例的授课、发表和获奖都是为了实现初心，同时在更广的范围和更宽的层面创造价值。这些价值是驱动案例开发者持续投入案例开发工作的原动力。本章将首先探讨教学案例的价值体现及相关问题，接下来基于利益相关者图谱来阐释案例开发的价值，即在内部和外部、理论和实践的不同维度，案例开发者均可以基于利益相关者视角来思考创造怎样的价值、如何创造价值。在此基础上，本章依次从内部授课、对外发表、公开渠道传播及企业赋能等四个部分来阐述案例的价值创造。

11.1 教学案例的价值体现

教学案例的开发合作通常是案例开发者和案例企业之间的平等合作，不涉及经济往来。因此，很多案例开发者的支持机构在评价其案例开发的价值时通常评估其教育意义和社会影响力。

---

1 本章作者：赵丽缦。

11.1.1　教学案例价值之问

首先，如何衡量教学案例的"影响力"呢？本书前面的所有章节均关乎教学场景下案例的概念、流程、各环节操作指南、创新及内外部教学使用等内容。这些内容最终的价值体现如何衡量呢？

加拿大毅伟商学院出版社原社长 P.W（Paul）Beamish 教授在"首届中国案例建设国际研讨会"上作了题为"写出更具影响力的案例和教学笔记"的演讲。他从教学场景的"案例使用范围，内部利益相关者评价，以及外部平台或教育载体的认可"等角度来阐释了教学案例的三类（10 个）影响力的评价指标：第一类是统计指标，包括① 在一定时间内案例使用量很高（这也是最常用到的评估指标），② 某案例被多家机构使用，③ 案例适用于多个国家的学员；第二类是教学评价持续保持高位，包括① 授课者对所传授的内容感到满意，② 学员对某案例给予高度评价，③ 同仁和其他利益相关者喜欢某案例；第三类是外部的认可，包括① 在案例竞赛中获奖，② 收录于有声誉的案例库、成为畅销案例，③ 收录于教科书，④ 被翻译成多种语言。以上指标充分体现了教学场景下，教学案例和教学笔记带来的价值。

以上提到了案例在教学场景中的价值衡量。问题是，在教学场景，案例还有哪些价值体现？案例开发者如何实现这些价值呢？

其次，对于案例授课之后的本土发表以及走向国际发表平台的问题，案例开发领域亦有不同的声音。就"到底是授课优先，还是发表优先"这一问题，一般认为案例的第一要务是服务教学，但现实中确实有许多为了发表和考核而开发的案例在教学中很少甚至没有被使用。对于中国主题案例国际化的问题，除了"向世界传递中国声音"的旋律之外，同样存在这样的声音：一味迎合国际标准是否会失去自身的特色？本土和国际受众对某一企业的选题关注点不同，如何解决？的确，对于案例在不同范围的发表依然存在一些疑点和难点。对于案例开发者，我们又应当如何认识案例进行国际发表的价值呢？

再次，"案例"已成为高校之外越来越多外部媒体、咨询、培训、智库平台等机构的热词，他们希望通过宣传优秀案例，让越来越多的个人和组织实现从"学习案例"到"成为案例"的转变和升级。这一定程度上是最佳实践案例的价值所在，但教学案例的价值绝不限于此。教学案例的开发者们，我们又应当如何让教学案例的开发知识、技能和思维有效赋能这些机构呢？如何对高校以外的受众起到更深远的影响作用？

最后，案例开发者常被问到的一个问题是：开发一篇教学案例，对企业有何好处？开发以教学为目的的案例，案例开发者并不向案例企业（或其他个人／主体）支付成本。同时，为了确保案例的客观中立性和教育价值，当案例开发者身在企业担任管理咨询或战略顾问等角色，或者案例开发个人及机构得到了案例企业的某种形式的资助时，根据国际权威案例开发机构的规范，也需在案例的首页尾注中声明这样的安排。那么，企业为什么要投入大量的人力和精力接受高校教师的调研访谈，开发一个不宜宣传企业、不能给出建议的案例呢？

我们也看到，越来越多商学院课堂上案例讨论的热烈场景，学员们对某一决策问题思考不息、辩论不止；国内外授课者纷纷寻找"循环经济""数字化转型""环境、社会和治理""出海"等时代热点话题的案例，国际发表平台肩负起相互借鉴、彼此促进的交流平台；外部权威媒体和智库机构也承担起向社会大众或关心某些话题的受众进行"沉淀优秀经验，传播最佳实践"的社会责任；越来越多的企业掌舵者敢于面对自身发展问题，客观复盘过往决策的得与失，开放探索未来发展的多元可能。这些为案例开发者提供了绝佳的价值创造舞台。

那么，我们如何系统了解案例开发所能带来的丰富多彩的价值图谱呢？

11.1.2 基于利益相关者视角的案例价值图谱

根据多年的案例开发实践和研究，笔者总结了如图 11-1 所示的案例价值图谱，该图谱主要从两个维度、四个象限展示了案例开发的利益相关者。横轴代表着"对内和对外"的价值，纵轴代表着对"理论和实践"的价值。这个光谱图亦表明，案例开发者可以通过案例开发的知识、技能和思维创造不同的价值，且这些价值可以在不同维度进行相互转化和彼此促进，利益相关者亦可共创价值。

图 11-1　利益相关者视角下案例价值图谱

内部授课使用方面，案例开发者的利益相关者包括内部授课者、支持机构（案例中心/学院）、内部学员、学员企业和评审专家等，主要载体包括教学案例、实践评论文章，以及潜在案例研究论文（理论观点呈现）。在这一象限，教学案例的价值一方面向案例开发机构和企业内部延伸，另一方面向理论和知识创造延伸。

外部发表和知识创造方面，案例开发者的利益相关者包括外部授课者、案例写作竞赛或案例库的组织者和评审专家、外部学员及更多企业等，主要载体包括案例（和教学笔记）以及案例集等。在这一象限，案例的价值一方面关注在更大范围赋能教学，另一方面关注向理论方面的价值延伸。

公开渠道传播方面，案例开发者的利益相关者包括智库机构、企业宣传部门、一些关注管理实践的意见领袖及公众，主要载体包括最佳管理实践的调研报告、管理经验总结类书籍、案例集及微信推文等。在这一象限，案例价值更侧重对于实践的指导意义，并关注对外部大众传播的价值。

在赋能企业方面，案例开发者的利益相关者包括案例企业、企业培训部门、高管和一般员工等，主要载体包括内部培训材料、操作指南、管理经验总结类书籍。在这一象限，案例价值多体现为企业对实践端的赋能和内部管理经验的提炼。如果案例追求的是决策制订的情境性、管理思维或模式的适用性，以及关键挑战及开放性探索等，那么，案例开发赋能案例企业和实现教学价值将成为价值共同体。

11.2 内部授课使用的价值

案例教学的最主要受众是学员，案例开发者和授课者是教学价值的创造者。教学价值体现在哪些方面？如何为学员创造更多的价值？如何获得更多的价值呢？接下来的内容将探讨这些问题，并简要分享笔者实践工作亲历的几项实践。

11.2.1 利益相关者及价值体现

在案例教学这一场景中，主要的参与方是学员和授课者。学员或已是某家企业的管理者或即将步入职场，授课者或使用自主开发的案例或使用他人开发的案例进行教学。

11.2.1.1　关注学员的知识、技能和思维提升

对于学员，相比传统的讲座式授课，案例教学对达成以下三个方面的学习目标有更为显著的价值：① 掌握构成知识基础的分析工具和框架、某领域的管理理论和原则，流程或技术的通识性内容；② 运用相关知识锻炼分析信息 / 现状、发掘问题本质、分享自己的观点、聆听别人的观点，以及基于他人观点形成新的观点的能力；③ 形成站在管理者角度思考问题、担负责任、采取行动的意识和态度。[1]笔者同样认为，高质量的案例以及案例教学将引导学员重新认识学习本身，实现了从"授人以鱼"向"授人以渔"的升级，会提升学员的学习能力。高质量的案例本身就像是品质上等的"食材"，在以"学员为中心"的建构主义课堂上，学员们基于这样的"食材"也可自主"烹制有营养的美味佳肴"。

11.2.1.2　关注授课者的理论归纳能力

本书以及外界有很多关于案例和教学笔记的比喻，包括"汽车和驾驶指南""地图和指南针""食材和烹饪秘籍"；对授课者的角色亦有很多隐喻，比如，引导师、催化师、放风筝的人、牧羊犬等等。这些比喻都有一定的道理，均在试图阐释案例和授课者的角色和作用。

在案例内部授课时，授课者通常也是案例开发者之一。案例开发的工作对于授课者有何价值呢？笔者认为价值可以体现在三个方面：其一，案例教学实践本身可以锻炼授课者的深度分析、逻辑推演和总结归纳能力。他们在课堂上需要从问题现象出发逐层引导发问，带领学员不断深入思考、全面分析，激发不同观点的碰撞——他们是引导师和催化师。同时，在这个以"学员为中心"的讨论式课堂，授课者还需要完成设计的教学目标，手中像是有一条风筝线，并维护着足够托举学员讨论范围的场域。在讨论最后，授课者需要能够提炼和归纳出"现象

1　Robert M J. Developing a teaching case（abridged）. Harvard Business Publishing, Product Number: 901055-PDF-ENG, 2001.

背后的本质"，跟学员一同"看见"真正的问题、适用的理论，以及彼此的联结。

这种案例教学中的技能便体现在案例开发者撰写的教学笔记中。而这种能力的锻炼对于案例开发者提升其研究能力亦有帮助——二者对深度思考、逻辑推演和归纳分析的能力要求有一定的相通性。

11.2.1.3　学员和授课者共创

熟识案例开发技能的授课者还可以在课堂上与学员共创案例，即进行实时案例的开发和教学。简单而言，授课者请学员围绕即将讲述的知识点（比如，品牌联名）现场生发案例线索，然后请其分享背后重要的管理实践难点和挑战、关键决策及重要考量，呈现鲜活的决策问题，并请其他学员展开讨论。这种案例类型有可能激发学员更强烈的参与感。

就理论层面，授课者和学员企业家可以合作撰写案例或者管理实践评论性文章，比如《哈佛商业评论》中发布了大量知名商学院教授和企业家基于企业案例提炼的先进的管理理念和指引性原则等文章。

11.2.2　应用举例

本书第九章对案例授课如何反哺案例开发工作有所介绍，本节将分享在案例授课场景中，案例对其他利益相关者带来的价值。

11.2.2.1　一次案例决策者的课堂分享

在一个为校友返校日活动设计的案例讨论课程上，案例开发者邀请了案例的决策者坐在教室后排。该决策者静静地聆听学员们对案例的讨论。当听到64位同学只有4位同学看好企业正在推进的模式（更多同学明确指出了现有模式的挑战和问题）时，他陷入沉思。当最后环节被邀请到讲台前分享时，他感叹，自己就像是躺在 ICU 病房的病人，听着各医生讨论着自己的各种死法，以及是否值得救治、如何救治。他真诚地分享了支撑自己选择当下模式的逻辑，随后赢得了更多学员的共情和支持。事实上，他的思考并没有停止。一年后他选择终止该业务模式，专心发展其他核心业务，企业及时止损。除了拍手叫好之外，这是对案例企业和案例决策者价值的另一种体现。

这并不说明该案例是一个关于失败的案例，不再能够用于课堂，恰恰相反，学员们基于案例能够得到不同的思考——因为在其他课程上，还有学员非常认可其业务模式，看到了这家企业的一些最佳实践，甚至有 MBA 学员还应聘了这家企业。不同课堂上，这个案例的教学都会引起不同思维的碰撞，激发战略思维和商业模式的设计逻辑——这是对学员的启发，也将一定程度影响学员的管理实践。

请学员们穿上决策者的"靴子"走一遍的教学过程本身就给了学员极大的机会和价值，他们在其中体悟管理实践的逻辑，设身处地、全面分析决策情境，如果他们的分析和反馈能够给案例企业带来影响，这种价值是非常难能可贵的。而作为案例开发者，我们是多维思考的见证者，多元观点的记录者，我们通过文字激发着各种可能性。

11.2.2.2　几篇社会创业案例

如果上面的案例是对案例企业和学员企业的价值，那么接下来将展示如何让教学案例开发和案例研究并驾齐驱，让案例开发者自身收获价值。

笔者和合作者——中欧三位教授，庄汉盟（Daniel Chng）、李尔成（Byron Lee）和莫伦（Peter Moran）——于 2017 年 5 月开启了对五家社会企业的学术调研。虽然当时中欧并没有开设社会创业的相关课程，但是案例开发团队基于理论研究的视角，并结合每一家企业的特色，识别了可持续发展、商业伦理、谈判、商业模式、包容型领导力等不同案例主题。这些案例开发的视角在一定程度上也影响着原来设定的研究方向，让理论研究也更加多元和包容。近些年，五篇社会企业案例持续投入相关课程，有的还以实境教学形式呈现。

11.3　对外发表与知识创造

本书第 10 章重点从案例库和案例竞赛的定位和标准的角度介绍了教学案例的发表和竞赛，并分享了关键技巧。P.W.（Paul）Beamish 教授提出的多项"影响力"衡量指标与对外发表有关。作为知识创造的载体，案例（和教学笔记）的向外传播是案例开发者价值创造的体现。本节将主要关注案例开发者如何在这一过程中创造更大价值。

11.3.1　利益相关者及价值体现

我们可以沿着外部扩散性和理论性两个方向来阐述案例开发者所创造的价值的体现及做法。

11.3.1.1　更广范围的影响力

除了关注第 10 章提及的写作技巧和注意事项之外，案例开发者还可以通过以下两个方面推动案例在更广范围内创造价值：

一方面，当被案例库收录之后，案例开发者可以将案例推荐给相同教学领域的同行，可以借助案例库的通知邮件、撰写或转发宣传性文章等形式来推广。这样，案例开发者也有可能收集到相关反馈建议，进而有机会完善案例。

另一方面，除了在商学院进行传播之外，授课者亦可考虑是否能够以合适的方式出版案例集，或者围绕某一主题重新组织案例内容撰写书籍，进而面向更广泛的社会公众进行传播。在这个过程中，案例开发者需要关注案例的著作权归属事宜，比如，如果已经归属外部发表平台，那么出版案例集就需要取得相应的授权。

11.3.1.2 理论驱动的价值创造

与学术研究不同的是，教学案例并不强调理论的创新性。同一个案例库可以收录同一家企业不同主题的案例，也可以收录同一主题不同企业的案例。然而，学术思维可以一定程度助力教学案例在更广范围内创造价值。笔者建议案例开发者准备启动某一家企业的案例前先到其他案例库查询是否已经存在这家企业相似主题的案例，思考即将开发的案例是否有新的价值、有何创新。这样的过程，既可以避免资源的过度投入，又可以让案例成果不断突破和创新。

大量的教学实践也可以反哺到相关的理论演进或应用。以笔者参与开发的《信安智能：科创企业的窘境》A、B、C 系列案例为例，案例开发者将数百位学员的反馈与现有理论框架进行对比，进而结合中国情境提出了新的评估框架，这种来源于教学实践对理论进行适用性的研究，能够丰富理论成果，待案例发表至国际案例库之后，这些呈现在教学笔记中的内容对其他国家的受众亦会是一种有价值的参考。

的确，案例的国际化发表要关注情境适用性。如同 Andrew Van de Ven 和井润田两位学者对学术研究人员的呼吁一样[1]，案例开发者不应为了普适性而牺牲案例的特殊适用情境；但我们也应当意识到，案例的国际化并不是通过尝试将对本土情境不敏感的国际标准和方法来同质化本土案例及开发流程，而是在内容本质上呈现了本土管理实践和智慧。

11.3.2 应用举例

过去几年，11.2.2.2 节提到的几篇社会创业陆续发表在中国工商管理国际案例库、哈佛案例库、毅伟案例库等平台，有机会服务于国内外更多的社会创

---

1 Andrew Van de Ven, 井润田 . 从 "入世治学" 角度看本土化管理研究 [J] . 管理学季刊，2020，（ 1 ）：1–13.

业、商业伦理、可持续发展等课程。同时，两篇案例也以简版形式收录于《社会创业：理论与实践》一书。在很多高校，这类课程渐渐从无到有，从选修课变成了必修课，这些案例为此类课程提供了助力。与此同时，基于这些案例企业的学术论文研究还在不断推进中。

11.4　对于公众的价值

近些年，很多企业宣传部门、一些关注管理实践的意见领袖和智库机构都希望通过案例向社会公众传播声音、传递价值。这方面的内容通常更加关注对实践的启发与借鉴价值。需要强调的是，这些面向公众传播的案例通常不是教学案例的范式。案例开发者可以思考如何将教学案例开发的成果进行二次开发，或者将相关能力和思维迁移到面向公众的案例创作之中。

11.4.1　利益相关者及价值体现

对于企业的宣传部门，他们希望通过案例向外输出价值。但是，教学案例开发至少会在两个方面限制企业此类诉求的实现：一是高质量教学案例不应是最佳实践的宣传，二是教学案例作为教学工具不宜出现在公众传播领域，否则影响案例教学本应达到的教学效果。案例开发者应当引导企业正确认识教学案例的价值，坚定明确说明教学案例是合作的主要目的，如果要对外传播必须结合目标受众需求进行二次开发。

对于外部个人或组织经过现场调研或者案头研究撰写的案例，通常是会服务其平台的定位，比如关注某类主题。笔者建议此类内容可以借鉴教学案例的"以问题为导向"和"客观严谨呈现"的特点，深入挖掘各类信息，引导公众关注问题本质，并采用归纳的思维将个案带来的启发得以升华。

11.4.2　应用举例

关于将教学案例相关成果面向公众的传播，中欧通常的做法是，由市场部专业人员基于对官方微信目标受众（社会公众）的理解进行二次开发。在这个过程中，案例开发者和企业可能都会有新的输入。对于企业要求先撰写对外宣传文章再开发教学案例的情况，笔者通常建议他们联系专业的市场推广人员开发相关对外传播的内容，与案例开发者合作的主要内容是开发出规范的、高质量的教学案例。

2022 年，中欧携手人民网上海频道启动了科创案例项目，历时一年时间，由 30 位中欧教授、案例研究员组成的专家团队和人民网 10 余名记者组成的报道团队深入实地，对 25 家长三角标杆科创企业展开调研，通过一个个真实的、立体的故事，展现中国科创企业的发展、挑战与创新之路。在 21 万字的《中国科创企业调研报告·长三角篇（2023）》中，包含了 25 篇案例，其中 13 篇基于已有的教学案例和后续访谈二次开发而来。这篇调研报告向公众分享并解析了中国科创企业如何解决"成长的烦恼"，[1]每篇案例分为背景介绍（宏观层面和企业层面）、企业简介、问题提出、应对策略、取得成效、未来思考和专家点评七个部分。这样的尝试不仅向公众传递了价值，在调研中与企业就关键问题的探讨还阐述了新的教学案例的线索，实现了多元价值的转化。

11.5　对于企业内部的价值

越来越多的企业开始关注案例，甚至建了企业案例库，旨在沉淀管理经验，促进各级员工和管理人员的培训与发展。

1　中国企业讲述中国故事《中国科创企业调研报告·长三角篇（2023）》发布，人民网–上海频道，2023 年 12 月 9 日，http://sh.people.com.cn/n2/2023/1209/c134768-40672436.html.

11.5.1　利益相关者及价值体现

企业或其他组织多在关注案例对组织内部以下两个层面的价值。

11.5.1.1　战术和技巧层面

大部分企业的案例都是经验总结性内容，希望将过去被证明行之有效的经验以案例的形式沉淀下来，供其他员工借鉴。在一些企业，案例由员工撰写并申报，这种情况非常容易催生出最佳实践案例。但是，在一些岗位培训或者技巧培训场合，这些案例有很大的参考性。

高质量教学案例开发对这类企业案例的借鉴价值在于，当企业开发案例时，除了描述存在的挑战和得到验证的模式，还应多分享背后的思考，包括对其他形式的探索。也就是说，理清问题本身和开放性思考非常重要。

11.5.1.2　战略和思维层面

如果企业对案例的运用仅仅停留在"战术和技巧"的层面，大概率并不能助力其培养有战略眼光的管理者。案例并不是面向过去的经验总结，案例的价值也并不只是萃取经验，经验本身并不能带来有效的学习。

正如约翰·杜威（John Dewey）所言，人们并不是从经验中学习，而是从对经验的反思中学习。在课堂和企业场景，案例都应当有反思（reflection）和复盘（review）两种思维模式。"复盘"的说法源自下棋，是指回顾下棋过程时，回到当时的决策时点，思考各个步骤的好与坏，推演不同走法会产生什么不同的结果，目的是提升下棋的技艺和提升未来下棋的胜率。"反思"是由外向里看，需要人们能够抽离出来去看这个系统，增加了旁观者的视角。

高质量教学案例开发的思维能够助力受众形成深度思考的能力和洞察理论适用边界的能力。

11.5.2　应用举例

当企业追求决策制订的情境性、管理思维或模式的适用性，以及关键挑战及开放性探索时，案例开发赋能案例企业和实现教学价值将成为价值共同体。在实际工作中，这样的价值共创的确存在。

11.5.2.1　公司定制的高管案例开发辅导项目

2023 年，在中欧高管教育部门为华润啤酒（控股）有限公司提供的公司特设课程中，按照企业要求设计了案例开发辅导模块。该模块通过中欧案例开发方法赋能企业的经验沉淀和企业管理人才的学习与发展，得到了企业学员的高度认可。通过将教学案例开发的知识、技能和思维迁移到企业场景中，这些管理者学员评价称，已经深刻认识到教学案例开发、经验萃取和工作总结三者的区别。未来，这些管理者们将会继续将案例开发的技能和思维运用到相关主题的案例开发和日常管理工作当中。

11.5.2.2　中欧案例开发共创营

由于相信企业对案例开发生态的重要意义，相信企业应当与生态伙伴更紧密地共创价值，中欧于 2022 年探索并推出了中欧案例开发共创营。中欧案例开发共创营旨在汇聚一群认可案例教学法的企业界和教育界的同道者，在PILOT 定位指引下，一群人（people）为了让案例创造更大的影响力（impact）组成学习型团队（learning），更好地发挥主人翁精神（ownership），持续共创（teamwork）。

截至 2024 年 8 月底，中欧案例开发共创营已举办三期，吸引了全国近50 所高校的 100 余位老师和 10 家案例企业的约 20 位高管的参加。这个过程中，我们也深切感受到越来越多的管理者和人才发展负责人对案例开发的关注和认可。在积极报名并邀请了一些来自企业场景的案例开发爱好者参与共创。在 2023 年 11 月 19—21 日举办的中欧案例开发共创营活动中，共有来自全国 39 所院校的 49 位老师和 6 家企业的 10 余位高管参加在活动中，除了学习中欧高质量教学案例开发标准、了解毅伟案例库的相关实践，参与者还通过案例选题的道与术，案例调研的知与行，案例写作的体与用，教学笔记的问与答等模块系统学习了中欧案例开发的流程。参与者在活动中最大的体会和收获就是，案例企业的高管全程陪伴和高能输出。他们不仅在活动前开放了多个案例选题，而且在活动中共同学习教学案例的开发标准和技巧，并深度参与，现场支持案例开发者们完成调研和访谈；这些企业均支持案例开发者继续开发并形成高质量的教学案例。基于共同的目标，案例企业成了高质量案例开发的共创者。

11.6 服务高质量成人发展教育

在复杂多变、充满不确定性的商业世界，学校、企业和社会都是在创建人才培养的场景。在这样的大背景下，案例开发者大有可为，以高标准为指引，助力成人发展教育。

案例的价值更多体现在技能和思维方面，这正是成人发展所需要的提升心智的教育方式。借鉴罗伯特·凯根（Robert Kegan）的成人发展理论，成人的心智发展分为四个阶段：① 以我为尊（self-sovereign mind）阶段，更多以自我为中心，难以建立合作关系，在做决策时过于简化问题，缺乏对复杂情境的理解和处理能力；② 规范主导（socialized mind）阶段，具有团队精神，是忠诚的跟随者，做决策时会考虑他人的观点，常常寻求方向上的指引，但可能缺乏独立思考；③ 自主导向（self-authored mind）阶段，是目标驱动，善于建立信任和合作关系，拥有自己的价值观与视角框架，敢于表达自己的观点并同时尊重、注意聆听他人的观点，具有战略性思考的能力；④ 内观自变（self-transforming mind）阶段，能够退省反思全局，能够多元视角看待问题，处理复杂性、多样性、不确定性和模糊性，做一个领导学习的领导者，并保持独立和互相依赖。[1]

为了应对外部的变化，商界需要心智复杂度更高的管理者和领导者。而更高阶段所呈现的成人的决策模式和多元能力，不正是高质量案例开发和教学所追求的吗？

每一个人和组织都在寻找生命的意义，并努力做出独特的贡献。案例开发者亦然。坚守服务高质量管理教育和助力成人发展教育的初心，案例开发者必将能够将知识、技能和思维运用于更多元的维度，进而推动整个系统的价值创造。

11.7　本章小结

如何衡量教学案例的"影响力"？以这一被商学院案例开发社群深入探讨过的问题作为起点，这一章节首先引发思考，商学院案例除了在教学场景创造价值之外，对企业的价值又有何体现？基于案例开发者常常被困的问题并主动思考的一些问题，本章提出了基于利益相关者视角的案例价值图谱。图谱从两个维度和四个象限——"对内 vs. 对外""理论 vs. 实践"——来展现了案例的多元价值。

内容授课使用方面，案例的价值对学员、案例开发者和授课者都能够产生一定的价值。对于学员，案例教学能够帮助他们掌握并运用知识，提升分析能力、聆听能力和总结归纳能力，以及形成站在管理者角度思考问题、担负责

1　Kegan R & Lahey L L. Immunity to change: how to overcome it and unlock the potential in yourself and your organization[M]. Harvard Business School Press, 2009.

任、采取行动的意识和态度。同时，通过案例的学习，学员还会对"学习"本身有更深刻的理解，真正提升其"学习力"。对于授课者，案例提升了他们多重逻辑思维能力和引导技术。案例教学的课堂，学员和授课者可以更好地共创、教学相长。

对外发表和知识创造方面，案例的价值体现在：一方面，被国际案例库收录，进而在更多商学院被使用；另一方面，大量的教学实践可以反哺到相关的理论演讲和应用之中。在这一方面，本章节同样说明，案例的国际化需要保证在内容本质上呈现出本土管理实践和智慧，而不应忽略本土情境的情况下套用国际标准和方法。

面向社会公众，教学案例不宜被直接拿来传播，并不应该被视为企业最佳实践的宣传工具。但是，教学案例可以根据公众需求进行二次开发再传播，亦可因其"以问题为导向"和"客观严谨呈现"的特点启发公众关注问题本质，并学会用归纳的思维思考个案带来的普适性启示。

对于企业，在战术和基层层面，参与到高质量教学案例的开发过程，可以启发企业在描述存在的挑战和成功的模式之外，尽多思考背后的原因和其他可能的探索；在战略和思维层面，案例可以助力企业管理者们加强其反思思维和复盘思维。

案例对不同利益相关者在技能和思维方面带来的价值，归根结底与成人发展的需求有关。在一个不断变化的商业社会，企业的发展需要心智模式更为成熟的管理者和领导者。高质量案例开发和教学符合成人发展的需求。

与利益相关者共创价值

在评估教学案例的价值时，人们倾向于关注其教育意义和社会影响力，更多考量案例在发表前后的教学使用场景。案例开发者深处于一个学员、案例企业、评审、外部授课者、外部学员、公众的大系统中，可以开放性探索教学案例如何以不同的载体在课堂"内""外"创造"实践"价值和"理论"价值。希望基于利益相关者的价值创造图谱能够为您提供指引。

服务高质量成人发展教育

教学案例是一个教学工具，再多的探索也应回归成人发展教育的初心。深处在 VUCA 的时代，以问题和受众为导向，以启发性和开放性讨论为特点，以"授人以渔"关注技能为重点的高质量案例开发将能够助力成人发展，实现管理者从寻求方向上指引（规范主导），到拥有自己的价值观和视角框架（自主导向），到反思全局和领导学习（内观自变）的提升。

开始行动
高质量案例开发的 30 个锦囊

案例开发者们，开始行动起来吧！本书已经提供了足够的工具、方法和策略，希望能够帮助您的案例开发工作更加得心应手、如鱼得水。以下是全书十一个章节的 30 个锦囊，希望为您的高质量案例开发之旅提供行动指南。

锦囊 1：系统开展教学案例开发工作

当被问到"您在案例开发中存在哪些问题时"，您的问题可能是有关案例线索、案例选题、企业选择、企业沟通、素材收集、正文写作、教学笔记设计或者案例使用与发表的，这些问题之间彼此联系。我们建议您系统了解案例开发的启动、开发、授课和发表等流程，了解每个环节的关键工作和注意事项，进而让常见难题迎刃而解。

锦囊 2：全面理解教学案例

教学案例通过展示一个真实的、有决策需求的事件或情境，让学生代入其中，分析情境、做出决策或提出解决问题的方案。一个完整的教学案例需要同时包含面向教师的教学笔记，其中包括案例的教学目的、使用方法、过程控制、分析框架等内容，是教师实施案例教学的重要工具和依据。

锦囊 3：综合提升个人技能与素养

案例开发是一项兼具实践解读和理论应用的综合性工作，为此案例开发者须兼备写作能力、专业领域的理论素养、沟通和访谈能力以及抽象思维能力等多项独特的能力。

锦囊 4：首先明晰教学需求

案例开发者可以通过教科书、经典书目、学术期刊和论文、咨询公司及其他研究机构的报告等来寻找一切概念、原则、理论、模型、框架、工具、方法作为教学点。但实际工作中，案例开发前并不总是能有明确的教学点，即便如此，案例开发者也需对案例使用场景、适用课程、目标主题有较为清晰的想法，这样后续工作才能有的放矢。

锦囊 5：两条路、多角度获取实践线索

案例开发者可以利用一切资源来获得实践线索：一是利用私人关系，如通过亲朋好友、学生、同事等关系与案例主体进行联络；二是利用所在组织的资源，如组织本身、校友、基金会等与案例主体建立联系。同时，案例开发者应养成阅读商业新闻、商业报告、披露信息等习惯，从新闻、数据中发现案例开发的机会，只要事实翔实，无法接触案例主体也可以基于公开资料开发案例。

锦囊 6：多策略提高案例主体配合度

为了获得案例主体的支持，案例开发者应向案例主体陈明案例开发的意义、价值以及对案例主体的价值，向案例主体提供详细的案例开发计划书帮

助其理解案例开发的具体工作及资源安排。此外，案例开发者可以主动签署《案例开发保密协议》以消除案例主体对商业机密、个人隐私泄露的疑虑，提高获得许可的成功率，并考虑签署《案例开发合作协议》明确规定双方的权责利。

锦囊 7：全面深入研究公开资料

现场案例中的部分背景信息以及图书馆案例所需的信息需要通过公开资料获取。需要通过公开资料获取的信息涵盖案例企业、竞争对手、用户、客户等利益相关者、行业和市场格局等。案例开发者可以从企业官网、新闻媒体、书和报纸杂志、学术文章、专业和行业协会、市场研究机构、社交媒体等途径获取公开资料。

锦囊 8：科学有效开展调研访谈

案例开发者可以根据明确的教学需求以及由公开资料或案例主体预先提供的背景资料确定访谈的核心议题，并将核心议题逐层分解为若干子问题形成访谈提纲。理想状况下，访谈过程由案例开发者通过有效提问来掌控。案例开发者应注意倾听，通过适时追问深挖信息，通过插问等方法确保被访者的讲述始终围绕访谈主题和访谈问题，通过多种技巧提升访谈效果。

锦囊 9：有策略地获取张力信息

张力信息是指具有多视角、充满矛盾和冲突的复杂信息。为获取张力信息，案例开发者要保持敏感，捕捉访谈过程中可能产生张力的内容，进而设法获取。案例开发者可以通过针对同一信息调研不同的人，到不同场景中去观察，调研外部利益相关者（供应商、客户、用户等）及研究公开资料等途径获得张力信息。

锦囊 10： 关注决策问题的核心要素

决策问题是案例讨论的焦点问题，是案例主人公需要思考、权衡并做出决定的关键问题。对决策问题的描述包含三个基本要素：决策时间点、决策者、决策情境。决策时间点可以是公司发展的关键节点。案例决策者通常是公司CEO，总裁或者部门经理。决策情境应该围绕一个有趣的、可能引起冲突的事件。决策事件往往和案例企业所遇到的困难和挑战有关。好的决策问题应当具有复杂性、争议性、挑战性、启发性和足够的讨论空间。

锦囊 11： 兼顾教学目标和企业实践

"教学目标"和"调研访谈"（如果是图书馆案例，就是"案头研究"）是案例开发者探寻决策问题时思考的两端：一是想明白教学目标是什么，想通过案例让学生学到哪些概念、框架和知识点；二是从实地调研中判断存在哪些潜在的决策问题。这两端相向而行，相互启发，案例开发者应当不断地审视这两个方面。

锦囊 12： 了解决策问题的常见类型

常见的决策问题有四种类型：两难选择型、多项选择型、反思回顾型和未来思考型。结合教学需求和调研结果，再确定合适的类型。开发者在走进一家企业或查找公司资料的时候，能够有意识地对这几类潜在决策问题做出判断和筛选。

锦囊 13： 起承转合设计叙事逻辑

内容结构上，案例正文应包括开篇、中间及结尾三部分。开篇用来设定背景和引入主题，通过设置情景、介绍主角，达到吸引注意力、引出问题的目的。中间通过有序的信息展示、平衡细节与清晰度、展示数据和证据、探讨不同视角等技巧来详细叙述发展过程。结尾主要总结事件，并通过设置开放式结局保留讨论空间并与教学目标相关联。逻辑结构上，案例开发者可遵循确定时间线框架、安排事件顺序、构建事件流、安排高潮和低潮、审视和调整五个步骤编排时间线和事件流。准确识别并生动描绘关键节点和转折点对撰写案例正文至关重要。

锦囊 14：走深向实呈现有效信息

案例开发者在撰写正文时需要走深向实、避免偏见、多角度展示以期对背景和情境的描述能够保持客观和中立；需要确保数据准确、引用权威来源、平衡信息量、使用视觉辅助来展示数据和事实以确保信息的准确性和充分性；需要通过情景模拟、生动对话、情绪渲染、互动性提问等技巧来构建情景和对话，来提升案例的可读性和互动性。

锦囊 15：创建思考和讨论空间

开发者可以通过识别多维问题、引入不同观点、构建情境冲突增加案例的复杂性和争议性；可以通过提出探索性问题、鼓励批判性思维、促进多元视角交流等设计开放式问题和讨论点。开发者还需要通过保持中立性、避免明示或暗示答案、提供多元解释可能等措施来避免提供直接答案或倾向性观点。

锦囊 16：严格遵守规范性要求

案例正文应采用简洁明了、客观中立的语言风格，并严格遵循事实、适度描述。案例正文需要严格控制字数（建议中文不超过 10 000 字、英文不超过 6 000 词）和页数（建议中文不超过 12 页、英文不超过 15 页）来兼顾案例的清晰度和可读性，为此，开发者可善用附录、有效编辑，并确保关键信息优先。案例正文应采用统一的字体与字号并进行清晰的段落分割，开发者可使用分级标题、运用列表和项目符号、利用图标和插图来以使案例易于阅读。

锦囊 17：深刻认知教学笔记的重要性

教学笔记是完整的教学案例产品的重要组成部分。案例开发者通过教学笔记将案例正文中的现象与教学中的一般理论、原则或框架相联系，并为其他案例授课者提供了引导案例讨论的技巧、思路和注意事项等内容，可以有效提升授课者的备课效率。教学笔记对案例在案例库的传播至关重要。

锦囊 18：设定清晰的教学目标

教学案例的主旨是通过对案例现象的讨论，归纳总结出与现象相关的理论、概念、框架等帮助学员掌握。教学目标是教学案例的基石，因此，在写作教学案例及教学笔记之前，首要任务是明确本案例的教学目标是什么，进而紧紧围绕教学目标来设计案例内容以及教学过程。

锦囊 19：围绕教学目标设计讨论问题

设计讨论问题时，案例作者需要明确每个讨论问题计划实现哪个教学目标，以教学目标为指向针来构思讨论问题。同时，要注重引导学员展开充分讨论，从知识性问题、分析性问题、应用性问题等多个层次设计讨论问题引导学员逐层深入，激发学员思考并提出个人见解或观点。

锦囊 20：链接问题讨论与学科知识

讨论问题分析不能仅仅停留在案例企业的现象层面，需要通过讨论将现象与学科中的概念、原则、理论、框架等知识点相联系。讨论问题分析是一个归纳推理的过程，也可以采用演绎分析的方法，授课者通过带领学员对案例中具体现象的讨论和分析，逐步进行归纳、推理、总结，或者在已有理论框架讲授的基础上，对案例进行具体的机制分析，目的是帮助学员学到学科领域内的普遍性知识。

锦囊 21：动态理解新型案例

理解什么是新型案例，是新型案例开发的起点。新型案例之"新"，随着商业环境和技术进步而日新月异，必须打破边界，动态理解什么是"新"。固守成见，只能刻舟求剑。更进一步，开发新型案例时，不仅要考虑当前的需求和技术，还要预见未来的趋势和可能的变化，确保案例的长期相关性和有效性。

锦囊 22：案例创新的三统一

在设计和选用新型教学案例时，秘诀是案例创新形式−教学目标−优化学习体验的三点一线，这才是案例创新的意义所在，缺了任何一点，案例创新的意义都坍塌了，即每个案例的设计都应该围绕如何更有效地实现教学目标展开，同时考虑到如何通过案例的独特性和创新性来最大限度地激发学生的学习兴趣、满足学生的学习需求。

锦囊 23：运用管理项目方法

开发新型案例时，有效地调动和利用各种资源至关重要。这不仅包括技术和财务资源，还包括人才和时间资源。有效的项目管理技巧能确保资源被合理分配和高效利用。在案例开发过程中，要建立清晰的项目计划，明确各阶段的目标和时间线，同时，要灵活应对可能出现的挑战和调整。善于项目管理，不仅能够加速案例的开发进程，还能确保案例质量和教学效果。

锦囊 24：审慎整合多方建议定稿案例

到了案例定稿阶段，案例开发者应从学员、授课者、企业和评审等多维视角评估案例和教学笔记的匹配性，包括关注：① 支撑学员进行深度思考的信息是否呈现在案例中；② 案例正文和教学笔记是否彼此强化；③ 有原则地接纳企业在该阶段的诉求和输入；④ 借助评审建议缩小"他人知道你不知道"的"盲目区"。

锦囊 25：刚柔并济推进案例授权

现场案例须争取案例主体的授权。案例授权的科学性体现在，案例开发者应当适时签订《案例项目合作协议书》《案例开发保密协议》和《案例内容确认书》等有利于"目标对齐、权责利明晰"的法律文件。案例授权的艺术性体现在，讲原则（范式合规、教学目标达成）、有技巧（数据脱敏处理）和能变通（"匿名案例"）。

锦囊 26：持续延展案例的生命力

案例定稿可能发生在案例开发、案例授课和案例发表的各个阶段。案例授课是案例的试金石，通过内部试用、学员反馈和企业互动，案例和教学笔记都可以获得新的养分，在与各利益相关者持续互动的过程中，案例可以被持续迭代与更新，进而有在更大范围内创造价值的生命力。

锦囊 27：包容开放，标准引领国际发表

案例开发者进行全球发表是为了在更广范围内提高影响力、创造教学价值。国际案例库对案例开发的质量标准有高度统一性。案例开发者在进行全球发表时，除了关注各家网站公布的标准之外，建议做到严谨叙事、受众导向（兼顾文化敏感性），关注教学笔记的开放性和逻辑层次，坚持写作的"6C"原则（即准确性、简洁性、清晰性、掌控性、逻辑连贯性、表达惯例）。

锦囊 28: 根基平衡，选题驱动国际获奖

全球案例写作竞赛是教育界吸引热点话题和时代主题的高质量案例，推动案例开发和教学事业发展的有效方法。获奖案例都是在认真推进各环节案例开发工作的基础上，恰当地处理了"理论与实践""归纳和演绎""正文与教学笔记""内容和形式""传统与创新""开发和教学"等平衡关系。

锦囊 29: 与利益相关者共创价值

在评估教学案例的价值时，人们倾向于关注其教育意义和社会影响力，多考量案例在发表前后的教学使用场景。案例开发者深处于一个学员、案例企业、评审、外部授课者、外部学员、公众的大系统中，可以开放性探索教学案例如何以不同的载体在课堂"内""外"创造"实践"价值和"理论"价值。希望基于利益相关者的价值创造图谱能够为您提供指引。

锦囊 30: 服务高质量成人发展教育

教学案例是一个教学工具，再多的探索也应回归成人发展教育的初心。深处在 VUCA 的时代，以问题和受众为导向，以启发性和开放性讨论为特点，以"授人以渔"关注技能为重点的高质量案例开发将能够助力成人发展，实现管理者从寻求方向上指引（规范主导），到拥有自己的价值观和视角框架（自主导向），到反思全局和领导学习（内观自变）的提升。